心理学的アプローチでうまくいく！

依頼者対応
7つの極意

弁護士業務でストレスを
溜めこまないために

［著］弁護士・臨床心理士　小林哲平

第一法規

#　は　し　が　き

　弁護士は、日々依頼者と接するなかで業務を行うことが求められますが、依頼者との関係に問題が生じ悩み苦しむことがあります。依頼者のために一生懸命業務を行ったのに不満を抱かれたり、依頼者の要求がエスカレートしたりして、弁護士の心身が疲弊してしまうのです。このように、依頼者との関係に端を発して、弁護士がメンタルに不調を来すという例は少なくありません。

　一方で、弁護士のメンタル不調が原因となって、依頼者との関係が悪化してしまうこともあります。例えば、弁護士が依頼を受けた案件を放置してしまい、依頼者からクレームを受け、時には懲戒処分にまで至るというケースがあります。弁護士による案件放置の背景には、弁護士自身のメンタル不調の問題が多分にあるといわれていますが、メンタルに不調を来すと、集中力が下がったり、無気力になったりして業務が滞りがちとなり、それらが蓄積して案件放置へと繋がっていくのです。

　このように、弁護士にとって、依頼者との関係性の問題と自身のメンタルの問題は、相互に密接に関係しているといえます。しかし、日々の業務で多忙な弁護士は、そのことをあまり自覚することなく、依頼者対応に追われ、また自身のメンタルケアにも十分に意識を向けることができていないのが実情ではないでしょうか。もっとも、自身のメンタルが安定していないと、他者を守ることは困難となるため、「他者（依頼者）を守るためには、まずは自分（弁護士）自身を守る」ことが重要です。

　そこで、本書では、「弁護士を守る」というコンセプトのもと、心理学的な観点から、依頼者対応の方法や具体的なケースにおける対応例を紹介するとともに、弁護士のストレス対策についても具体的なケースに触れつつ解説を加えました。「弁護士を守る」などと

いうと、弁護士の自己保身のように思われる向きもあるかもしれません。しかし、弁護士が適切な依頼者対応を身に付け、依頼者との関係性が良好なものとなれば、依頼者も気持ちよく安心して弁護士に業務を任せることができるなど、依頼者にとってもメリットを生み出すことができるはずです。さらに、弁護士のメンタルの安定は、業務のパフォーマンスに直結しますから、依頼者の利益にも繋がり得ると考えられます。

　また、本書は、「営業時間外や休日でも依頼者のために尽くすべき」「無理難題を言う依頼者でもその人の特性を理解して対応すべき」などといった、時には精神論・理想論と思えるようなことを説くことを目的としていません。現実的かつ心理学的な視点で、弁護士が自身の身を守るために、具体的にどのような対応・対策をとるのがよいかを提供することを本書の狙いとしています（ただし、弁護士が楽をしたり、いい加減な対応をしたりすることを推奨するものではありません）。このことをご理解いただいたうえで、本書を手に取ってくださった方々にとって本書がお役に立ちましたら幸甚の至りです。

　最後になりましたが、本書が発刊に至るまでには、第一法規株式会社の宮川裕香氏をはじめ、様々な方に多大なサポートをいただきました。お世話になった方々に心よりお礼申し上げます。また、本書を手に取ってくださった読者の方々にも深く感謝申し上げます。

2025年2月

弁護士・臨床心理士　小林　哲平

凡　　例

・本書は、2025年2月末日内容現在にて執筆・編集しています。
・本文中に記載しているサービス名、製品名等は一般に各社の登録商標または商標です（「®」、「™」マークは省略しています）。

1．法令名等略語

　　弁護士法　　　　　　弁護
　　民法　　　　　　　　民
　　弁護士職務基本規程　　基本規程

2．判例出典略語

　　判例タイムズ　　　　判タ
　　判例時報　　　　　　判時

　判例の書誌事項には、原則として判例情報データベース「D1-Law.com判例体系（https://d1l-dh.d1-law.com/）の検索項目となる判例IDを〔　〕で記載しています。
　例：東京地判平成24年8月9日判タ1393号194頁〔28213942〕

心理学的アプローチでうまくいく！
依頼者対応 7つの極意 〜弁護士業務でストレスを溜めこまないために〜
◎ 目次

はしがき ……………………………………………………………………………（1）
凡例 ………………………………………………………………………………（3）
本書を読む際の注意点 〜最初にお読みいただきたい点〜 ……………………(16)

第1章
心理学的視点を取り入れた法律相談・依頼者対応
心理学に学ぶ依頼者対応 7つの極意

極意1　枠組みを設定する　　　002

1. 枠組みの意義 …………………………………………………………………… 002
2. 時間の枠 ………………………………………………………………………… 004
3. 場所の枠 ………………………………………………………………………… 006
4. 料金の枠 ………………………………………………………………………… 007
5. ルールの枠 ……………………………………………………………………… 008
6. 職務・役割に関する枠、限界設定 …………………………………………… 008
7. 対応指針の枠 …………………………………………………………………… 009
8. 枠組みをあらかじめ設定することの重要性 ………………………………… 010
   - column　枠組みを設定することはドライに接することではない　011

極意2　依頼者の話に耳を傾ける　　　012

1. 「きく」の種類 ………………………………………………………………… 012
2. 弁護士にとって傾聴がなぜ重要なのか ……………………………………… 012
3. 弁護士が使える傾聴テクニック ……………………………………………… 013

- [1] 基本姿勢・態度　014
- [2] 目線（アイコンタクト）　015
- [3] うなずき　015
- [4] あいづち　016
- [5] 要約　017
- [6] 質問　019

極意3　依頼者の立場に立って考えてみる　022

1. 共感とは何か　022
   - [1] 共感の意義　022
   - [2] 弁護士にとっての共感とは　023
2. 共感の効果　023
3. 共感疲労に要注意　024

極意4　適時・適切に報告・説明する　026

1. 弁護士に対する苦情の多くは報告・説明に関するもの　026
   - [1] 弁護士には各局面で報告・説明義務が課せられている　026
   - [2] 弁護士への苦情に関する統計データ　026
   - [3] 依頼者が不満の声を上げるのは最後の最後　027
2. 報告・説明のタイミング　028
   - [1] 報告・説明は「なるべく早く」が原則　028
   - [2] 事前説明の重要性　028
3. 説明の内容・程度、方法　029
4. 説明の後のフォローの重要性　031
   - column　営業日に仕事を休む際の依頼者への事前連絡　031

極意5　最終的な意思決定は依頼者にしてもらう　033

1. 最終決定を依頼者にしてもらう理由　033

目次　(5)

②　人が納得感を得るために必要な要素 ―― 034

極意6　適度な頻度で接触する　　035
　　column　「先生」と呼ばれることの意外な効果？　036

極意7　いざとなったら辞任する　　037
①　続けるべきか辞任すべきか（闘争か逃走か） ―― 037
②　辞任に対する考え方 ―― 038
③　やむを得ないときは辞任する ―― 039
　　column　弁護士自身の対応が困難案件を生み出している可能性　040

第2章　各場面における対応例

第1節　依頼前の段階　　042

① 相談予約段階の対応 ―― 042
　Case 1-1
　［1］弁護士はあらゆる相談を受けるべきか　042
　［2］予約段階の対応例　043
　［3］相談を受けない場合の断り方　047
　　column　電話相談のメリット、デメリット・リスク　048

② 初回相談の注意点 ―― 049
　Case 1-2
　［1］相談環境が相談者の満足度を変える　049
　［2］第一印象がいかに重要か　052
　［3］法律相談の基本形と相談の終わらせ方　054

③ 相談者の話にまとまりがない場合 056
　Case 1-3
　　［1］延々としゃべり続ける人の心理と聴いている側の心理　056
　　［2］話の主導権の握り方　056
④ 相談者の態度が横柄・失礼な場合 060
　Case 1-4
　　［1］弁護士に横柄な態度をとる人の心理　060
　　［2］横柄な相談者への対処法　061
　　［3］依頼者・相談者から見くびられにくくする方法　062
⑤ 相談者の説明が妄想の可能性がある場合 064
　Case 1-5
　　［1］精神疾患による妄想の可能性　064
　　［2］説明が妄想の可能性がある場合の対応例　065
⑥ 相談者の話に共感できない場合 068
　Case 1-6
　　［1］賛同と共感の違い　068
　　［2］共感できない場合の弁護士の心の持ちようと対応の仕方　069
⑦ 相談者の気持ちの落ち込みが激しい場合 070
　Case 1-7
　　［1］弁護士のもとに相談に来る人の心理状態　070
　　［2］落ち込みが激しい人への対応例　071
　　　column　相談者が持参したメモの取扱い　073
⑧ 相談者の親族や友人・知人が同席する場合 073
　Case 1-8
　　［1］第三者が法律相談に同席する場合の各人の心理　073
　　［2］第三者が同席する際の対応例　075
　　［3］代理相談の場合の注意点　079
　　［4］依頼を受ける際に伝えておくべきこと　080

目次　(7)

⑨ 相談者が弁護士のことをやたらと褒める場合 ……………………… 081
　Case 1-9
　　[1] 初対面でやたらと弁護士を褒める人の心理　081
　　[2] 受任後に弁護士に対する理想化が崩壊することも　082
　　[3] やたらと褒める相談者への対応　082
⑩ 依頼したいと言われたがこれを断る場合 ……………………………… 084
　Case 1-10
　　[1] 受任するかどうかは原則自由　084
　　[2] 受任を断る際の具体的な基準を決めておく　085
　　[3] 受任しない場合の対応例　089
⑪ 回答できない質問を受けた場合／誤った回答をした場合 ……… 091
　Case 1-11
　　[1] 誰しも明確に答えられない質問はある　091
　　[2] 回答できない質問を受けた場合の対応例　091
　　[3] 誤った回答をした場合の対応例　094
　　column　面談中に弁護士宛ての電話をとるために中座することの是非　096

第2節　受任後の通常業務　097

① 委任契約を締結する場面 ……………………………………………… 097
　Case 2-1
　　[1] 委任契約書・重要事項説明書が弁護士を守る理由　097
　　[2] 委任契約書に必ず記載しなければならない事項　098
　　[3] 一般的な委任契約書のひな形に追加を検討したい事項　099
　　[4] 着手金を返還しない旨の条項の当否　109
　　[5] 重要事項説明書の記載事項　110
　　column　「敷居の低い法律事務所」というキャッチコピーの受け取られ方　115
　　column　「経済的利益」は、認容・合意額を基準とするか、回収・獲得した額を基準とするか　115

② 依頼者に対して進捗状況等の連絡をする場合 ……… 117
　Case 2-2
　　［1］日常的な連絡手段は電話、メール、LINE等どれがいいか　117
　　［2］感情的になることが予想される書面を見せる際のコツ　121
③ 重要な局面で依頼者に説明をする場合 ……… 121
　Case 2-3
　　［1］重要な局面では口頭の説明と書面による説明を組み合わせる　122
　　［2］説得ではなく、検討するための判断材料の提供が重要　123
　　［3］弁護士が一定の方向性を勧めたいと考える場合　124
　　［4］依頼者が明らかにリスキーな選択をする場合　125

第3節　受任後の困難場面　127

① 依頼者から頻繁な連絡や感情的なメールがある場合 ……… 127
　Case 3-1
　　［1］頻繁に連絡をしてくる依頼者の心理と対応　127
　　［2］感情的なメールをしてくる依頼者の心理と対応　129
　　［3］頻繁な連絡、感情的な連絡が収まらない場合　133
　　column　弁護士が依頼者のカウンセリングをしてもよいか　133
② 依頼者の希望を叶えられないことを説明する場合 ……… 134
　Case 3-2
　　［1］共感を示しつつも、はっきりと説明する　134
　　［2］曖昧に回答することのリスク　135
　　［3］依頼者が実現困難な要求に固執する場合　135
　　column　対応困難者にのみ枠組みを設定することの当否　136
③ 依頼者が苛立っている場合 ……… 137
　Case 3-3
　　［1］イライラする人の心理　137
　　［2］苛立ちを抑えるために事前にできること　138

[3] 苛立っている依頼者への対応例　139

　　　[4] 苛立ちの矛先が弁護士に向いている場合　141

　　　　column　依頼者を落ち着かせる色　142

4 依頼者が決断できない場合 …………………………………………… 142

　　Case 3-4

　　　[1] 決断を急かさず、悩んでいる点を探る　142

　　　[2] 弁護士が決めてはいけない　144

5 依頼者がなかなか説明を理解できない場合
　　（依頼者が高齢者の場合等） ………………………………………… 145

　　Case 3-5

　　　[1] 専門用語を極力使わない　145

　　　[2] 長時間の打合せにしない　145

　　　[3] 文字や図を活用する　146

　　　[4] 質問を促す　147

6 弁護士がミスをしてしまった場合 ………………………………… 148

　　Case 3-6

　　　[1] 状況の速やかな整理　148

　　　[2] 依頼者への謝罪　149

　　　[3] ミスに付け込んだ不当要求への対応例　151

7 依頼者が嘘をついていたことが判明した場合 ………………… 152

　　Case 3-7

　　　[1] 嘘をつく人の心理、精神疾患の影響　152

　　　[2] 事前説明の重要性　153

　　　[3] 受任後に虚偽であることが判明した場合　153

8 相手方の悪性格など事件とさほど関係のない事柄を
　　主張してほしいと言われた場合 …………………………………… 155

　　Case 3-8

　　　[1] 自分ばかり攻撃されているという心理になる理由　155

［2］相手方を強く非難してほしいという心理になる理由　155

　　［3］対応例　156

⑨ 依頼者からプライベートな事柄を尋ねられた場合／依頼者に
弁護士の個人情報を開示する場合 ································· 161

　Case 3-9

　　［1］弁護士の個人的な情報を開示するメリット・デメリット　161

　　［2］開示したくない個人情報を尋ねられた場合　162

　　［3］プライベートな付き合いを求められた場合　163

⑩ 報酬に対して不満が出た場合 ································· 164

　Case 3-10

　　［1］あらかじめ報酬金の説明をしておくことの重要性　164

　　［2］報酬請求はなるべく早く　164

　　［3］値引きに応じるか　165

⑪ 事件の途中で辞任する場合 ································· 165

　Case 3-11

　　［1］いかなる場合に辞任すべきか　166

　　［2］辞任の基準を事前に説明しておくことの重要性　166

　　［3］辞任のタイミング　168

　　［4］辞任の伝え方　170

　　［5］辞任・解任後の処理　170

　　［6］委任契約の中途終了の場合に着手金を返金すべきか　171

第3章 よりよい弁護士業務とストレス改善のために

第1節 理論編　178

1 ストレスフルな弁護士業務 …………………………… 178
　[1] 様々な場面に潜むストレス要因　178
　[2] 弁護士の主なストレス要因　180
　[3] ストレス要因を自覚するメリット　184
2 弁護士業務のストレスがメンタル不調に繋がるプロセス …… 185
3 ストレスを弁護士業務に活かす ……………………… 187
　[1] ストレスの効能　187
　[2] 辛い体験から得られるもの〜心的外傷後成長〜　188
　[3] ストレスをどう捉えるかが重要　188
　[4] ストレスに関する知識を得る意義　189
4 心のしなやかさ（レジリエンス）を高めるには ……… 190
　[1] レジリエンスとは　190
　[2] レジリエンスを高める方法　190
　[3] 年齢・経験を積み重ねることでレジリエンスが
　　　高まる可能性　192
5 弁護士のためのストレス対策 ………………………… 192
　[1] ストレス対策の基本〜コーピングとは〜　192
　[2] 職業性ストレスモデルとコーピングの対応関係　194
　[3] 複数のコーピングを組み合わせることの重要性　195
　[4] 弁護士の利点を活かした問題焦点型コーピング活用術　196
　[5] 4つの幸せホルモンの効果と出し方　198
6 過重労働の危険性 ……………………………………… 199

[1] 弁護士に潜む過重労働リスク　199
　　　[2] 過重労働が心身に及ぼす影響　200
　　　[3] 過重労働は伝染しやすい　201
　　　[4] 働きすぎてはダメなのか　202
　　　column　営業時間、依頼者対応時間、労働時間の違い　204
7 休憩・休暇の重要性 ………………………………………………………… 205
　　　[1] 座りすぎのリスク　205
　　　[2] 仕事外の余暇の重要性～リカバリー経験～　206
　　　[3] 仕事との距離の取り方～オフの時の仕事との付き合い方～　208
8 睡眠の重要性 ………………………………………………………………… 209
　　　[1] 睡眠とメンタルの関係性　209
　　　[2] 弁護士の利点を活かした睡眠戦略　210
　　　[3] 不眠の場合の注意点　211
9 運動習慣とメンタルヘルスの関係 ………………………………………… 212
10 食事とメンタルヘルスの関係 ……………………………………………… 213
　　　[1] メンタルヘルスに良い食事　213
　　　[2] メンタルヘルスを悪化させるおそれのある食事　214
11 考え方・捉え方にアプローチしてストレス軽減
　　～認知行動療法～ ………………………………………………………… 215
　　　[1] 考え方・捉え方の重要性　215
　　　[2] コラム法（認知再構成法）　215
　　　[3] マインドフルネス　219
12 事務所内でできるリラックス法（漸進的筋弛緩法） …………………… 220
13 誰もがなり得る精神疾患 …………………………………………………… 222
　　　[1] 一生涯のうちに精神疾患になる人の割合　222
　　　[2] 精神疾患の種類と基本症状等　223
14 こんな兆候が見られたときは要注意 ……………………………………… 228
15 日常的な対処、早期治療の重要性 ………………………………………… 230

第2節 実践編　231

1 自分のストレス要因やストレスの程度がよく分からない場合　231
Case 1
- ［1］ストレスチェックの重要性　231
- ［2］セルフストレスチェックの方法　232

2 業務量が多すぎて辛い場合　232
Case 2
- ［1］過重労働への対処法　233
- ［2］業務量・労働時間を減らす工夫　233
- ［3］事務所を辞める　234
- ［4］ボスや同僚に相談し協力を得る　234
- ［5］定期的に必ず休日をとる（過度な連続勤務を避ける）　235

3 事務所の人間関係が辛い場合　235
Case 3
- ［1］弁護士にとっての事務所の人間関係　235
- ［2］自信過剰な人への対応　236
- ［3］同僚の成功が妬ましい場合　237
- ［4］手抜きをする人がいる場合の対応　238
- ［5］事務所内の苦手な人への対応　239

4 新人弁護士が心身に不調を感じる場合　240
Case 4
- ［1］新人弁護士は心身が不調になりやすい状況にある　240
- ［2］新人弁護士が心身を壊さないためにできること　241
  - column　身近にある依頼者対応のお手本　243

5 新規の相談に対する不安感・緊張感が強い場合 … 243
Case 5
[1] 初対面の人に緊張するのは必ずしもおかしなことではない 244
[2] 弁護士の不安・緊張は相談者に伝染する 244
[3] 不安感・緊張感を減らすためにできること 245

6 依頼者に対してイライラしてしまう場合 … 246
Case 6
[1] 弁護士が依頼者にイライラしてしまう理由と対策 246
[2] 依頼者軽視の態度は心理的疲弊やバーンアウトの兆候かもしれない 249

column 弁護士を守る防犯カメラ 250

7 事件の相手方とのやり取りが心理的な負担となっている場合 … 251
Case 7
[1] 「枠組み」を事件の相手方にも適用する 251
[2] 業務妨害の場合は自分一人で対応しない 254

8 相手方代理人の言動や態度に腹が立つ場合 … 254
Case 8
[1] 同業者ほど腹が立つ理由 254
[2] 相手方代理人に腹が立った場合の対処法 255
[3] 弁護士が当事者化するリスク 256

参考文献 … 257
事項索引 … 263
判例索引 … 265
著者紹介 … 267

本書を読む際の注意点〜最初にお読みいただきたい点〜

① 可能な限り第1章から読んでいただきたいこと

　本書は、第1章の内容をもとに、第2章では個別具体的なケースを挙げて依頼者対応の例を紹介しているため、第1章の記載内容が、第2章の解説の前提となっている箇所が多々あります。このような本書の構成に鑑み、できる限り（流し読みでも構いませんので）第1章からお読みいただきたいと考えています。

② 業務内容等に応じたアレンジ・取捨選択のお願い

　第1章・第2章では、できる限り多くの弁護士に共通する場面を想定したうえで、心理学的な観点から、依頼者対応の方法や対応例等を紹介しています。もっとも、これが唯一絶対の正解であるというつもりはありません。

　弁護士業務と一口にいっても様々な業務内容がありますし、依頼者も様々です。さらに、弁護士は、専門職としてプライドを持ち、また各々自分なりの価値観・職業観に基づいて業務に取り組んでいるはずです。本書で紹介する方法論とご自身のお考えや従前の対応の仕方等を比較検討のうえで、取り入れてみようと思われるものを適宜取り入れていただくことを想定しています。

③ 精神疾患がある場合には主治医の指導・判断に従っていただきたいこと

　第3章では、よりよい弁護士業務とストレス改善のために、メンタルヘルス対策やその実践法を紹介しています。もっとも、精神疾患がみられる方は、本書で紹介する方法を用いる際には、医師の指導や判断に従っていただきますようお願いいたします。

第 1 章

心理学的視点を取り入れた法律相談・依頼者対応

心理学に学ぶ依頼者対応 **7**つの極意

極意 1　　［枠組み］

枠組みを設定する

1 枠組みの意義

　「枠組み」という言葉は、心理臨床の世界では一般的に用いられるものですが（「枠」や「治療構造」と呼ばれることもあります）、弁護士にはあまり耳なじみがないかもしれません。この「枠組み」とは、一般に、時間、場所、料金など種々の事柄に関する援助者と被援助者（クライエント）との約束事、ルール、制限のことをいいます。

　カウンセリングにおいて、枠組みを設定する主な意義は、次の3点にあります。

> **① クライエントが安心感を持って援助を受けることができる**
> 　あらかじめ決められた時間に、決められた場所で、決められた料金を支払い、守秘義務等のルールが定められていることによって、クライエントは安心して自由に話をし、そして援助を受けることができるようになります。
>
> **② 日常と切り離す（距離を取る）ことができる**
> 　特段のルールなく、好きな場所で時間無制限で話を聴き、さらには料金も無償や極めて低廉な額で対応すれば、専門家としての援助者と被援助者との関係は成立せず、友人や家族に近い関係になりかねません。これでは、クライエントが援助者に依存しすぎてしまうなどして、クライエントの立ち直りが阻害されるおそれがあります。これに対して、両者の間で種々の取り決め等がしっかりとあり、それが守られていれば、専門家と被援助者という関係性が明確になります。こうすることで、両者の間で日常とは異なる適切な距離を取ることができるようになります。
> ※心理臨床では、援助者とクライエントが、専門家と被援助者以

外の関係（友人関係や男女関係など）にあることは禁止されています（多重関係の禁止）。

③ 援助者自身を守る

　援助者がクライエントのために何でもしてあげるというスタンスで、際限なく対応すると、クライエントの立ち直りを阻害するだけでなく、援助者自身の身が持たなくなります。事前に枠組みを認識していれば、援助者自身も守られ、その枠組みのなかで全力を尽くすことができるようになります。

　また、迷いが生じる場面に直面すると人は心理的な負担を感じますが、枠組みが明確に設定されていれば、気持ちがぶれることなく枠組みに沿って対応すればよいことから、迷いが生じにくくなります。そのため、枠組みには、日々の業務における援助者の負担を軽減する効果があります。

　著名な心理学者である河合隼雄氏は次のように述べています。すなわち、「心中したくないんだったら、厳しいようだけれども、時間を決めて会わねばならないということになります。それは、人間が人間に全くベタベタに依存して立ち直るということはない、ということなんですね。もちろん、依存しないと立ち直れない。みんな苦しいわけですから、ある程度われわれに依存してこられるけれど、最後はその人の足で立ち上がってもらわないと困りますね。（中略）そうすると、厳しいようだけれども、何らかの制限と言いますか、限界というものがなかったら、この仕事はできないということです。他人のために自分の全エネルギーを使おうと決心するには制限がなかったらできないという、ここが不思議なところです。つまり、時間と場所が決まっているからこそ、その時間のあいだ本当に全エネルギーを使うことができる、というわけですね。」として、枠組みの重要性を説明しています（河合隼雄『河合隼雄のカウン

セリング教室』創元社（2009）20-21頁）。これは心理職に対しての提言ですが、人の感情を扱う対人援助職という点では心理職も弁護士も共通するところがあります。そのため、弁護士においても、この枠組みの意義は多分に当てはまると考えられます。

　弁護士が枠組みなく依頼者対応を行ってしまうと、依頼者が弁護士に依存しすぎたり、何を言っても、何を求めても構わないという態度を見せたりするおそれがあります。しかし、それでは、弁護士も依頼者も共倒れになってしまいかねません。したがって、枠組みを設けることは、依頼者対応ひいては弁護士業務において極めて重要な意味があると考えられます。

　本書では、依頼者や相談者と弁護士との間の約束事、ルール、制限だけでなく、弁護士自身（事務所）の依頼者対応の指針やルールを含む概念として「枠組み」という用語を用いることとします。

　なお、心理臨床において、「枠組み」は重要な概念ですが、絶対的かつ硬直的なものではなく、状況によってはある程度の柔軟性があってもよいと考えられています。そのため、以下で説明する枠組みを何が何でも堅持しなければならないわけではないということに留意ください。

2　時間の枠

　カウンセリングの場合、あらかじめ一定の時間（通常は50分程度）を定めて、決められた時刻に開始し、終了時刻になれば終えるというのが一般的です。話し足りないことがあっても、終了時刻になれば終え、クライエントが遅刻してきたとしても、予定の時刻で終えるのが通常とされています。そして、このように明確に時間を決めること、つまり「時間の枠」にこそ意味があると考えられています。

弁護士の場合、市役所相談などの厳密に時間が定められているケースは別として、事務所内での法律相談や打合せの場面では、決められた時間どおりに開始し、終了するというのは現実的には難しい側面があります。というのも、十分に話ができていないのに、面談を終えてしまっては、適切な事件処理が困難となるためです。

　もっとも、ある程度時間の枠を定めておくことは有用です。例えば、「法律相談や打合せは原則として○時間（○分）以内」とか「今日は○時から○時まで打合せが可能」というようにあらかじめ伝えておけば、相談者や依頼者はその時間内で話をしようとし、弁護士もその時間内で終えられるよう時間をコントロールするようになります。時間設定の効果によって、効率的な面談が可能となり、互いに集中力を切らすことなく全力を尽くすことができるようになるのです。依頼者のためを思って、弁護士が身を削って時間無制限で対応したとしても、依頼者がその対応に感謝してくれるとは限らず、むしろそれが当たり前だと認識されてしまう可能性や、別の面談の機会に短時間で終わった際にぞんざいに扱われたなどと感じてしまうおそれさえあります。したがって、時間無制限で面談をすることが必ずしも好ましいわけではないという点には留意が必要です。

　また、営業時間・営業日に関しても、時間の枠を意識することは有用です。多くの法律事務所は営業時間や営業日を定めているはずですが、これが有名無実化してしまっている場合もあるようです。依頼者の求めに応じて、営業時間外の対応が日常的に行われていたり、弁護士が休日に出勤して面談や電話・メールでの対応をしたりという場面がこれに当たります。確かに、現実的にはそのような対応をせざるを得ないこともあるかもしれませんが、このような対応は枠組みを崩すものだという認識は持っておいた方がよいでしょう。枠組みを崩してしまうと、この事務所の営業時間（ひいては事

務所のルール）はあってないようなものだとか、この弁護士には無理を言えば対応してくれるという依頼者の認識に繋がる可能性があり、依頼者と弁護士の関係性を崩す原因になるおそれがあります。また、一度そのような対応をした以上は、以後も同様の対応をしなければ、むしろ依頼者の不満に繋がるおそれさえあります。206頁以下で触れるように、弁護士の心身の健康にとって、仕事から離れる休息の時間を持つことは極めて重要です。枠組みという観点からも、弁護士自身のメンタルヘルスの観点からも、やみくもに営業時間外・営業日外に依頼者対応をすることは慎重に判断すべきと思われます。

③ 場所の枠

　カウンセリングは、クライエントが安心して心を開く必要があるため、静かでプライバシーが守られる場所で行われるのが通常です。クライエントの家や飲食店等で会うのは、枠組みを崩す行為として、好ましくないとされています。

　弁護士の場合、通常は事務所の個室で相談や打合せを行うことが多く、場所に関して枠組みが崩れることはあまりないと思われます。もっとも、依頼者から事務所外での面談を求められるような場合には、その要求の背景を確認し、合理的な理由がない場合には、原則どおり事務所での面談に促すことが肝要です。例えば、依頼者から食事をしながら面談をしたいなどと言われ、それに応じた場合、弁護士と依頼者の関係性や適度な距離が崩れかねず、以後の事件処理に支障が出るおそれもあるため、慎重な判断が求められます。この点に関しては、弁護士と依頼者との間で男女問題が絡む場合には、後日に懲戒請求をされるなどのリスクがあることや、弁護士が既婚者でありながら依頼者と私的に交際した場合には、不誠

実、かつ弁護士としての品位を害することから、懲戒処分を受ける可能性があるとの意見もあるところです（東京弁護士会法友会編『弁護士業務における関係者の問題行動　対人トラブル対応の手引き』新日本法規（2024）70-71頁）。そのため、弁護士倫理上の観点からも、プライベートな付き合いとして依頼者と事務所外で会うことにはリスクがあるといえます。

4　料金の枠

　カウンセリングにおいては、料金を支払うことによって、クライエントはカウンセリングを「受けさせられる人」ではなく、カウンセリングを「受ける人」という能動的な立場が明確になるとされています。また、料金の支払いがあるからこそ、友人・知人間の悩み相談とは一線を画する、専門家と被援助者という関係性が明確になる側面もあります。

　弁護士の場合、相談料、着手金、報酬金などの料金が発生するのが通常で、その額についても基準を定めている事務所が大半だと思われます。そのため、料金の枠が問題となることはさほど多くないはずです。もっとも、例えば着手金無料で対応するような事務所の場合、最初に料金を徴収しないため、依頼者の能動性が低くなるおそれや、弁護士と依頼者の専門家と被援助者という関係性が明確になりにくいことは意識しておく必要があります。なお、民事法律扶助制度や国選弁護制度はその制度趣旨からするとやむを得ないところがありますが、料金の枠は設定しづらい側面があります。

　また、依頼者からの要求に応じて、相談料や着手金を値引きする場合には、意図的に料金の枠（事務所の設定した料金基準）が崩されることになります。これを許容すると、この弁護士には無理を言えば応じてくれるという依頼者の認識に繋がり、ひいてはその後の事

件処理に影響を及ぼすおそれがあります。そのため、依頼者からの値引き要求があった場合に、応じるか否かは慎重な判断が必要と思われます（初めから値引き要求には応じないという対応も、明確な枠組み設定として一考の余地があると思われます）。

5　ルールの枠

　弁護士が依頼者に対して負う守秘義務などの職務上の義務や、依頼者が守るべき遵守事項・禁止事項などのように、弁護士と依頼者との間の約束事がルールの枠に当たります。

　弁護士が負うべき義務については、弁護士倫理の書籍等を読めば分かりますが、依頼者が守るべき遵守事項等については、各弁護士（事務所）が決める必要があります。例えば、依頼者が弁護士に対して暴力的な行為をしたり暴言を吐いたりといった、到底許容されないようなことを禁止するのが遵守事項の一例といえます。その他の遵守事項の具体例については、110頁以下を参照ください。

6　職務・役割に関する枠、限界設定

　依頼者の中には、弁護士がいかなる問題でも解決してくれると考えて様々な要求をしてくる人がいますが、弁護士がその要求の全てに応え、あらゆる問題を依頼者の望みどおりに解決することは現実的に不可能です。そのため、弁護士として何ができて何ができないのか、何をして何をしないのか等について、あらかじめ（場合によってはその都度）依頼者に説明し、理解してもらうことが重要です。これは、弁護士の職務・役割に関する枠組みといってもいいかもしれません。こちらのできないことを明確に伝えることを「限界設定」と呼ぶこともありますが、この限界設定ができていないと、

後々になって依頼者が弁護士に対して失望したり、時には逆恨みして攻撃的になったりするおそれが生じます。

限界設定をすることの効果は、①依頼者が弁護士に対して過度の期待を抱くことを防ぎ、もってトラブルとなることを防ぐ効果（誤解をおそれずに言えば、諦めてもらう効果）、②弁護士自身の心理的な負担を減らす効果、の２点です。

例えば、一般的な不貞事案において依頼者が慰謝料請求として1000万円の請求を行いたいと主張しているとします。弁護士であれば通常は1000万円の慰謝料が認められることはない（弁護士がどれだけ頑張ってもどうすることもできない）ということは分かっているはずですが、これを依頼者に事前に説明しておかなければ、後々弁護士の責任で慰謝料額が低くなったなどと言われ、トラブルになるおそれがあります。

その他、弁護士業務のなかでの限界設定の具体例を挙げると際限がありませんが、第２章にいくつか事例を挙げて触れていますので、そちらも併せて参照ください。

7 対応指針の枠

弁護士のその日の気分や業務状況等によって、依頼者への対応を変えていると、依頼者は弁護士に対して不信感や不満を抱く可能性があります。従前は休日や深夜でも対応をしていたのに、あるタイミングからそれをしなくなったことで依頼者との関係性が悪化するというのがその一例です。

これに対して、特定の場面や状況下ではどのように対応するかについて一定の指針を決めておくと、弁護士の対応にブレがなくなりますし、その指針を依頼者に事前に説明しておけば、依頼者も納得しやすくなります。また、指針に沿って対応をすることで、迷いが

なくなり、弁護士自身の心理的な負担を軽減させる効果も期待できます。

この対応指針の枠は、ここまで説明してきた「枠組み」をある程度包括した概念ともいうべきもので、第1章は全体を通じて、弁護士の対応指針の枠組みを提供しているともいえます。

8 枠組みをあらかじめ設定することの重要性

ここまで見てきた枠組みは、何らかの問題が生じる前に設定しておくことが重要です。依頼者との間でトラブルが生じた段階で枠組みを後出ししたとしても、その効果を発揮できないどころか、さらなるトラブルに発展するおそれさえあります。例えば、それまでしていた休日や深夜の対応をある時からしなくなったことで依頼者との関係が悪化したような例では、依頼の途中で時間の枠を持ち出したとしても、依頼者から反発を受けることになりかねません。翻って、事前に弁護士が対応できる時間を依頼者に説明し、そのとおりに対応しておけば、依頼者の信頼を失うような事態にはならないと考えられます。

そのほかの例でいうと辞任の場面が挙げられます。例えば、弁護士にとって許容できない行為を依頼者がとったことから、辞任を告げたところ、依頼者からは「こんなことで辞任されるとは思っていなかった」と反発を受ける可能性があります。一方で、辞任に関する一定の指針を設けておき、それに沿って辞任する場合があると事前に説明しておけば、いざ辞任となった際に依頼者に納得してもらいやすい（トラブルになりにくい）と思われます。また、明確な指針を設定していれば、このケースで辞任してもいいのだろうかという弁護士自身の心理的な悩みも減ることになります。

このような理由から、枠組みは、できる限り事前に設定しておく

ことが肝要だといえます。

> column
>
> **枠組みを設定することはドライに接することではない**
>
> 　本書では、依頼者対応の極意の一つとして枠組みを設定することを提唱しています。「枠組み」などというと、ドライな対応や冷たい対応を連想されるかもしれませんが、枠組みの設定はそのような対応を意味するものではありません。枠組みの設定の本質は、依頼者との間で適切な距離を保ち、良好な関係を築いていくことにあり、これは親切な対応や丁寧な対応と何ら矛盾抵触しません。
>
> 　枠組みを守りつつ、親切丁寧な対応をとり、依頼者と良好な関係を築き、依頼者の満足度を高めることは十分可能です。これに対して、枠組みを無視して、依頼者の求めに応じて無制限の対応をした結果、むしろ依頼者との関係悪化を招くこともあり得ますし、いくら依頼者の求めに応じて対応したとしても、横柄な態度や冷たい態度で接すれば、依頼者が不満を抱くこともあり得ると思われます。すなわち、枠組みを設定するかどうかと、どのように依頼者に接するかは別物であるということです。
>
> 　そのため、「枠組みの設定＝ドライな対応」というわけではないことにご留意いただきたいと思います。

極意 2　[傾聴]

依頼者の話に耳を傾ける

1 「きく」の種類

　人の話を「きく」という場面では、「聞く」「聴く」「訊く」の3つの漢字が当てはまります。それぞれの一般的な意味は次のとおりです。

> 「聞く」：音声が耳に入ってくること
> 「聴く」：注意深く耳を傾けること
> 「訊く」：質問すること

　心理臨床においては、クライエントの話に耳を傾ける「聴く」（傾聴）が重視されています。これに対して、弁護士の場合、事案の解決に必要な事実関係について質問すること（訊くこと）に意識が向きがちかもしれません。確かに、弁護士が業務を行ううえで、依頼者・相談者に質問を行うことは重要です。

　しかし、質問するだけにとどまらず、依頼者の話にしっかりと耳を傾けること（その姿勢を見せること）で、後記のとおり、依頼者との信頼関係が構築できるなどの効果を得ることができます。したがって、依頼者の話を単に「聞く」だけではなく、また「訊く」一辺倒でもなく、その話に耳を傾ける「聴く」姿勢が重要となります。

2 弁護士にとって傾聴がなぜ重要なのか

　前記のとおり、心理臨床では傾聴が重視されますが、弁護士向けの研修などでも「傾聴が重要だ」ということを耳にする機会があるかもしれません。では、なぜ傾聴する必要があるのでしょうか。傾聴することによって得られる主な効果は次の点にあります。

> ① 信頼関係の構築（バディ効果）
> 　人は自分の話に耳を傾けてもらうと、大切に扱われた、尊重してもらえたと感じます。その結果、聞き手に対して好印象を抱きやすくなり、ひいては信頼関係の構築に繋がっていきます。
> ② 話者の気持ちが落ち着く（カタルシス効果）
> 　人は、誰かに自分の話を聴いてもらうだけで気持ちがスッキリする効果を得ることができます。これをカタルシス効果といいますが、受け手が傾聴することで、話者は自分に起きた出来事や自分の感情を口に出しやすくなり、その結果、カタルシス効果を得やすくなります。
> ③ 話者の感情が整理される（アウェアネス効果）
> 　人は、話を聴いてもらうことによって、話をする前には気付いていなかったことに気付いたり、話をする前よりも自己理解が深まったりして、思考や感情が整理されていくことがあります。

　弁護士にとって、依頼者と信頼関係が築けていなければ、委任関係を継続することが困難となりますし、依頼者の気持ちが落ち着かず、感情が整理されていないと、事件処理に支障が出ることもあります。また、弁護士に対する不満の一つとして「話を聴いてもらえなかった」というものがありますが、話をしっかりと聴く姿勢を見せることには依頼者や相談者の満足度を高める側面もあります。傾聴することによって得られるこのような効果は、いずれも弁護士が業務を行っていくうえで極めて重要であることがお分かりいただけるのではないでしょうか。

③ 弁護士が使える傾聴テクニック

　カウンセリングの技法は色々ありますが、弁護士が行う法律相談

や依頼者との打合せの際に種々のカウンセリング技法を用いるのは現実的に困難ですし、その技法に意識が向きすぎては本末転倒です。そこで、以下では弁護士が依頼者や相談者との面談時に使いやすいと思われるテクニックをいくつか紹介します。

[1] 基本姿勢・態度

　弁護士が依頼者・相談者と面談をする際、多くの場合は、互いに椅子に座った状態でテーブル越しに対面する形式になると思われます。この際、例えば、弁護士が椅子にふんぞり返って、腕組みをしながら話を聴いていたら、依頼者は話をしやすいとは到底思えません（腕組みは、相手の話を拒絶する心理が表れたポーズとされています）。

　傾聴する際の基本姿勢は、椅子の背もたれに背中をぴったりと付けるよりは、やや前傾姿勢をとるというものです。こうすることで、依頼者の話に関心があることを態度で示すことができるようになります。

　手の位置は、テーブルの下（膝の上など）ではなく、テーブルの上（見える位置）に置いておきます。手は人の心理状態が表れますが、手をテーブルの下に隠すのは、不安や緊張、警戒心を示し、会話に消極的な態度とされています。反対に、手をテーブルの上などの見える位置に置く態度は、相手に対して安心感や信頼感を持っていることや、会話（話を聴くこと）に対する意欲を示すことに繋がります。そのため、傾聴する際は、自身の手を対話者の見える位置に置いておくことが重要です。ただし、その際、不必要に手や指が動いていると落ち着きがなく見られ、かえって話に集中していない印象を与えかねません。そのため、手指を不用意に動かさないよう注意が必要です（手指を頻繁に動かしてしまう癖がある場合には、両手をテーブルの上で軽く組むような形を基本姿勢にしてもよいでしょ

う）。

[2] 目線（アイコンタクト）

　「目は口ほどにものを言う」ということわざがあるように、コミュニケーションにおいて目は重要な役割を果たします。人の話を聴くときはその人の目を見ないといけないという教えがありますが、常に目が合っていると互いに緊張感を持ってしまいます。特に日本人は目と目が合うことに苦手意識があるといわれているため、なおさらです。ただし、目を合わせなさすぎるのも問題です。弁護士の場合、紙にメモを取りながら、あるいはパソコンに聴取内容を打ち込みながら依頼者や相談者から話を聴くことが多いと思われます。しかし、弁護士の目線が常にメモ用紙やパソコンの画面に向けられていては、この弁護士は私に関心を持っていないのではないか、意思疎通を図ろうという気がないのではないかといった印象を依頼者に抱かせかねません。

　依頼者に緊張感を抱かせることなく、かつ傾聴していることを示すためには、常に目線を合わせるのではなく、適度なタイミングで目線を合わせるというのがポイントです。例えば、通常は依頼者の鼻やあご、首元当たりを適宜見たり、メモを取ったりして、依頼者が大事な話を切り出したときや、弁護士が自分の説明をきちんと伝えたいときなどに、意識的に目線を合わせるようにするのも一つの方法です。ときどき目が合うくらいがちょうどよいという意識でよいのではないでしょうか。

[3] うなずき

　誰しも自分が話している内容に聞き手が反応をしてくれると嬉しいものですし、反応があることでより話しやすくなります。その点、うなずくという行為は、極めて簡単な反応行動の一つですの

で、これを使わない手はありません。うなずくだけで、「関心をもってあなたの話を聴いていますよ」とか「そのまま話を続けてください」ということを伝えることができるようになります。実際、話を聴きながらうなずくことで、発言量が約50％増えたことを示す実験結果もあります（齊藤勇『見た目でわかる外見心理学』ナツメ社（2008）169頁）。前記の目線の合わせ方と組み合わせて、目を合わせてうなずくというのも傾聴の効果的な方法です。

[4] あいづち

あいづちもうなずきと同様、話者の発話を促進し、話しやすい状況を作る効果を発揮します。タイミングよくあいづちを打てば、話者に関心を持って話を聴いていることを伝えることができ、また、話者もテンポよく話をしやすくなります（うなずきと併用して使うのも効果的です）。もっとも、あいづちがあまりに単調だと、むしろ逆効果になる可能性があります。

あいづちには、「なるほど」「うんうん」「ほう」「はい」「へぇ」「分かります」「たしかに」「そうなんですね」「そうですよね」など多様な種類があります。また、同じあいづちでも、声の大きさ、速さ、抑揚などで使い分けをすることも可能です。依頼者の話す内容に合わせて、複数のあいづちを使い分けることで、「あなたが話す内容にこちらの心がきちんと反応していますよ」と伝えることができます。ただし、例えば「はいはいはい」などとぞんざいなあいづちの打ち方をすると、依頼者の話を適当に聞いているという印象や急かすような印象を与えかねないので注意が必要です。

あいづちには話を促進する効果があるといいましたが、反対に話を少し抑制したいときに意図的にあいづちを減らすという方法もあります。依頼者が延々としゃべっているものの、何を言いたいのか分からないというような場面では意図的にあいづちを減らし、話が

落ち着いたタイミングで後記の要約や質問を行うのも効果的です。

[5] 要約

　傾聴するときは、話者の言葉を繰り返す（オウム返しする）とよいということを聞いたことがあるかもしれません。例えば、話者が「辛いんです」と言った際に、聞き手が「辛いんですね」と返すような場合です。確かに、話者の言葉を繰り返す手法は、話をしっかりと聴いていますよということを示す目的で用いられるカウンセリング技法の一つです。しかし、カウンセリングのプロではない弁護士が安易にオウム返しを多用したり、機械的に言葉を繰り返したりすると、話の流れが悪くなるだけでなく、依頼者の感情を害するおそれさえあります。何より、カウンセリングは話を聴くことが中心であるのに対し、弁護士は、限られた時間のなかで話を聴いたうえでアドバイスを行うことまで求められていますので、オウム返しを意識しすぎると、なかなかアドバイスにたどり着けないという弊害も生じます。

　そこで、お勧めしたいのが、依頼者の話を「要約する」という手法です。要約は、「あなたが伝えたいのはこういうことですね」と示すことで、あなたの話をしっかりと聴いていますよと伝えることができ、なおかつ依頼者自身が把握している事実関係や心情が混乱している場合に、それを整理する手助けとなる効果があります。また、その要約が依頼者の認識と異なっていたり、ニュアンスが違っていたりする場合には、どこがどう違うのかをすり合わせる作業を行えば、正しい認識の共有を図ることができるという効果もあります。

> **要約の例**
>
> ■妻が子どもを連れて突然家を出た後、妻の代理人弁護士から離婚を求める旨の通知が届いたことから、今後どうすればいいかを相談したいということで、男性（夫）が相談に来た場面
>
> **相談者**：妻とは結婚して10年になります。これまで夫婦げんかをすることもありましたが、週末には家族で外食に行ったり、毎年夏休みには家族旅行に行ったりしていました。でも、最近は確かに夫婦の会話が減っていたように思います…。妻が弁護士に依頼して離婚を求めてきたということは、離婚意思は固いはずです。私が何を言っても考えは変えないでしょうね。妻の性格は私が一番分かっていますから。だから離婚には応じようという気持ちはありますし、離婚するなら息子のためにも長々と争うのではなく、早く決着をつけた方がいいと思っています。ただ、離婚するなら息子と確実に会えることが前提です（声が少し大きくなる）。息子と離れて1か月が経ちますが、元気にしているかとにかく心配で…。息子とは、休みの日はしょっちゅう2人で遊びに行っていたんですよ。（少し間があく）
>
> **弁護士**：（うなずきながら）なるほど。息子さんのことを大切に思っていらっしゃるんですね。息子さんと今後も会えることが約束されるのであれば、離婚には応じようというお気持ちということですね。

　要約を行う場合、前記の例のように、依頼者の話が一区切りついたタイミングで、「（要するに）〜ということですね」というような形で切り出すのがよいと思われます。ただ、話の流れを意識したうえで、依頼者が伝えたいこと（焦点を当てるべき事柄）を端的にまとめる作業は決して簡単ではありません。そこで、ぜひ面談や相談で、意識的に傾聴技法としての「要約」を用いてみていただきたいと思います。

[6] 質問

　依頼者が話す内容をただ聴いているだけでは、必要な情報を的確に収集できず、弁護士は職務を全うすることができません。そのため、適宜質問を行う必要があります。また、質問をすることで、依頼者の話に関心が向いているということを示すこともできます。

　質問には、オープンな質問とクローズドな質問の2種類があり、オープンな質問は、回答者がある程度自由に回答できる質問を指し、クローズドな質問は、「はい／いいえ」で答えられる質問のように、回答の選択肢が決まっている質問を指します。

　弁護士が依頼者や相談者から話を聴く場面では、手っ取り早く必要な情報を得たいという気持ちから、クローズドな質問を多用しがちかもしれません。しかし、クローズドな質問ばかりになると、依頼者からすると、話したいことがなかなか話せないと感じたり、詰問されているような印象を抱いたりすることがあります。一方で、オープンな質問は、依頼者が自由に話すことができる反面、そればかりだと、必要な情報を的確に収集しにくい側面があったり、話すことが苦手な依頼者の場合、うまく答えられずかえって負担をかけてしまったりすることがあります。

　そこで、両者をうまく組み合わせることが重要ですが、使い分けの一つの基準として、次のような方法があります。すなわち、面談（あるいは新たな話題）の序盤では、オープンな質問を主に用い、まずは広く依頼者・相談者から話を聴きとり、かつ話をしやすい雰囲気作りを行い、そのうえで、さらに突っ込んで聞きたい点が出てくればクローズドな質問をしていくという方法です。また、オープンな質問を投げかけてみたところ、依頼者が答えにくそうにしている場合には、質問の範囲を狭めて再度オープンな質問をしてみるか（後記参照）、いくつか選択肢を挙げるなどしてクローズドな質問に切り替えてみてもよいでしょう。

> **クローズドな質問がメインの例**
>
> ■離婚相談の冒頭の場面
>
> **弁護士**：はじめまして。弁護士の○○と申します。ご記入いただいた相談票によると、すでに別居はされているんですね？
> **相談者**：はい。
> **弁護士**：あなたは離婚したいのですか？
> **相談者**：はい。
> **弁護士**：旦那さんには離婚したいということを伝えましたか？
> **相談者**：いえ、まだ伝えられていません。今日は今後どのように行動したらいいかを相談したいと思って、こちらに相談に来させてもらったんです…。

　これはかなり極端な例ですが、まるで尋問のようになっていて、相談者が話しやすい雰囲気ではないことが伝わるのではないでしょうか。また、クローズドな質問を畳みかけたことで、必要な情報も得られていません。

> **オープンな質問からクローズドな質問に切り替える例**
>
> **弁護士**：はじめまして。ご記入いただいた相談票によると、すでに別居されているとのことですが、別居までの経緯を簡単に教えていただけますか？
> **相談者**：夫とは性格が合わなくて、これまでけんかが絶えなかったんです。もう私のなかでは全く愛情がないのですが、いま子どもが小学5年生で、小学校在学中に別居や離婚をしたら、転校することになったり、学期の途中で苗字が変わったりで、子どもがかわいそうかなと思って我慢していたんです。でも、先月末に、子どもの教育方針を巡って、大げんかになりまして…。その際に、夫から暴力を振るわれて、もうさすがに耐えられないと思って、今月初めに子どもを連れて家を出たんです。

> **弁護士**：暴力がきっかけで、耐えきれず家を出られたわけですね。暴力というのは具体的にどのようなことをされましたか？
> **相談者**：私の首を思いっきり掴んで、壁に押し付けるような感じです。よく見ていただいたら分かると思いますが、まだ少し痕が残っていまして…。
> **弁護士**：確かに、首元が赤くなっていますね。病院には行かれたんですか？
> **相談者**：はい、翌日に病院に行きました。

　最初に「別居までの経緯を簡単に教えていただけますか？」と広めのオープンな質問をしたことで、相談者の自発的な発話を促すことができ、色々な情報を引き出すことができています。これによって話しやすい雰囲気作りができますし、話し方や話す内容から相談者の人となりが見えてくることもあるはずです。そのうえで、前記の「要約」をした後、さらに重要な事実と思われる暴力に焦点を絞って、オープンな質問を行っています。そして、今後の主張立証を考えた際に重要となってくる通院の事実をクローズドな質問で確認するという流れとなっています。この方がクローズドな質問を連発するよりも、得られる情報量も相談者の発言のしやすさも違うということがお分かりいただけると思います。

　なお、「別居までの経緯を教えていただけますか？」という最初の質問のみでは、相談者が答えにくそうな場合には、「別居のきっかけになった出来事は何かありましたか？」というような形で、質問の範囲を狭めたオープンな質問をしてみてもよいと思われます。

極意3　［共感］

依頼者の立場に立って考えてみる

1 共感とは何か

[1] 共感の意義

　弁護士が業務を行う際、どうしても弁護士目線で物事を見てしまい、依頼者（法曹関係者以外の人）の視点で物事を見たり、考えたりすることが難しくなってきます。しかし、依頼者と良好な関係を構築していくうえで、時には依頼者の立場に立って考えてみるという意識は重要です。

　心理臨床の世界では、「共感」や「共感的理解」という概念がカウンセラーにとって必要な態度として重視されています。ここでいう「共感」とは、クライエントが話した内容を、自分（カウンセラー）の立場ではなくクライエントの立場で見ようとし、あたかも我がことのように感じ理解しようとすることを指します。臨床家の心構えとして「本当にわかるためには傍観者の立場を超えて、相手の立場に身をおき相手の心がこちらに伝わってくるのでなければならない。そしてそれこそ実に面接者の務めである。」との指摘も存するところです（土居健郎『新訂　方法としての面接　臨床家のために』医学書院（1992）8頁）。

　心理学者の河合隼雄氏は、共感について次のように説明しています。すなわち、「私の体験ではクライエントの気持ちが絶対、本当にわかったことは一度もありませんが、ともかく、カウンセリングは成功しています。（中略）共感的理解というのは、その人のされたことと、私のしたことがよく似ていて共感できるのでなくて、その人のしたことと、私の体験とは相当違うのだが、あるいは、違うが故に、その違う体験を共通に感じ合おうとしてこそ、2人は深い

理解に至るといってよいかもしれません。」と述べています（河合隼雄『カウンセリングの実際問題』誠信書房（1970）100頁）。

[2] 弁護士にとっての共感とは

　以上の内容をを弁護士業務に当てはめると、依頼者の気持ちを完全に理解することは不可能（依頼者と全く同じ体験をすることは不可能）だけれども、弁護士自身の尺度や経験で考えるのではなく依頼者の立場で物事を考え、その気持ちを理解しようと努めることが重要だということになります。そして、依頼者の立場で考え共感するためには、依頼者の話に耳を傾けることが必要です。そのうえで、例えば「これまで辛い気持ちを抱えながら頑張ってこられたんですね」などの共感を示す言葉を伝えることが重要です。

2 共感の効果

　弁護士が依頼者の立場で物事を考え、共感することで得られる主な効果は、次の点にあると考えられます。

> ① **信頼関係の構築**
> 　これは傾聴の効果と同様ですが、人は、他者に自分の境遇や気持ちを共感してもらうと、大切にしてもらえていると感じ、その人に対して好感をもつようになります。そのため、弁護士が、時には、依頼者の立場で物事を考え、依頼者の気持ちを理解するよう努め、それを伝えることで、依頼者との信頼関係（良好な関係）の構築に繋がります。
> ② **依頼者の心情に即した対応（依頼者満足度の向上）**
> 　依頼者の立場に立って、その気持ちを理解してみようとすると、おのずと依頼者の心情に即した対応ができるようになると考えられます（何でもかんでも依頼者の要求どおりに動くという意味で

はありません)。例えば、期日報告一つとっても、弁護士にとっては、数ある事件の一つにすぎず、翌日（翌営業日）の報告でよいと考えるかもしれませんが、依頼者の立場で考えれば、自らの抱える唯一の事件なわけですから、期日の報告はできる限りすぐに受けたいと考えるはずです。このように依頼者の気持ちに思いを致すことで、対応が変わり、その結果、依頼者満足度の向上に繋がっていくと考えられます。

③ 弁護士自身の気持ちの整理（依頼者との対立回避）

依頼者から話を聴いていると、「なぜこんなことを言うのだろう」「なぜこんな行動をとるのだろう」という思いに駆られることがあるかもしれません。このような場合、その依頼者に対して言いようのない苛立ちや不快感を抱いていないでしょうか。これは弁護士自身の基準（弁護士の常識）で物事を考えるがゆえに生じる心理ですが、ある種、弁護士と依頼者との間で葛藤状態が生じているわけです。この点、相手の立場に立ち、相手が何を求め、何を重視しているかなどを理解することは、深刻な対立を避け、葛藤状態の緩和に資すると考えられます（大渕憲一『紛争と葛藤の心理学　人はなぜ争い、どう和解するのか』サイエンス社（2015）164-166頁）。そのため、依頼者の立場で物事を考えてみるという作業を通じて、弁護士自身の気持ちの整理や依頼者との対立を回避するという効果が得られると考えられます。

③ 共感疲労に要注意

前記のとおり、時として依頼者の立場で物事を考え、その気持ちに共感することは重要です。しかし、他者の苦痛や苦悩に共感していると、共感した側の心身が疲弊してしまうことがあります。これを「共感疲労」といいます。看護師を対象とした研究によると、共感疲労の特性として、罪悪感・無力感・絶望感、身体の不調や不安

定な精神状況、共感性の低下あるいは過剰な共感、深い疲労の出現、自尊心の低下といった症状が出るとされています。また、共感疲労状態になると、仕事満足度の低下、ケアの質の低下、医療事故の増加、バーンアウト症候群のリスク増加、離職者の増加といった帰結を招くことも報告されています（温井由美ほか「看護師における共感疲労の概念分析」日本看護科学会誌43巻1号（2023）919-929頁）。

　弁護士が接する依頼者は、多くの場合、何らかの苦悩を抱えています。そのため、依頼者に共感しすぎると、弁護士自身がメンタル不調に陥り、最悪の場合には十分な職務遂行ができないということに繋がるおそれもあります。共感疲労は避けることができない面がありますが、自身で気付き、それに応じた行動をすれば事態が悪化することを防ぐことは可能だと考えられています。共感疲労の対策としては、リラクゼーションの時間を取ったり、他者に話を聴いてもらったりするなど一般的なストレス対策が有効とされていますので、第3章で触れるコーピング（192頁参照）等を活用いただきたいと思います。

　また、共感しすぎを防ぐためには、弁護士と依頼者が適度な距離を保つことが重要です。この点に関しては、各種の局面において枠組み（2頁参照）を設定し、それを維持することが有用です。

極意 4 ［説明］

適時・適切に報告・説明する

1 弁護士に対する苦情の多くは報告・説明に関するもの

[1] 弁護士には各局面で報告・説明義務が課せられている

　弁護士は、事件を受任する際には、事件の見通し、処理の方法、弁護士報酬等について適切な説明をする義務を負っています（基本規程29条1項）。また、事件処理に当たっては、必要に応じ、依頼者に対して、事件の経過及び事件の帰趨に影響を及ぼす事項を報告する義務が課せられています（同36条）。さらに、事件終結時には、事件処理の状況又はその結果に関し、必要に応じ法的助言を付して、依頼者に説明しなければなりません（同44条）。

　このように、弁護士は各局面において依頼者に対して報告や説明を行うことが義務付けられています。そのため、弁護士業務において、依頼者への報告・説明はなくてはならないものといえます。

[2] 弁護士への苦情に関する統計データ

　東京弁護士会の市民窓口への苦情に関するデータ（2006年度〜2015年度の10年間のデータ）によると、苦情総数23,184件のうち、最も多かったのが「電話をしても出ない」（1,840件）、次いで「事件処理が遅い」（1,571件）、3位が「事件処理結果の報告がない」、4位が「事件処理が杜撰である」（1,389件）、5位が「事件処理に関する説明をしない」（1,238件）となっており、いわゆる報連相に関連した苦情が圧倒的多数を占めることが指摘されています（東京弁護士会「転ばぬ先の杖〜弁護士の円熟期を迎えた皆さんへ〜」（2018）1-2頁）。また、修習期別で見ると、若手よりも中堅・ベテランの弁護士に対する苦情の比率が高いとされています。

このことから、依頼者との良好な関係を築いていくうえで、適切なタイミングで適切な説明を行うことがいかに大事かがお分かりいただけるのではないでしょうか。

[3] 依頼者が不満の声を上げるのは最後の最後

弁護士への苦情に関するデータは前記のとおりですが、このデータは氷山の一角だと思われます。そのことを示す一つの法則があります。それは「1：29：300の法則」（ハインリッヒの法則）というもので、元々は労働災害の発生確率に関する経験則ですが、現在ではビジネスの世界で応用されています。この法則によると、1件の重大なトラブルの裏には、29件のクレームがあり、さらにその背後には300件の声を上げない不満を抱いた顧客が存在するといわれています。弁護士の業務に置き換えると、1件の重大な弁護過誤や懲戒処分の背景には29件の依頼者等からの苦情があり、さらに300件の不満を持った依頼者等がいるということになると思われます。

一般に、人は不満を感じてもすぐにはそれを相手に伝えず、我慢する傾向が見られます。これは簡単に不満を伝えていては人間関係が崩れてしてしまうためです。そして、その不満が積み重なると、最後の最後に爆発して相手に不満をぶつけることになります。このことは依頼者にも当てはまり、多くの依頼者は弁護士から説明がないことや説明不足に不満を感じても、「もっときちんと説明してほしい」などと伝えることはなかなかできないと思われます。しかし、最終的に不満が積み重なると、当該弁護士あるいは弁護士会に対する苦情という形となって表面化することになります。したがって、依頼者からの不満の表明がなされるのは最後の最後であるということを意識し、クレームがないから大丈夫というわけではないということに留意する必要があります。

2 報告・説明のタイミング

[1] 報告・説明は「なるべく早く」が原則

　人は、不公正な扱いや不当な扱いを受けると、怒りや不満といったネガティブな感情を抱きます。このことを依頼者の視点で考えてみると、電話やメールをしたのに弁護士から一向に返答がない、訴訟期日があったのに弁護士から報告がない、法的な説明をしてもらいたいのになかなか説明をしてもらえないなどの場面に直面すると、不公正な扱いを受けたと感じるのではないでしょうか。自分の事件を大切に思ってもらえていないのではないか、自分は他の依頼者よりもないがしろにされているのではないかと感じるかもしれません。弁護士にとっては数十件あるいは数百件抱える事件のうちの一件だったとしても、依頼者からすると一生に一度あるかどうかの貴重な事件ですから、公正・正当に扱ってほしいと思うのは自然な感情です。

　迅速に報告や説明をして、不快に思う人はいないと思われます。したがって、依頼者の抱くこのような感情に配慮するには、依頼者への報告や説明は、「なるべく早くする」ことが大原則となります。

[2] 事前説明の重要性

　報告や説明をなるべく早くするべきといっても、営業時間外や休日でも依頼者対応をするのが良いとは限りません。そのような対応をしてしまうと、時間の枠（4頁参照）が崩れてしまいますし、過重な労働は弁護士自身の心身に悪影響を及ぼすおそれがあります（199頁以下参照）。したがって、時間の枠を意識しつつ、可能な限り早く報告・説明を行うことが重要だと考えられます。依頼者も、弁護士が複数の事件を抱え、多忙であることは理解しているのが通

常ですから、あらかじめ弁護士が対応できる時間帯や曜日を説明し、即座に対応できない場合があることも伝えておけば、依頼者の不興を買うことは少ないと思われます。万が一、受任時に前記の説明をしたところ、依頼者が自分の事件を何よりも最優先に扱えという態度であった場合には、受任を断ることも検討の余地があり、受任後にトラブルになるよりはマシとの考えもあり得るのではないでしょうか。ともあれ、依頼者からクレームを入れられるなど何かトラブルが起きてからではなく、できる限り事前に説明しておくのが重要です（110頁以下参照）。

3 説明の内容・程度、方法

　依頼者は、様々な局面において、弁護士から十分な説明を受けることを期待しており、弁護士がその期待に反した行動・態度をとった場合には、前記の説明のタイミングの問題と同様、不公正又は不当な扱いを受けたと感じ、怒りや不満といった感情を抱きやすくなります。

　各場面における弁護士の説明に関する対応例については、第2章で触れていますが、ここで一例を挙げると、相手方から届いた書面をメールで依頼者に送る場面で、弁護士が「ご確認お願いします」とだけ伝えるという対応をしたとします。これで弁護士は報告したつもりになっているかもしれませんが、このような場面では依頼者は、届いた書面の内容の説明やそれに対する弁護士の意見を聞きたいのではないでしょうか。そうだとすれば、依頼者は弁護士の前記対応では不満を抱くおそれがあります。直ちに書面の内容の説明等を行うことが難しい場合には、ひとまず書面が届いた旨を伝えることはありますが、そのような場合でも、「書面の内容を精査のうえ、改めてご説明差し上げます」というような一言があれば、依頼者の

受ける印象も変わるのではないでしょうか。

どのような内容の説明をどの程度行い、いかなる方法で説明をするのがよいかについては、説明すべき事項や依頼者のタイプ等によっても異なるため、一概にこれが正解というものはないと思われます。重要なのは、依頼者が知りたいと考える事柄について必要十分な内容を分かりやすく説明することです。たとえ「先生に全てお任せ」というタイプの依頼者であったとしても、説明不足が原因で後々トラブルにならないとは限りません。したがって、どのような依頼者に対しても基本的には丁寧かつ十分な説明をする意識が肝要です。

各種の説明方法のメリット・デメリット			
	口頭での説明	メール等での説明	書面での説明
メリット	・依頼者から質問を受けながら説明ができるため、依頼者の理解に繋がりやすい。 ・感情理解や微妙なニュアンスの伝達がしやすい。 ・対面であれば依頼者の顔色をうかがいながら説明することもできる。	・文字に残すことができるため、口頭での説明のデメリットを払拭できる。	
^	^	・書面での説明に比べると手間がかかりにくい。	・表を作成するなどして、見せ方を工夫すれば依頼者の理解を促進する。
デメリット	・説明した内容が明確に残らないため（録音という手段はあるが）、後々トラブルになるおそれがある。 ・依頼者が後から思い返すことには不向き。	・感情や微妙なニュアンスの伝達、把握がしづらい。	
^	^	・長文となると読みにくく、表の作成等には不向き。 ・依頼者によっては重要な説明と受け取らず、読み流してしまう可能性がある。	・書面作成には一定の手間がかかる（ただし、一度作ってしまえば、同種の事案に直面した際に利用できることもある）。

説明の方法については、①口頭、②メール、LINE 等のチャットツール、③書面（紙媒体や PDF 等）などいくつかの方法があり、それぞれ次のとおり一長一短があります。

　とりわけ重要な局面では、メールや書面等の文字媒体を使いつつ、口頭でも説明を行うのがベストといえます（121 頁参照）。

④ 説明の後のフォローの重要性

　弁護士の説明の中に分からない点があっても、なかなか質問しづらいと依頼者が考えていることがあります。したがって、口頭であれ、文字であれ、説明を行った後には、「分からない点や気になる点があれば、遠慮なくご質問ください」などのフォローの言葉を添えることが重要です。こうすることで、現に分からない点があれば質問をしてもらいやすくなり、依頼者の理解の促進に繋がりますし、依頼者に対する配慮の姿勢を示すことにもなるため、依頼者の弁護士に対する信頼の向上にも繋がると考えられます。

column

営業日に仕事を休む際の依頼者への事前連絡

　受任時に諸々の説明をすることが重要だと述べましたが、受任時に限らず、受任後も事前に説明をすることで、依頼者の不満や不安を軽減できることがあります。

　例えば、事務所の営業日に、自分（弁護士）はプライベートの予定などで、事務所を休む（その日は仕事ができない）という場面があったとします。しかし、依頼者からすれば、営業日であれば弁護士にメールを送れば、その日のうちに返信や折り返しの電話があるだろうと期待していても何らおかしくありません。このような際に、何の説明もなく、翌営業日に弁護士がメールの返信等をすると、依頼者は対応の遅さに不満を感じたり、自分の案件がないがしろにされているよう

に感じて不安を抱いたりする可能性があります。そこで、事務所を休む日の前の営業日の時点でメールのやり取りをしている依頼者に対しては、メールの末尾に「明日は終日事務所を不在にしており、メールの返信等の対応ができないことをご容赦ください」などと添えておくのも一つの方法です。事前に伝えることができない場合であれば、事後的にメールを返信する際に、事務所を終日不在にしていてメールの返信が遅れたことを詫びる一文を入れるだけで依頼者の受け取り方は変わる（少なくとも自分の案件がないがしろにされていたわけではないと感じる）のではないでしょうか。依頼者との良好な関係性を維持していくうえで、このような細やかな説明は重要だと考えられます。

極意 5　［依頼者決定］

最終的な意思決定は依頼者にしてもらう

1 最終決定を依頼者にしてもらう理由

　医療の世界では、インフォームド・コンセント（患者が、医療行為を受ける前に、医師等から医療行為について、十分な説明を受け、内容について十分納得したうえで、その医療行為に同意すること）は当たり前に行われています。その主な目的は、治療や薬の必要性を理解し、患者がより積極的に治療に参加できるようになることや、医師や看護師と患者とのコミュニケーションが十分に図られ、信頼関係が高まることにあるといわれています。

　このインフォームド・コンセントの考え方は、弁護士業務においても妥当すると考えられます。これは【極意④】（適時・適切に報告・説明する）とも関係しますが、弁護士がしっかりと説明したうえで、依頼者が納得して最終的な意思決定をするというプロセスを辿ることは、依頼者の満足感や解決に向かう意欲の向上に繋がるほか、依頼者と弁護士の信頼関係を向上させる効果があるといえます。

　また、弁護士自身を守るという観点からも、依頼者に意思決定をしてもらうことは重要です。依頼者に判断を仰ぐ典型的な場面は、和解をするか判決を得るかという場面や、協議や調停を成立させるか訴訟に移行するかという場面です。このような場面で弁護士が意思決定をしてしまうと、後々になって「弁護士が勝手に決めた」などとトラブルになるおそれがあります。もっとも、これは依頼者に判断を丸投げすることを意味するものではありません。複数の選択肢がある局面では、弁護士が各選択肢のメリット、デメリット・リスク等を説明したり、検討材料を提供したりしたうえで、依頼者に最終的な意思決定をしてもらうことが肝要です。

2 人が納得感を得るために必要な要素

　弁護士としては、依頼者に意思決定をしてもらうに当たっては、できる限り納得感を持ってもらいたいところですが、この「納得」という感情はどのようにして生み出されるのでしょうか。「納得」という概念を分析した研究によると、納得には、①自分にとって確かな利益が確認できる状況、②自分から能動的・主体的に関わること、③信頼できる他者の関与が必要だとされています（今井芳枝ほか「納得の概念分析－国内文献レビュー－」日本看護師研究会雑誌39巻2号（2016）82頁）。

　これを弁護士業務で考えてみると、①依頼者自身がその判断が最善だと考えること、②依頼者に主体的に事件に関与してもらうこと、③弁護士が依頼者と信頼関係を築き、法律の専門家としての説明を尽くし、依頼者の判断をサポートすることが、依頼者の納得感に繋がるといえるのではないでしょうか。①③に関しては、弁護士が各選択肢のメリット、デメリット・リスク等を丁寧に説明し、依頼者がその選択肢が最善だと考えるプロセスを踏むことが重要ですし、②に関しては、依頼者と定期的に面談をすることや、調停事案であれば依頼者にも調停に出席してもらうことなどが有効といえます。

極意6　［接触］

適度な頻度で接触する

　人は、接触刺激が繰り返されるとその対象に好意を抱くとされています。これをザイアンス効果（単純接触効果）といいます。身近な例でいうと、よく耳にする曲を自然と好きになるという現象がこれに当たります。

　このことは対人関係にも当てはまり、誰でも初対面の相手には一定の警戒心を抱きますが、接触回数が増えることで次第に警戒心が消え、相手に好感を持つようになります（ただし、相手に悪感情を抱いている場合には、逆効果になることもあります）。つまり、単純な接触回数を増やすことが良好な人間関係を築いていくうえで重要な要素といえるのです。

　弁護士業務においても、依頼者との接触回数を増やしていくことで、依頼者との関係が良好なものとなっていくことがあります。接触の仕方は、必ずしも対面での面談に限らず、電話やメールという方法もあり得ます。例えば、交通事故事案において、依頼者が通院中の段階（示談交渉前の段階）では、あまり依頼者と連絡を取らないこともあるかもしれませんが、こういう場合でも定期的に治療の状況等を確認する目的で連絡するのも一案です。また、顧問先から特に連絡がなくても、「何か気になることはないですか」などと定期的に確認することで、関係の維持・向上を図るという方法も考えられます。つまり、動きがあまりない事案であっても、完全に放置するのではなく、一定の頻度で接触を持つよう心掛けることが、依頼者との信頼関係を構築するうえでは重要といえます。

　また、調停を行う事案であれば、依頼者に調停に同席してもらうのも有効です。調停のたびに依頼者と定期的に接触することができ、依頼者も主体的に事件に関与することができるため、依頼者の納得感が増す効果も期待できます（34頁参照）。

ただし、あまりに接触頻度が多くなりすぎると、弁護士と依頼者の関係性が崩れてしまいかねません。真に頻繁に連絡を取る必要性がある事案はこの限りではありませんが、接触頻度を考える際も、枠組み（2頁参照）が崩れないように留意することが必要です。どのくらいが適切かは、事案の性質やその時点の事案の状況、依頼者の属性等によっても変わると思われますが、長期間全く連絡を取っていない案件があれば、弁護士の方から、現状報告や依頼者側の状況確認等の名目で、接触を図ってみてもよいのではないでしょうか。

column
「先生」と呼ばれることの意外な効果？

　多くの依頼者は弁護士のことを「先生」と呼ぶのではないでしょうか。しかし、弁護士の中には「先生」と呼ばれることを嫌がり、「さん」付けで呼ぶよう依頼者に求める方もおられるようです。対人関係の距離感を示す一つの指標が呼称ですから、「先生」よりも「さん」と呼んでもらう方が親しみやすさが出るかもしれません。これに対して、依頼者に「先生」と呼ばれる場合、弁護士と依頼者との関係が、友人・知人関係などとは一線を画すことが明確になり、そこには一定の距離感が生じるように思います。

　枠組み設定の意義で説明したとおり、弁護士と依頼者との間に適度な距離があることには意味があり、あまり距離が近くなりすぎると、むしろ良好な関係が維持できなくなるリスクがあります。そう考えると、「先生」という呼称によって両者に一定の距離感が生じるとすれば、それには実は意味があるのかもしれません。

極意 7 ［辞任］

いざとなったら辞任する

１ 続けるべきか辞任すべきか（闘争か逃走か）

　ここまで依頼者と良好な関係性を維持するための方法を紹介してきました。もっとも、どれだけ気を配っていても、依頼者の矛先が弁護士に向くなど依頼者との関係性に問題が生じることがあります。こうなると、このまま事件終結まで委任関係を続けられるだろうか、辞任した方がいいのだろうかという悩みが頭をよぎるかもしれません。このような際、弁護士は大きなストレスを抱えることになります。

　人は、強いストレスを受けた場合、自らの生命を守るための原始的な自己防衛反応として、①そのストレス刺激に立ち向かって闘い、問題を解決するという選択か、②ストレス刺激を回避し、その場から逃げ去るという選択のいずれかを選びます。これを「闘争・逃走反応」といいます。なお、近年では、これに加えて、身体が固まって動けない状態になる「凍結反応」が生じる場合があることも指摘されています（ポリヴェーガル理論）。例えば、性的暴行被害を受ける際に被害者が、抵抗するわけでも、逃げるわけでもなく、身体が固まって動けない状態になってしまうのが、この理論で説明されます。

　これを弁護士が依頼者との関係に強いストレスを感じた場面に当てはめてみると、闘争反応は頑張って委任関係を続けること、逃走反応は辞任すること、凍結反応は仕事が手につかない状態になってしまうことといえます。仮に、対応困難な依頼者と向き合い、最後まで適切に事件処理を進めることができれば、弁護士として自信も力も付くと考えられます。何より、依頼者が弁護士を解任したいと考えていないのであれば、最後まで事件処理をすることが依頼者の

ためになるといえます。そのため、委任関係を続けることができそうであれば、対応を工夫しながら、可能な限りやってみることには相応の価値があるといえます（筆者自身、薄氷を踏む思いで依頼者対応をし、最終的には依頼者に満足してもらえたことで、大きな自信に繋がったという経験があります）。

その一方で、依頼者との関係を継続することがどうしても難しい場面もあります。そのような場合には、自分自身を守るためにも、他の依頼者を守るためにも、辞任という選択が時には必要です。

なお、当該依頼者に関する業務を行おうとすると、仕事が手につかないような状態（凍結反応）に陥ってしまうと、依頼者との関係はより悪化しますし、場合によっては懲戒処分の対象ともなりかねません。そのため、弁護士に業務上の凍結反応が生じることは避けなければならず、事件を放置するくらいなら辞任する方がよほどマシといえます。また、仕事が手につかないような状態は、メンタル不調の兆候であるため、コーピングを取り入れるなどの適切な対処をすることも重要です（192頁以下参照。依頼者との関係性がストレス要因となっている場合には、辞任という行動は問題焦点型コーピングに該当します）。

2 辞任に対する考え方

辞任に対する考え方は弁護士によって様々だと思われますが、「辞任することは恥ずかしいことだ」とか「依頼者をコントロールできないなんて弁護士失格だ」などといったネガティブな思考に過度にとらわれるのは、メンタルヘルスの観点からはお勧めできません。特に経験年数の浅い弁護士ほどこのように考えてしまうかもしれませんが、辞任・解任を避けようとするあまり、依頼者に対する迎合的な態度ひいては隷属的な関係に繋がりかねません。そうなる

と、依頼者との適切な関係性からはより遠ざかることになってしまいます。

確かに、頻繁に依頼者との関係が悪化し辞任や解任に至るという場合は、弁護士側の態度や対応に問題がある可能性もあります。このような場合には、弁護士自身の態度・対応のあり方を見直した方がいいかもしれません。一方で、多くの依頼者とは良好な関係を築くことができているものの、特定の依頼者との関係に問題が生じてしまっている場合には、依頼者側の特性による部分も多分にあると考えられます。事件の途中で弁護士を何度も変える人がいることからも分かるように、弁護士と適切な関係を築くことが困難な依頼者というのは存在します。

依頼者と良好な関係を築くべく適切な依頼者対応を心掛けることは重要ですが、それでもなお良好な関係を築くことができない場合もあることを踏まえて、「やるだけのことをやって辞任（又は解任）になるのなら仕方がない」といった考え方で事件処理に当たることも時には必要だと思われます。また、対応困難な依頼者の事件を頑張って続けるという判断をする際にも「いつでも辞任できるし、いざとなれば辞任になっても仕方ない」といった心持ちでいる方が、依頼者への迎合的な態度に繋がらず、適度な距離を保ちやすくなるといえます。

③ やむを得ないときは辞任する

対応困難な依頼者がいる場合、その依頼者の対応に過度に時間をとられると、他の事件の事件処理に支障が出るおそれがあります。つまり、特定の依頼者の対応にばかり時間を割かれる結果、ほかの依頼者に迷惑がかかる可能性があるということです。また、依頼者から過度の暴言やクレームを受けるなどすると、弁護士がメンタル

不調に陥る可能性も否定できません。

　辞任については、弁護士や事務所によって様々な考え方があるとは思いますが、依頼者との間の信頼関係が失われ、どうにもならない事案においては、ほかの依頼者のためにも、自分自身を守るためにも、辞任することが時として必要な場面もあると考えられます。「三十六計逃げるに如かず」ということわざ（困ったときは、あれこれ考え迷うよりは、機を見て逃げ出し、身を安全に保つことが最上の方法であるとの意味）がありますが、必ずしも委任関係を継続することだけが最善の方法ではない場合もあるのではないでしょうか。

　なお、辞任前後の対応例等については、165頁以下に記載していますので、そちらも併せて参照ください。

column
弁護士自身の対応が困難案件を生み出している可能性

　依頼者の希望することを何でもしてあげるという対応は、依頼者に寄り添った親身な対応であるように思えます。しかし、このような枠組みを無視した迎合的な対応は、むしろ依頼者との関係性を悪化させるおそれがあることは本文に記載したとおりです。他方で、弁護士が横柄な態度をとるなどして依頼者の心情を害してしまうことで、依頼者との関係性が悪化することもあり得ます。

　確かに、依頼者の特性上、どうしても対応困難となる案件はありますが、弁護士側の対応が原因となって依頼者との関係を悪化させ、対応困難となる場合もあると思われます。手持ちの案件の中に依頼者との関係が悪化しているものが複数ある場合や、相応の割合で辞任・解任に至る場合などには、自分自身の対応に問題がないか一度振り返ってみてもよいかもしれません。

第 2 章

各場面における対応例

第1節

依頼前の段階

① 相談予約段階の対応

> **Case 1-1**
> ある女性から法律相談の予約をしたいとの電話があったが、電話機の表示を見たところ非通知だった。当事務所では、利益相反チェックの観点から、相談予約の段階で、相談者の氏名だけでなく、事件の相手方の氏名も確認しているが、架電者はプライバシーを理由に自分の氏名も相手方の氏名も明かしたくないと回答した。

● Keyword　極意①［枠組み］、極意③［共感］、極意④［説明］、スクリーニング

［1］弁護士はあらゆる相談を受けるべきか

　医師の場合、診察治療の求めがあった場合には、正当な事由がなければ、これを拒んではならないとされています（医師法19条1項）。これに対して、弁護士には相談を拒んではならないとの定めはありません。

　この点に関して、どのような人、どのような相談であっても、ひとまずは事務所に来てもらうというスタンスの事務所もあるかもしれません。もっとも、多くの事務所では予約段階で相談の概要等を聞き取り、相談を受けられるかどうかをチェックし受けられない場合には断るという対応をしていると思われます。相談を受けるかどうかの判断基準は各事務所によって様々ですが、主に、①相談の内容、②相談者の属性（相談に来てもらって問題ない人かどうか）という観点から判断する事務所が多いのではないでしょうか。①に関しては、どのような相談であれば断るかは、各事務所で千差万別ですし、決まった基準があるわけでもないと考えられます。

　②に関しては、事務所のルール（枠組み）を構築しておくこと

で、一定のスクリーニングを行うことが可能です（極意①［枠組み］)。ただし、以下で紹介する方法が唯一絶対の正解ということではなく、事務所の方針に合うものを適宜取り入れていただくことを想定しています。

[2] 予約段階の対応例

ア●非通知拒否

本ケースのように、非通知で電話をかけてくる人がいますが、その心理は自分の電話番号が他者に知られることに対する不安や、架電先に対する信頼感の欠如（電話番号を悪用されるのではないかという不信感）にあると考えられます。プライバシー意識が高いこと自体は何ら悪いことではありませんが、法律事務所や弁護士に対する猜疑心が過度に強い人の場合、依頼を受けた後の各局面で対応に苦慮する可能性があります。

そこで、はじめから非通知の着信は拒否する設定としてしまうのも一案です。非通知拒否設定にした場合、非通知で電話をかけた人は、電話が繋がりませんが、真にその事務所に電話をしようと思えば、番号通知で電話をかけ直すはずです。一方で、絶対に非通知でないと電話をしたくないという人の相談は取りこぼす形となりますが、そのような人の相談は受けなくともよい（あるいは受けたくない）という判断であれば、非通知拒否設定を行うとよいでしょう。

なお、非通知での電話は、事件の相手方等からの嫌がらせとして使われることもありますから、そういう意味でも非通知拒否設定にしておくことには意味があるといえます。同様に、公衆電話を使った嫌がらせ等が行われることもありますから、公衆電話からの着信を拒否する設定とすることも検討の余地があります。

イ●相手方の氏名の確認

　弁護士は利益相反となる事件については、職務を行うことができません（弁護25条、基本規程27条、28条）。したがって、弁護士が業務を行ううえで利益相反のチェックをすることは不可欠であり、そのためには、相談者の氏名は当然ながら、事件の相手方の氏名についても確認しておく必要があります。

　相談者の氏名は予約時に確認するのが通常だと思いますが、相手方の氏名は相談者が事務所に来た際に相談票に記入してもらう形で確認するという事務所が多いかもしれません。ただ、この場合、相談者が事務所に来た後に利益相反が発覚したとなると、せっかく来てもらった相談者に帰ってもらわなければならなくなります。よりリスキーなのは相談が終わった後に利益相反が発覚する場合です。さらに、相手方の氏名を言いたくないという人が稀にいますが、事務所に来た後にそのような申し出があった場合には、その相談を受けるか否かを現場で判断しなければなりませんので、場合によっては事務所内で当該相談者と一悶着あるかもしれません。

　このようなリスクを回避するためには、相談予約の段階で相手方の氏名を確認しておく方法が考えられます。これは利益相反の事前チェックという目的のみならず、相手方の氏名を言いたくない人を事前にスクリーニングする機能も果たします。相手方の氏名を言いたくない背景には、相談したことが相手方に漏れるのではないかなどその人なりの何らかの理由があるようですが、弁護士は守秘義務を負っていますし、何より利益相反の確認のために相手方の氏名を確認することには正当かつ合理的な理由があります。その点を説明してもなお相手方の氏名を言いたくないという人の相談を受けるかどうかは各事務所の判断によるところですが、対応困難な相談者である可能性は相応にあると思われます。

　事務所のウェブサイトに、予約時に相手方の氏名を確認すること

及びその理由を示しておき、問い合わせフォームに相手方の氏名を記載してもらう欄を設けておくのも一案です。また、利益相反を看過したことによって後々トラブルが生じることを避けるためにも、簡単かつ速やかに利益相反のチェックができるシステム作りをすることも重要です。

ウ●事前の資料送付の原則お断り

　法律相談の前に資料を送付したいと申し出る人や、場合によっては一方的に資料を送付してくる人がいます。これは先に資料を見ておいてもらって、少しでも法律相談の時間を有意義なものにしたいという心理の表れと考えられます。しかし、これは弁護士が先に資料を見る時間分は無料で対応してほしいという要求と受け取ることもできます。そのような意識の強い人には、依頼を受けた後も過剰要求や特別扱いを求める傾向が見られる可能性を否定できません。

　そこで、法律相談前の資料の送付はお断りするという対応をとることも一考の余地があります。事前の資料送付はお断りしていると伝えれば、通常の人は理解して、相談時に資料を持参してくれます。翻って、そのような事務所側の対応に納得しない人の相談は取りこぼすかもしれませんが、予約の時点で事務所のルールを守ろうとしてくれない人の場合、依頼を受けた後も苦労することが予想されます。したがって、スクリーニング手段の一つとして事前の資料送付を断るというのは有効な手段と考えられます。

　もっとも、複雑な事案や法律相談の予習が必要な事案等の場合は、むしろ事前に資料を送付してもらった方が弁護士にとってありがたいという側面もあるかもしれません。そのため、原則として資料の事前送付はお断りしつつ、事案によっては例外的に資料の送付を許容するという対応をとることも検討の余地があります（このような例外対応をする場合に資料の検討時間分の相談料を受けるかどうか

は各事務所の判断になると思われます)。

エ●営業時間外の相談のお断り

相談予約の際に「夜の○時以降に相談したい」とか「土日に相談したい」という要望を示す人がいます。このような場合に、営業時間外や営業日外でも相談の予約を入れるかどうかは、各事務所の方針次第だと思われます。営業時間内の相談しか受け付けないとしてしまうと、他の事務所に相談に行かれてしまうリスクがあるため、悩ましい判断かもしれません。

この点に関しては、どちらが正解ということは軽々にいえませんが、営業時間外の相談を入れるということは、時間の枠（4頁参照）を崩す行為であることは自覚しておく必要があります。すなわち、相談段階で枠組みを崩してしまうと、この事務所の営業時間（ひいては事務所のルール）はあってないようなものだとか、この弁護士には無理を言えば対応してくれるという認識に繋がる可能性があり、また、以後も同様の対応をしなければ、むしろ不満に繋がるおそれがあるといえます。

オ●その他の事務所のルールに反した要望があった場合

例えば、電話相談はしていないのに、電話で相談させてほしいと求める、無料相談はしていないのに、無料で相談させてほしいと求める、料金は電話では伝えないとしているのに、見積もりを出してほしいと求めるなど、事務所のルールに反した要望が予約の際に出されることがあります。このような場合に、事務所のルール（枠組み）を曲げて、要望に応えてしまうと、前記の営業時間外の対応をした際と同様のリスクが生じる可能性があります。

また、枠組みはあらかじめ設定しておくことが重要であるところ（10頁参照）、事務所のルールを対外的に示す場としてはウェブサイ

トが考えられます。例えば、事務所のウェブサイト上に「よくある質問」などとして、事務所のルールを示しておくのも一案です。

[3] 相談を受けない場合の断り方

相談の予約を取ろうとする人は、わらをもすがる思いで、あるいは緊張しながら法律事務所に問い合わせをすることがあります。そのような心情のなかで、無下に相談を断られると、精神的に傷つき、ひいては事務所に対する悪印象を抱いてもおかしくありません（極意③［共感］）。そのため、相談を断る際でも、問い合わせをしてくれたことに対しての感謝を示しつつ、できる限り丁寧に断るよう心掛けたいところです。その一方で、相談を受けられないという点に関しては、明確に伝える必要がありますし、特に事務所のルールに反した要望を断る場合には、曖昧な態度ではなく、毅然と伝えることが重要です。

> **メール文例**
>
> ■問い合わせフォーム経由の相談予約を断る場合
>
> ○○様
>
> この度はお問い合わせいただき、誠にありがとうございます。
>
> お問い合わせいただいた内容を拝見しましたが、あいにく当事務所では対応できかねる案件であるため、ご相談をお受けすることはいたしかねます。
> ご希望に沿えず恐縮ではございますが、ご容赦いただけますと幸いです。

また、相談を断る場合は、速やかに断りの連絡を入れることが重要です（極意④［説明］）。問い合わせフォームからの問い合わせの場合、受けられない相談は無視するという対応をとる事務所がある

と聞き及んだことがありますが、このような対応はトラブルになりかねません。電話予約、問い合わせフォームからの予約のいずれであっても、相談の概要を確認した後、できる限り速やかに相談の可否を連絡するよう心掛ける必要があります。

column

電話相談のメリット、デメリット・リスク

　電話での無料の法律相談を実施している法律事務所も少数ながらあるようです。法律事務所に電話をかけるだけで、法律相談を受けられるとなれば、それこそ「敷居の低い法律事務所」(115頁参照)ということで、集客力アップに繋がるかもしれません。しかし、お金をかけることなく電話で手軽に相談をしたいという属性の人の相談が、受任に繋がるかはやや疑問があり、実際に受任に至ったとしても最初の相談段階で時間・場所・料金などの枠組みが崩れてしまっている点も気になるところです。また、電話での相談は、偽名を使いやすく、利益相反の確認に問題が生じる可能性があります(事件の相手方が偽名を使って法律相談をしてくるおそれもゼロではありません)。さらに、電話での相談だと相談者の手持ちの資料等を見ることや図などを用いて説明することができず、かつ短時間での相談になりがちということで、具体的な事実関係を踏まえた適切な回答がしにくいという問題もあります(電話無料相談であるからといって、いい加減な回答をしていいということにはなりません)。以上のような点を踏まえて、電話相談を実施するか否か、実施するとして電話相談にはらむ問題をどのようにして克服するのかということを考える必要があると思われます。

2 初回相談の注意点

Case 1-2
法律相談の際に、相談者に法的なアドバイスをきちんと伝えているが、一向にリピーター（継続的な相談）にならず、受任数も少ない状況が続いている。自分の対応に何か問題があるかのではないかと悩んでいる。

● Keyword　極意②［傾聴］、極意③［共感］、極意④［説明］、初頭効果、ホーン効果、メラビアンの法則

[1] 相談環境が相談者の満足度を変える

　法律事務所に相談に行くのは、これまでの人生で初めてという人も少なくありません。そのため、初めて法律事務所を訪ねる相談者は、どのような事務所なのだろうかとか、どのような弁護士なのだろうという点に思いを巡らせ、一定の緊張感を持って法律事務所を訪れている可能性があります（極意③［共感］）。このような相談者の立場に立って、まずは相談環境を工夫することが、相談の満足度を上げる一助になると考えられます。以下では、相談環境に関して、事務所側が行い得る対応の一例を紹介します。

ア● 弁護士と相談者の座る位置と距離

　カウンセリングにおいては、カウンセラーとクライエントが90度の位置で座ることがあります。これは、真正面で向かい合って座るよりも緊張感が和らぐ効果があることや、両者の間に机などがあるとそれが境となり、気持ちの行きかいを隔ててしまうことが理由とされています。一方で、向かい合って座り、目と目を見て対話をすることでよりよい関係性が築きやすく、境界線代わりの机などを挟むことで感情が混乱しにくい効果があるという意見もあります。

そのほかにも、対面に座るものの、真正面ではなく椅子の位置を若干ずらすことで、視線の逃げ道を確保するといった方法などもあります。つまり、カウンセリングでは、座り方に関して、必ずこれが正解というものはないとされています。
　この点、多くの法律事務所では、弁護士と相談者が真正面で向かい合って座る形をとっていると思われます。弁護士が行う法律相談は、弁護士が相談者から話を聴くだけでなく、それを踏まえて法的なアドバイスを行うという「対話」が中心となるため、向かい合って座ることは合理的といえるかもしれません。ただし、この際、弁護士と相談者の距離には注意が必要です。親しい間柄ではない関係において、物理的な距離が近いと、不快感や緊張感を抱きやすいため、一定の距離があった方が相談者に負担をかけないと考えられます。人によって適度な距離感は異なりますが、一般にビジネスシーンでは120cm～360cm程度が適切とされています。法律相談の場面を想定すると、120cm～200cm程度が現実的かもしれません。

イ●室温
　多くの人にとって、暑さや寒さはストレスの原因となり、イライラした気持ちなどを誘発しやすくなります。そのため、相談時の室温が暑すぎたり寒すぎたりすると、相談のクオリティ以外の点で相談者の満足度を低下させる（どれだけよいことを言っていたとしても、相談者の満足感が低くなる）可能性があります。
　一般に、夏は25～28℃（湿度45～60％）、冬は18～22℃（湿度55～65％）が適温とされています。そのため、相談を行う部屋は快適な温度・湿度を保てるように気を付けたいところです。特に弁護士が夏場でもスーツを着用しネクタイをする場合には、相談者と適温が大幅に異なる可能性があるという点に留意が必要です。

ウ●調度品、観葉植物等

　人は、角のあるものよりも、丸みのあるものに対して、やわらかい印象や安心感を抱くといわれています。そのため、相談スペースに置くテーブルや椅子などの調度品は丸みのあるものにした方が、初対面の相談者の緊張感や不安感を和らげる心理的効果があるといえます。

　やわらかい材質の椅子に座る方が、かたい材質の椅子に座るよりも、他者の社会性や長所を高く評価しやすくなり、また対立する意見に寛容になりやすいという研究結果もあります（本元小百合＝菅村玄二「触覚の違いが人物評価と認知的柔軟性に及ぼす影響－『かたい』『やわらかい』というメタファーの視点から－」日本心理学会第76回大会発表論文集（2012））。このことを踏まえると、弁護士のアドバイスを聞き入れてもらいやすくするには、かたい材質の椅子よりもやわらかい材質の椅子にした方がよいといえそうです（もとより、このことは初回相談に限らず、依頼者との良好な関係性を維持するうえでも効果を発揮するはずです）。

　また、相談スペースに観葉植物や花を置くのも効果的です。観葉植物や花には、ストレス緩和効果やリラックス効果があるとされており、緊張して法律事務所を訪ねる相談者の心理面に良い効果をもたらすと考えられます。観葉植物を置くことで職場のストレス緩和に繋がり、空間の快適性を向上させる効果があるとの研究結果もあります（仁科弘重「グリーンアメニティの心理的効果に関する最近の研究」植物環境工学20巻4号（2008）236-241頁）。そのため、相談スペースだけでなく、事務所内に観葉植物を置くことは、弁護士自身のメンタルヘルスの観点からも有効といえます。

[2] 第一印象がいかに重要か

ア●わずか数秒で決まる第一印象

　人は、他者と会った際、その人の顔立ちや表情、服装などの外部から見える情報をもとに、わずか数秒で第一印象を形成するといわれています。そして、その第一印象が、長期にわたってその人の印象として残ることになります（これを「初頭効果」といいます）。何度も接することがあれば、第一印象と実際の人となりが違うと感じることも往々にしてありますが、こと法律相談においては、相談者が弁護士に対して悪印象を抱けば2度目の来所はまずありません。

　しかも厄介なことに、人は、他者の一部の悪い印象に引きずられて、全体的に悪い評価を下す傾向があります（これを「ホーン効果」や「逆ハロー効果」といいます）。例えば、髪の毛がボサボサでヨレヨレのスーツの弁護士を見て、相談者が「だらしないな」と感じた場合、「きっと仕事もできないんだろうな」といった評価を下してしまう可能性があるということです。これは事務所全体の印象にも当てはまります。事務所の中が汚かったり、事務スタッフの愛想が悪かったりして、相談者が事務所の一部に悪印象を抱いた場合、「この事務所に依頼しない方がよさそうだ」という評価に繋がるおそれがあります。そして、一度形成された悪印象を修正するのは非常に難しいといわれています。そのため、わずか1時間程度の初回相談の中のさらに最初の数秒で悪印象を持たれてしまうことが、いかにもったいないかがお分かりいただけると思います。

イ●見た目や話し方が与える影響

　第一印象が重要だということを説明しましたが、人の印象を形作る情報のうち、視覚情報が与える影響が55％、聴覚情報が38％、言語情報が7％といわれています（これを「メラビアンの法則」とい

います)。すなわち、人は、他者の見た目などの視覚情報や話し方・声のトーンなどの聴覚情報からかなり影響を受けて印象を形成しているといえます。これは言語情報（何を話すか）が重要ではないということを意味するものではありませんが、見た目や話し方といった非言語情報が相応に印象形成に影響を与えているということには意識を向ける必要があります。どれだけ素晴らしいアドバイスをしていても、見た目や話し方で損をするのはもったいないといえます。本ケースのように、法的なアドバイスをきちんと伝えているのに、継続相談や受任に繋がらないと感じられる場合、伝える内容以外の部分に何か問題があるかもしれないという意識を持ってみてもよいかもしれません。

ウ●弁護士の態度等

どのような見た目や態度でも「先生にお願いしたい」と言ってもらえる弁護士であれば別かもしれませんが、通常の弁護士にとっては相談者に好印象を持ってもらう方がよいのは言うまでもありません。そのため、最低限身なりを整えておくことや、においケアなど一般的にいわれる他者に不快感を与えないような点に気を配ることが重要といえます。

また、話をしっかりと聴く態度を示すことも（極意②［傾聴］）、非言語的な情報として、依頼者の弁護士に対する印象形成に寄与します。話し方については、ゆったりと安定した速さで話すことが基本です。こうすることで、相談者に安心感を持ってもらい、落ち着いた対話ができるようになります。また、基本的には高いトーンの声よりも、落ち着いた声で話すほうが適切な場面が多く、特に、相談者の深刻な話を聴くような場合は、落ち着いた声がなじむといえます。

[3] 法律相談の基本形と相談の終わらせ方

ア●法律相談で弁護士が伝えるべきこと

　法律相談の流れは大きく、①事実関係等の聴取→②法的な説明→③相談者のすべきことのアドバイスといった3ステップになると考えられます。1回の相談のなかで、この流れを何度か繰り返すこともあります。弁護士はどうしても法的な説明に主眼を置きがちですが、相談者から十分に話を聴くことは、適切なアドバイスをするうえでも相談者の満足度を高める意味でも重要です（極意②［傾聴］）。また、相談者の立場に立った場合、インターネットで調べれば得られる情報等を知っただけでは満足できないはずですし、ましてや法律の講義を受けに事務所に来ているわけでもありません。何より知りたいのは「自分はこの先どうすればいいのか」という点ではないでしょうか（極意③［共感］）。とすれば、法的な説明だけをしていたのでは、相談者の満足度は低いものとなってしまいます。

　したがって、弁護士が忘れずにしなければいけないのは、3つ目のステップ、この相談を終えた後に相談者がすべきことへの具体的なアドバイスです。その内容は、今後の話の持って行き方や事件に必要な情報収集に関するアドバイスかもしれませんし、状況によっては早々に弁護士に依頼した方がいいというアドバイスということもあり得ます。

イ●法律相談の終わらせ方

　相談の終了時間になったからといって、いきなり相談を打ち切ったのでは、唐突な印象を持たれますし、相談者が不満を残してしまう可能性があります。そのため、限られた相談時間内で前記アの①～③の流れを辿ることができるように相談時間をコントロールすることが重要です。そして、相談者がすべきことまでしっかりと伝え

たうえで、次のような終了の合図を出していくのが、唐突感なく終了するコツです（この時点で相談終了時刻の5〜10分ほど前が理想的だと思われます）。

> **相談終了時の対応例**
> ・（最後に）何か気になることや、聞いておきたいことはありませんか？

このような発言をすることで、「こちらが考える話すべきことは全て伝え終えましたよ」ということを示すことができ、そろそろ終了という合図となります。また、相談者は弁護士に質問をすることに躊躇することがありますが、このような声掛けをすることで気になっていたことを質問しやすくなり、相談の満足度も上がると思われます。もし何も質問がなければ、そのまま相談を終えてもいいですし、残った時間で重要なポイントのおさらいをしてもいいでしょう。

さらに、相談を終えた後に今後の繋がりを意識した発言を残しておくことも重要です。

> **相談終了後の対応例**
> ・また何か動きがあったり、気になることが出てきたりしたら、いつでもご相談ください。

このような発言をしておくことで、今後も引き続き弁護士が問題解決に尽力し得ることを伝えることができ、相談者も安心感を抱きやすくなるといえます。

③ 相談者の話にまとまりがない場合

Case 1-3
相談者がたくさんしゃべりたがるタイプの人で、弁護士の視点からは重要ではないと思われる話が延々と続いている状況であった。こちらから質問をしても、質問とは無関係な話が始まり、必要な情報を聴きとることができず、困ってしまった。

● Keyword　極意①［枠組み］、極意②［傾聴］、極意③［共感］、極意④［説明］

[1] 延々としゃべり続ける人の心理と聴いている側の心理

　法律相談が開始するや否や、延々としゃべり続ける人がいます。これはとにかく自分の気持ちや事件に関連すると思われる出来事全てを弁護士に知ってもらいたい、知ってもらわないといけないという心理が強く表れた行動といえます。その背景には、焦りや不安感の高まりがあると考えられます。

　一方で、延々と相談者にまとまりのない話をされると、弁護士はイライラして、どこで話を遮ろうかなどという気持ちになるかもしれません。だからといって、イライラした態度で話を遮ってしまうと、相談者の心情を害し、法律相談に対する満足度が低下するおそれがあります。そこで、まずはたくさんしゃべろうとする人の心理を知って理解に努めることで、少しでも寛容な気持ちになることが重要です（極意③［共感］）。

[2] 話の主導権の握り方

ア●時間の枠・料金の枠を設定する

　相談者の話をしっかりと聴くことは大事ですが、弁護士には話を聴くだけではなく、法的な説明やアドバイスを行うことが求められ

ています。したがって、相談者が話したいことをただ聴いているだけでは、職務を全うすることができません。

　話の主導権を握るためにまずできることは、時間の枠・料金の枠を設定することです（極意①［枠組み］）。すなわち、相談時間の目安や上限を決めておき、時間に対応した料金を支払ってもらう必要があるということです。仮に時間無制限とした場合、相談者が延々と話し続けるのを抑止する理由が乏しくなりますし、相談者も時間を気にせずに話をしがちになってしまいます。「時間はたっぷり取っていますので、時間はお気になさらないで大丈夫ですよ」などという対応が推奨されることもあるようですが、時間の枠が崩されるということは認識しておく必要があります。大半の相談者は、弁護士には当該相談以外にも多数の業務があり、相談時間は有限であることを理解していますから、相談時間を定めて不満を述べられることは通常はありません。稀に相談予約の段階で「○時間は話を聴いてほしい」などと言う相談者がいますが、相談時間の上限を説明すれば、それに不満を述べられることは通常ないはずです。翻って、相談時間に限りがあることに不満を述べる相談者であれば、次回以降の相談予約や依頼を受けることには躊躇してもよいかもしれません（初回相談の予約段階で不満が出る場合には予約自体をとるかどうかも要検討といえます）。

　また、料金が決められていることで、相談者にも、やみくもに時間をかけると支払う金額が増えるという心理が働き、延々しゃべるということに抑制が働きやすくなります。なお、時間の上限を定めていないと、相談者から「相談料はいくらでも払うから話を聴いてほしい」と言われたときにどう対応するかが問題となり得ます。料金さえ払ってもらえるなら何時間でも話を聴いてもいいということであれば、時間の許す限り話を聴けばいいですが、次回以降の相談あるいは依頼を受けた後も同様の対応を求められる可能性があると

いうことは覚悟しておく必要があります（ましてや着手金・報酬金方式にて依頼を受けた場合は、打合せの際に相談料をとらないのが一般的と思われますので、料金が発生しないなかで長時間の面談をすることも覚悟しなければなりません）。そのような状況に陥るのは困るということであれば、法律相談の時点から時間の枠組みを意識しておくことが肝要です。

　イ●要約する

　たとえまとまりのない話であったとしても、じっくりと聴いていると、この人はこのことを伝えたいのだなということが何となく分かってくることがあります。そのタイミングで、傾聴テクニックの一つである要約（17頁参照）を使うのが有用な場合があります（極意②［傾聴］）。相談者の話す内容を要約して伝え返したうえで、「では、まずは○○のことからお話したいと思います」として、後は弁護士が法的な説明をしていくなどして、主導権を握っていきます。

　また、相談者が複数のトピックを織り交ぜてしまい、話にまとまりがないときにも、要約は有効です。例えば、離婚相談において、相談者が夫婦の財産のことと子どもの養育費のことを併せて話すような場合に、「財産分与と養育費のことが気になっておられるのですね。では、まずは財産分与のことからお聞きしていきますね。養育費のことは後でご説明しますので」というような形で要約します。こうすれば、広がった話を細分化することができ、なおかつ相談者も自分が気にしていることを弁護士がきちんと拾い上げてくれたと感じ、安心感を得ることができます。そして、まずは一つのトピック（前記例であれば財産分与のこと）に集中して話ができるようになります。

ウ ● クローズドな質問を中心にする

　クローズドな質問は、依頼者の自由な発話を抑制してしまう側面があるため、基本的にはオープンな質問からクローズドな質問の順に切り替えていく方が、話の流れはよくなると考えられます（19頁参照）。もっとも、依頼者が延々とまとまりのない話をしている状況でオープンな質問をしていても話は整理されませんので、クローズドな質問を中心に切り替えていかざるを得ません。相談者の話が一区切りついたタイミングで、「ありがとうございます。お話を整理していきたいので、私の方から質問させてください」とか「今お話しいただいた内容を時系列に沿って整理していきたいのですが」などとワンクッション置いたうえで、クローズドな質問を繰り返して主導権を握っていくのも一つの方法です。

エ ● うなずき、あいづち等を減らす

　傾聴するためには、うなずきやあいづちは重要なテクニックです（16頁参照）。もっとも、相談者が延々としゃべり続け、一向に話を終える気配を見せないときには、意図的にうなずきやあいづちを減らす、あるいはやめてみるのも一つの手です。事案処理との関係でさほど重要ではない話が続いているようであれば、それまで取っていたメモの手を止めてみてもよいでしょう。うなずきやあいづちは話を促進する効果がありますから、意図的に減らすことで、話を抑制することに繋がります。そして、相談者の話が止まったら、前記の要約やクローズドな質問で主導権を握っていきたいところです。

オ ● 遮る

　うなずきやあいづちをやめても相談者の話が止まる気配がないようであれば、限られた時間のなかで相談をコントロールしていくためには、話を遮るほかありません。話の途中であったとしても、

「なるほど、お話ありがとうございます。」などと言ってカットインしたうえで、要約やクローズドな質問に切り替えていくことになります。ただし、この際、イライラした様子を見せて「そんなことはどうでもいいので」などと言ってしまうと、場の空気が悪くなってしまうため、あくまでやんわりと遮るのがポイントです。

④ 相談者の態度が横柄・失礼な場合

> **Case 1-4**
> 自分（弁護士）よりも年上の相談者がタメ口で話しかけてくるなど終始横柄な態度であった。さらに、「〇〇さんは弁護士何年目？」と聞かれ、嫌な気持ちになってしまった。

● Keyword　極意①［枠組み］、極意④［説明］、ハロー効果

［1］弁護士に横柄な態度をとる人の心理

　人は、見た目、態度、性別、年齢、肩書、経験年数、実績、経歴、学歴などの外部情報から、他者のことを判断してしまいがちです。そして、丁寧な態度をとるに値しないとか、自分より格下であるなどと判断すると、あからさまに横柄な態度や失礼な態度を表に出す人がいるのも事実です。

　この点、弁護士の場合、「弁護士」という肩書があることから、横柄な態度をとられにくい特性があるといえます（このように、肩書や外見などの一部分の要素によって、その人を全体的に良く評価することを「（ポジティブ）ハロー効果」といいます）。そのため、依頼者・相談者は弁護士に対して、大人として社会人として、一定の礼節を持って接するのが通常ですが、稀に弁護士に対して横柄な態度や失礼な態度をとる人がいます。一般に、人が横柄な態度をとるのは、相手のことを自分より下に見ている場合や、自分が優位に立つ

て、相手やその場を支配したいという心理の表れであると考えられています（また、そのような態度をとる背景には劣等感や自信のなさがあり、それを隠すために自分を大きく見せようとしていることもあります）。そのため、弁護士に対して横柄な態度をとる人は、冒頭で挙げた見た目や経験年数などの外部情報を踏まえて、当該弁護士を自分よりも下であるとみなしている可能性や、その場を優位にコントロールして自分に都合のよい発言や行動を弁護士から引き出そうとしている可能性があるといえます。

また、横柄な態度をとる人は、他者に共感する力が乏しく、他者の気持ちを傷つけても罪悪感を抱きにくい傾向も見られます。このような心理傾向がある人の事件を受任すると、対応に苦慮することがあることから、受任には慎重を要してもよいと考えられます。

[2] 横柄な相談者への対処法

ア ● 冷静かつ毅然とした対応

相談者が横柄な態度をとる場合、弁護士としては嫌な気持ちになりますが、対抗して弁護士も横柄な態度をとったり、感情的になったりすると、トラブルになりかねないため、お勧めできません。一方で、弁護士が必要以上に迎合的な態度や下手に出ると、この弁護士をコントロールできたと思い込んで相談者の態度が増長する可能性があります。そのため、横柄な態度で返すでもなく、過度に丁重に接するのでもなく（特別扱いせずに）、努めて冷静かつ毅然と対応するよう心掛けたいところです。

イ ● 次回以降の相談を断る

相談者の態度が許容できないレベルの場合には、その相談者とは距離をとる、つまり次回以降の相談は受けないという選択肢も十分あり得ます。どの程度であれば許容できないかは各弁護士によって

異なるため、一般的な基準を設けることは難しいところですが、自分にとって許容できないと感じる場合には次の相談は受けないと決めることは、弁護士のメンタルを守る意味でも重要です（極意①［枠組み］）。

　例えば弁護士に対する暴言があるとか、終了時間になっても居座り続けるなどの明らかな問題行動が見られる場合には、「二度と相談に来ないでください」と毅然と告げてもよいと思われます。とはいえ、弁護士が相談者に出禁を宣告するのはできれば避けたいところです。そこで、できる限り、やんわりと次は来ないでほしいという空気感を出す、あるいは当該相談者にまた相談に来ようと思われにくくするのも一つの方法です。そのためには「この弁護士は、自分の希望を叶えてくれそうにない」と思ってもらうのがポイントです。

> **次回以降は相談に来てほしくない場合の対応例**
> ・残念ながら、私（当事務所）では、〇〇さんのご希望を叶える方法を見いだすことができそうにありません。
> ・恐縮ですが、私（当事務所）では〇〇さんのお力になれそうにないです。
> ・色よい回答をすることができず恐縮ですが、あくまで私の意見ですので、ほかの弁護士の意見を聞いてみられてもいいかもしれません。

　そのほかに、「何か動きがあったり、気になることが出てきたりしたら、いつでもご相談ください。」という次に繋げるための声掛け（55頁参照）をしないというのも一案です。

［3］依頼者・相談者から見くびられにくくする方法

　依頼者や相談者が横柄な態度をとる場合、当該弁護士のことを下に見ている（見くびられている）可能性が高いと考えられます。実

績や経験年数を積むことでそのような態度をとられることは減るのが通常ですが、直ちにできる対策としては、次のようなものが考えられます。

ア●見た目に意識を配る

人はわずか数秒で相手の印象を形成するといわれています（52頁参照）。そして、人には他者を見た目で判断してしまう傾向がある以上、見た目の持つ効果を無視することはできません。例えば、髪はボサボサ、服は皺だらけで、姿勢は猫背といった人がいた場合、好印象を抱いてもらいにくいだけでなく、その見た目だけで雑に扱われたり、下に見られたりしてしまうことがあります。そのため、見た目を意識することは、初対面の相談者の印象を良くするだけでなく、見くびられにくくするためにも重要だといえます。男性弁護士の中には、ひげを生やすことで威厳を出そうとする人がいるようですが、見た目の持つインパクトを考えると、相応に効果がある方法といえるかもしれません。

イ●落ち着いた態度をとる

おどおどした態度で小さな声で話していると自信がなさそうに見えてしまうため、依頼者や相談者が弁護士の力量に不安を抱いたり、時には下に見てしまったりしがちです。そのため、落ち着いた態度で、落ち着いたトーンで堂々とした話し方をすることが重要です（偉そうにするわけではないことに注意が必要です）。

ウ●的確かつ明確に回答する（事前準備をする）

弁護士が依頼者や相談者の質問等に的確に答え、また回答や説明が明確であれば、おのずとその弁護士に対する信頼感が生まれ、横柄な態度はとりづらくなってくると考えられます（もちろん、明言

するべきではない事柄についてはこの限りではありません）。この点は相談や打合せの前に準備（予習）することで、ある程度対処可能なため、経験年数が浅い場合や不慣れな事案の場合には特に意識しておきたいポイントです。

⑤ 相談者の説明が妄想の可能性がある場合

> **Case 1-5**
> 市役所の法律相談会にて、相談者の話を聴いてみたところ、「政治家の〇〇さんに1億円貸したので、取り返してほしい」という内容であった。詳細に話を聴いても、要領を得ず、実際にあった話とは到底思えなかった。受任してほしいと言われたが、どのように対応していいか分からず、曖昧な回答をして相談を終えてしまった。

● Keyword 極意①［枠組み］、極意②［傾聴］、極意③［共感］、極意④［説明］、否定も肯定もしない

[1] 精神疾患による妄想の可能性

相談者の話がおよそ現実に起きた出来事とは思えないという経験をしたことのある弁護士は少なからずいるのではないでしょうか。事務所での相談の場合は、事務所の定める基準に照らし合わせて、問い合わせ段階で予約を断るという選択肢もあり得ます（42頁参照、極意①［枠組み］）。しかし、本ケースのように自治体等での相談であれば、実際に話を聴いてみるまでどのような相談か分からず、弁護士が直接対応する必要が出てきます。

相談者の話が明らかに現実離れしている場合、これは精神疾患による妄想の可能性があります。226頁で説明するとおり、統合失調症をはじめとした精神疾患の症状として妄想が生じることがあります。また、認知症によって妄想の症状が出ることもあります。

[2] 説明が妄想の可能性がある場合の対応例

ア●まずは話を聴いてみる（否定も肯定もしない）

　弁護士のもとに寄せられる妄想と思われる相談の例としては、私の頭の中に電波を飛ばしてくる人がいるので訴えたいというもののように、初めから現実離れしていることが明らかなものがあります。その一方で、隣人から嫌がらせを受けているので何とかしてほしいといった相談のように、相談の外縁だけでは絶対にあり得ないとまでは断言しにくいものもあります。

　このように、しっかりと話を聴いてみないことには、その相談が現実に起きたことなのかどうかの判断がつかないこともあるため、まずは相談者の話に耳を傾ける必要があります（極意②［傾聴］）。また、どうせ妄想にすぎないなどと考え、話を聴く姿勢すら見せることなく、いい加減な対応をしてしまうと、相談者を傷つけるおそれがありますし、相談者との間でトラブルになる可能性を高めてしまいます。そのため、話を聴く姿勢を見せることは、相談者のためにも弁護士自身を守るためにも重要です。

　また、弁護士からすると「妄想」に思えたとしても、相談者はあくまでその出来事を「事実」として認識しています。相談者の立場に立って、相談者の述べる事柄が事実として起きているのだと考えてみると、辛い状況にあるのは間違いありません。そして、後記のとおり、このようなケースでは、最終的には厳しい見通しを説明せざるを得ないため、その前のワンクッションとなるように、相談者の心情を和らげる共感を示す言葉を伝えるとよいでしょう（極意③［共感］）。

共感を示す対応例

・それは、〜（例：辛かった、しんどかった）ですね。
・○○さんは、そのようにお感じになったんですね。

ただし、妄想を事実として認めるような言葉がけは避けるべきです。妄想の可能性がある事案への対応としては、否定も肯定もせず、不安な気持ちに共感を示し安心感を与えることが重要です。

イ●見通しを説明する

話を聴いたうえで、やはり妄想の可能性が高いということであれば、相談者の求める法的な請求が通ることはありません。ここで安易な見通しや中途半端な伝え方をしてしまうと、「○○弁護士が私の主張が認められると言ってくれた」などという認識に繋がり、妄想を強化してしまうおそれがあります。

したがって、見通しについては、明確に相談者に伝える必要があります。ただし、この際に「あなたの話は妄想なので、請求が認められるはずありませんよ」などと言ってしまうと、無用な恨みを買うなどトラブルの元です。また、相談者の説明内容の矛盾点などを論理的に追及することも避けた方が無難でしょう。前記のとおり、妄想への対応のポイントは「否定も肯定もしない」ことです。

そこで、前記の共感を示す言葉を伝えたうえで、あくまで自分（弁護士）の意見としては請求が認められる余地はないと思うということを穏やかに伝えるのがよいでしょう（極意④［説明］）。

厳しい見通しを説明する際の対応例

・あくまで私の意見ですが、○○さんのご主張を裁判所に訴え出たとしても、これが認められることはないと思います。色よい回答ができず恐縮ですが、弁護士の立場としてはそのような説明にならざるを得ないんです。

このように伝えれば、相談者の希望と弁護士の意見が違うだけですから、相談者の妄想を無下に否定することにはならないと思われます。とはいえ、どれだけ気を配って伝えたとしても、相談者によ

っては、「役に立たない」などと心無い言葉をぶつけてくるかもしれません。このような場合、あまりいい気はしませんが、感情的に対応して事態を悪化させるよりも、ともかくこの相談を大過なく終えることを最優先に考えてやり過ごすのが無難との考え方もあるのではないでしょうか。

ウ●受任は慎重に

相談者から受任してほしいと言われることもありますが、言うまでもなく、妄想を前提とした主張が認められる余地はありません。仮に受任したとすると、その後の依頼者対応や事件対応に苦慮することは目に見えており、しかも依頼者の望む結果は見込めませんから、依頼者からは弁護士の責任で自分の主張が認められなかったという不満を抱かれるおそれも多分にあります。

したがって、どのような相談でも依頼の意思が示された場合には絶対に受任するという確固たるポリシーがあるような場合は別として、精神疾患による妄想の可能性がある事案を軽々に受任するべきではないと考えられます。

6 相談者の話に共感できない場合

Case 1-6
相談者が事件の相手方のことを口汚く罵っていたが、相談者が話す事実関係を踏まえると、どう考えても相談者の方に非があるように感じた。そのため、相談者の話す内容に嫌悪感を抱き、冷たい態度をとってしまった。

● Keyword　極意②［傾聴］、極意③［共感］

[1] 賛同と共感の違い

　依頼者・相談者の立場に立って考えてみることには、信頼関係の構築や依頼者・相談者との対立回避に繋がるなどの効果があります（22頁以下参照）。そのため、共感に努めることは重要です。しかし、相談者の話を聴いていると、その気持ちに賛同できないと感じる場面に遭遇することもあるのではないでしょうか。

　この点、「賛同する」こと（賛成し同意すること）と、カウンセリング的な意味合いの「共感する」こと（相手の立場に立ってその気持ちを理解しようとすること）は必ずしも一致しません。例えば、ひどいDV被害を現に受けているにもかかわらず、夫との関係修復を希望する女性の相談を受けた場合、なかなかその気持ちに賛同することは難しいものの、その女性の立場に立って考えてみると、その気持ちが理解できる場合もあるかもしれません。別の例でいうと、依頼者が相手方の悪性格を主張することを希望する場面で、弁護士としてはそのような主張をしても意味がないどころかデメリットもあると考えますが、依頼者の立場に立って考えてみると、その気持ちが理解できる側面もあるはずです。

　このように、賛同と共感は異なる概念です。弁護士が相談者や依頼者の話に共感できないと感じ、なぜこんなことを言うのだろうと

思いすぎると、良好な関係性を阻害する要因となり得ます。しかし、実際のところは、弁護士の立場で物事を見て弁護士自身の気持ちとして賛同できないだけかもしれません。そこで相談者や依頼者の立場で想像してみることで、共感を示す言葉が無理なく出せて、深刻な対立を回避できる場合もあると考えられます（極意③［共感］）。

[2] 共感できない場合の弁護士の心の持ちようと対応の仕方

ア●まずは話を聴いてみる

相談者の話になかなか共感できないと思った場合でも、話に耳を傾けることで、理解が深まることがあります。そのため、表層的な話だけで理解できないと拒絶するのではなく、限られた相談時間ではありますが、できる限り相談内容を詳しく聴いてみることが重要です（極意②［傾聴］）。

イ●どうしても共感できないとき

話に耳を傾け、その人の立場に立って理解するよう努めてみても、どうしても共感できないこともあり得ます。本ケースでは、弁護士が相談者の話に嫌悪感すら抱くようになっているので、いくら相談者の立場に立って考えてみても、共感することは難しい状態になっているといえそうです。

このような場合、何としてでも共感しようとして、時間の枠（4頁参照）を崩してまで話を聴いたとしても、徒労に終わる可能性も十分にあります。反対に、共感できないがゆえに相談者に対して意見や説教をするかのような態度で臨んでしまうと、無用なトラブルを生みかねません。

そこで、どうしても共感できないこともあり得ると認識したうえで「自分にはこの人の話はどうしても共感できない」と素直に認めるほかありません。その後は、淡々と弁護士として、目の前の相談

者に法的な説明やアドバイスをしていくというのが現実的な対応ではないでしょうか。さらに、共感できないだけでなく、次回以降の相談には来てもらいたくないとか、依頼したいと言われても断りたいと思うほどの拒否的な感情を抱くようであれば、62頁や89頁にあるような対応例が参考になると思われます。

　なお、本ケースは相談段階において相談者に共感できない場面を想定したものですが、受任後であったとしても特に異なるところはありません。依頼者の発言にどうしても共感できないと感じた場合でも、共感できないことを前提に淡々と法的にできることなどを説明するほかありません。仮に許容できないほどの共感不可能な言動や要求があり、それが辞任の基準（110頁以下参照）に当たると判断した場合には辞任を検討することになります。

7　相談者の気持ちの落ち込みが激しい場合

> **Case 1-7**
> 　会社で上司からパワハラを受けて休職しているという男性の相談の場面で、その男性が「こんなことで負けてしまう自分が情けなくて…。これから先のことも不安が強いです」と言い出し、ひどく落ち込んだ様子であった。時折、目に涙を浮かべることもあり、どのように対応していいのか分からず困ってしまった。

● Keyword　極意②［傾聴］、極意③［共感］、躁的防衛、ノーマライズ

[1] 弁護士のもとに相談に来る人の心理状態

　弁護士のもとに相談に来る人は、何らかの問題を抱えています。人は誰しも問題を抱えると多かれ少なかれストレスを感じます。そのため、一定数の相談者は普段の精神状態とは異なった状態で弁護士のもとを訪れていると認識しておく必要があります。怒っている

人、悲しんでいる人、不安感が強い人など様々です。

　ただ、普段の精神状態と違っていたとしても、それを態度や言葉で、他者（弁護士）に見せる人もいれば、全く見せない人もいます。たとえ落ち着いた様子や明るい様子の人であったとしても、辛くないなどと考えるのは早計です。むしろ本当は辛いはずなのに、表面上は穏やかであったり、明るかったりする人の方が、ネガティブな感情をため込んで危険な状態にあることもあるため、注意が必要といえます（無理に明るく振る舞って、悲しい気持ちなどに蓋をすることを「躁的防衛」といいます）。

[2] 落ち込みが激しい人への対応例

　本ケースのように、弁護士の前で落ち込んだ様子を見せる人に対して、「きっと元気になりますよ」とか「気にしすぎなんじゃないですか」などと安易に励ましや慰めの言葉をかけるのは控えた方が無難です。このような言葉をかけると、相談者を追い詰めたり、傷つけたりする可能性があり、場合によっては相談者が本音を話せなくなることがあるためです。

　落ち込みが激しい相談者には、励ましや慰めの言葉をかけるのではなく、話に耳を傾けることが重要です（極意②［傾聴］）。かける言葉が見つからないなら、無理に何か言おうとしなくてもよいということです。言葉をかけるのであれば「それは辛かったですね」などの共感を示す言葉がよいでしょう（極意③［共感］）。

　また、相談者が「自分がこのように落ち込んだり、悩んだりするのはおかしいのではないか（こんなに悩んでいるのは自分だけなのではないか）」といった思いを抱いていることがあります。そのような際は、「あなただけではないですよ」「同じようなことで悩んでいる人がいますよ」というメッセージを伝えることが有効な場合があります。

> **相談者の悩みを一般化するための対応例**
>
> ・そのような状況になったら、〜（例：辛い、不安な、腹が立つ）気持ちになるのはおかしなことではないと思いますよ。同じような相談を受けることがありますが、多くの方は○○さんと同じような思いを抱えておられますよ。

　このような手法を「ノーマライズ（一般化）」といいます。相談者が苦しいのは自分だけではないのだと思えれば、不安感が和らぐことがあります。したがって、弁護士は落ち着いた態度で、「そういう方もいますよ」「あなただけではないですよ」というようなメッセージを伝えてあげることが重要です（ただし、「あなたよりも苦しんでいる人がいる」というニュアンスになると、悩みを軽視されたという印象を与えるため、注意が必要です）。一方で、相談者の話に弁護士が過剰に驚いたり、不安な様子を見せたりすると、相談者は「自分はおかしいのでは」といった思いや不安感を強める可能性があるため、注意が必要です（医師の診察を受けているときに、医師に過剰に驚かれるなどすると、患者は不安になるということを想像してみると分かりやすいのではないでしょうか）。
　また、抑うつ状態が強い場合には、小難しい説明をされてもそれを理解したり記憶したりすることが難しいケースもあるため、通常以上に端的に分かりやすい説明を心掛ける必要があります。
　なお、前記の「ノーマライズ」という手法は、相談者が落ち込んでいるときに限らず、様々な場面で使うことができます。例えば、初めての調停の前に依頼者が緊張感を高めている場面であれば、「皆さん調停の前は緊張されますけど、私の方でサポートしますから大丈夫ですよ」などの声掛けをすることが考えられます。相談者や依頼者の感情を和らげたい場面では、弁護士のそれまでの実務経験を活かした声掛けをするのは有効です。ただし、過去の案件のこ

とを持ち出す場合には守秘義務に注意する必要があることは言うまでもありません。

column
相談者が持参したメモの取扱い

　相談者が、相談内容を時系列にまとめるなどしたメモを持参してくれることがあります。これが役に立つこともありますが、一方で、内容が分かりづらい場合もあり、いっそ弁護士主導で事実関係を聴取していった方が早いと感じることもあります。ただ、そのように感じたとしても、当該メモを完全に無視して話を進めてしまうと、相談者はせっかく作成したメモがないがしろにされたことに気分を害する可能性があります。そのため、弁護士主導で事実関係を聴取した方がよいと感じたとしても、相談者がメモを持参してくれたことに感謝の意を示したうえで、これに多少でも目を通すような姿勢は見せた方がよいと思われます。

8 相談者の親族や友人・知人が同席する場合

Case 1-8
　女性の名前で予約の申込みがあったが、相談当日には女性のほかに男性も一緒にやって来た。両者の関係性を尋ねたところ、知人とのことであったが、相談中は、女性はほとんどしゃべらず、当該男性がほとんど話すような状況であった。

● Keyword　極意① ［枠組み］、極意② ［傾聴］、極意④ ［説明］

[1] 第三者が法律相談に同席する場合の各人の心理

　法律相談の場に相談者以外の第三者が同席しようとすることがあります。第三者と一口にいっても、父母、子、兄弟など親族の場合もあれば、友人・知人など血の繋がりのない人の場合もあります。

このような親族や友人・知人などの第三者が法律相談に同席する場合、相談者や同席者の心理は次のようなものである可能性があります（複数が絡み合っていることもあり得ます）。

ア●同席者にいてもらうことで、相談者が安心な場合

　法律事務所に相談に行くという行為自体に負担を覚える人がいます。法律事務所に行くのに緊張する、自分だけではうまく説明できないのではないか、自分だけでは弁護士の話を理解できないのではないか、などの点に不安を覚えることが理由だと考えられます。このような場合には、相談者のために第三者が同席してあげるということになりがちです。

イ●同席者が相談者のことを心配している場合

　相談者が、自身の悩みを同席者に事前に相談している場合などでは、同席者も当該事案に対して関心があり、また相談者のことを心配していることが少なくありません。このような場合、法律相談に同席したいという発想になることがあります。

ウ●同席者が相談させたい場合（同席者が真の相談者の場合）

　同席者は当事者ではないものの、間接的な利害関係や何らかの思惑があるなどして、当該事案に強い関心があることがあります。例えば、相談者の配偶者にとっては、相談者の得られる経済的利益が家計に直結することがあり、このような場合には強い関心があって当然といえます。相談者よりも同席者の方が法律相談に対するモチベーションが高いことがあり、もはや同席者が真の相談者といっても過言ではない状態になることもあります。

エ●同席者が相談者をコントロールしたい場合

同席者と相談者との間に上下関係や主従関係があり、同席者が当該事案に何らかの利害関係がある場合などにおいて、同席者が相談者を使って、自らの利益に繋げようとすることがあります。同席者は、相談者のみならず、弁護士も利用してやろうという思惑を抱いていることや、妙に法律知識を持っていることがあり、同席者の意向でどんどん話を進めようとする傾向がみられることもあります。

オ●同席者が相談者の前で自分の存在感をアピールしたい場合

同席者が相談者の配偶者や交際相手である場合などに、相談者に良いところを見せたいという心理が働き、法律相談に同席することがあります。自分が弁護士のことを見定めてやろうという心理から同席しようとすることもあり得ます。このような場合も、前記エと同様、同席者が相談の場をコントロールしようとしがちです。また、相談者が女性、同席者が男性というパターンが多いように思われます。

[2] 第三者が同席する際の対応例

ア●第三者の同席を許容するべきか

本来的には第三者が法律相談に同席しなければならない理由はありません。それどころか、前記の同席者の心理のうち、同席者が相談者をコントロールしたい場合や同席者が自分の存在感をアピールしたい場合は、同席者の存在が法律相談の円滑な進行を阻害する可能性すらあります。

そこで、そもそも第三者の同席は一切断るという対応も考えられなくはありません。もっとも、同席者の存在によって相談者が安心して法律相談に臨める場合や、相談者が高齢者の場合などには親族の同席者がいてくれた方が弁護士にとっても便宜な場合があるのも

事実です。また、第三者が同席するかどうかは、相談当日に来所するまで分からず、せっかく来られた第三者に帰ってもらうのは忍びないという面もあり、第三者の同席を一切排除するという対応は現実的ではないとの考えもあると思われます。このような理由から、第三者の同席は基本的には許容するという対応をとっている事務所が多いのが実際のところではないでしょうか。あるいは、一定の限定を付するという観点から、相談者と一定の関係性（例：親族関係）がある場合に限り第三者の同席を許容するという対応も考えられます。ただし、このような対応をとるのであれば、事務所のウェブサイト上に明記しておくなど事前に周知しておくことが望ましいと考えられます（極意①［枠組み］）。

イ●同席者の立場のチェック

第三者が同席する場合には、その同席者が相談者とどのような関係にあるのかを確認する必要があります。というのも、相談内容によっては、相談者と同席者の利害が対立し、相談を受けることができない可能性があるためです。万が一、同席者が相談者との関係性や身分を明らかにしない場合には、相談を受けないという対応も考えられます（極意①［枠組み］）。事務所の決まりとして、同席者の身分等を明かしてもらえない場合には相談は受けないことにしているなどと伝え、毅然とした対応をすることが重要です。

仮に同席者と相談者との間に利害対立がないとしても、同席者が当該相談に同席する合理的理由が見いだせない場合には、当該同席者の動向には注意が必要です。同席者が弁護士の発言を都合よく利用しようとする可能性もあることから、安易に断言したり見通しを伝えたりすることを避け、法的な見解を述べる際にも「あくまで今日お聞きした情報を前提にすると…」というような留保をつけて話した方がよいでしょう。特に受任する場合には後記のとおり、より

一層の慎重な対応をした方がよいと考えられます。

ウ●相談者に話してもらいたいという姿勢を見せる

　あくまで相談の主役は相談者であって、同席者ではありません。そして、受任すれば、同席者の意向ではなく、依頼者の意思を尊重して事件処理を進めなければなりません（基本規程22条1項）。そこで、同席者や相談者の思惑はどうであれ、少なくとも弁護士は相談者から話を聴きたいと考えていること、相談者の意向を中心に事件解決を行うべきと考えていることを示しておきたいところです。具体的には、主に相談者の方を見て話をし、質問をする際にも基本的には相談者の顔を見て質問するといった対応をすることが考えられます（ただし、後記のとおり、同席者の方も適宜見ることが重要です）。それでも、同席者が中心となって話すようであれば、「○○さん（相談者）はどのようにお考えですか？」というように相談者に話を振ってみるというのも一つの方法です。

エ●場合によっては席を外してもらう

　相談内容によっては、相談者が同席者にも話していない事実関係や意向を聴取しなければならない場合があります。この場合、同席者の存在によって相談者が自由に話をすることに躊躇を覚える可能性がありますが、そうなると、必要な情報を聴取することができず、適切なアドバイスをすることができないこともあり得ます。

　しかし実際は、相談者が同席者に席を外してほしいとはなかなか言いにくいと思われます。そこで、相談者のプライバシーに関わる情報を聴取する場面や相談者が話しにくそうにしている場面などでは、弁護士主導で同席者に席を外してもらうよう伝えるのも一つの方法です。このような対応は、相談者に躊躇することなく必要十分な話をしてもらうという目的のほかに、あくまで相談の主役は相談

者であって同席者ではないということを印象付け、同席者の過度の介入を避ける目的もあります。

オ●同席者をないがしろにしない

　基本的には相談者を中心に相談を展開していきたいところですが、かといって同席者をないがしろにしてよいということではありません。同席者をないがしろにした態度をとれば、相談者もいい気はしないでしょうし、同席者が弁護士に対して悪印象を持てば、次回以降の相談や受任の可能性が低くなるかもしれません。

　そのため、同席者にも一定の配慮をしている姿勢を示しておいた方がよいといえます（二度と相談に来てほしくないと感じる事案であれば別かもしれませんが）。具体的には、同席者が話をする際には、同席者に対して傾聴の姿勢を見せるべきですし、弁護士が話をする際には、相談者だけを見て話すのではなく、同席者の顔も時折見ながら説明することが重要です（極意②［傾聴］）。また、相談の最後に同席者に対しても質問がないか確認したりするなどの態度を示すのも一つの方法です。

カ●相談時間のコントロール

　相談者のみならず、同席者も話をしたり、質問をしたりすると、通常の1対1の相談よりも時間がかかります。そのため、同席者がいる場合には、時間の枠（4頁参照）が崩れやすくなります。

　相談者側の都合により複数名で来所したからといって、時間無制限で相談ができるという理由にはならないはずですから、時間の枠は維持したいところです。そのためには、通常の相談以上に相談時間をコントロールする必要があります。例えば、前記のとおり、同席者にも配慮しつつ、相談者を中心に話を聴き、それでもなお同席者が質問等でカットインすることが頻繁に起きるようであれば、

「最後にご質問の時間を取りますので」などと伝え、できる限り1対1の相談に近い形に持って行くという方法が考えられます。そのうえで、通常よりも多めに最後の質問の時間（55頁参照）を確保できるよう時間配分に気を配るとよいでしょう。また、相談者と同席者それぞれが思い思いの話をすると収拾がつかなくなりますから、同席者が延々と話をするようであれば、話を遮るなど弁護士が話の主導権を握る意識を強めた方がよいと思われます（56頁以下参照）。

[3] 代理相談の場合の注意点

　本ケースは事件の当事者（相談者）のほかに同席者がいる場面を想定したものですが、当事者は相談に来ずに、当事者の親族等が代理で相談に来ることがあります。代理相談についても、当事者とどのような関係の人でも許容するのか、親族などの関係性のある人に限定するのかについては検討しておくとよいと思われます（極意①[枠組み]）。無限定に友人や知人などと称する人からの代理相談も許容すると、当該代理相談者が、自分の何らかの思惑のために（法律相談の内容を録音するなどして）、都合よく弁護士の意見を解釈し利用しようとする可能性もあります。そのため、無限定に代理相談を許容してよいのかどうかについては慎重な判断が必要ではないでしょうか。

　また、たとえ親族であっても、本人と同じ考えではないことがありますし、事情を正確に把握していないこともあります。そのため、いざ本人から話を聴いてみると、代理相談の際に聴いていた情報と大きく異なるということもあり得ます。そこで、代理相談の段階では、あくまで代理相談者から得た情報のみを前提とした説明であることを明言しておく必要があります。

> **代理相談の場合の対応例**
> ・あくまで今日〇〇さんからお伺いした事情だけを前提にした説明になりますが、〜。

　さらに、情報の真偽が不確かであるばかりか、弁護士の説明が正確に本人に伝わっているとも限りません。したがって、後日、本人から相談を受けるとなった場合には、改めて正確な事情を聴取し、代理相談者に説明した内容であっても再度説明するという意識を持っておく方がよいでしょう。

[4] 依頼を受ける際に伝えておくべきこと

　同席者がいる事案を受任する場合、その同席者が事件の処理方針等に口出しをしてくる可能性があります。そうなると、弁護士は、依頼者の意思を尊重して職務を行うことが困難となります（基本規程22条1項）。ましてや、同席者の利害に関わるような何らかの思惑がある（前記[1]エ・オのような）場合には、同席者の意見は依頼者にとって有害になることさえあります。

　そこで、受任の段階で、基本的には今後の連絡は依頼者と弁護士との間で行うこと、依頼者から話を聴き依頼者の意向を踏まえて事件処理を進めること、期日報告等は依頼者に対して行うこと、第三者（同席者）から電話等で質問を受けても守秘義務の観点から回答できない場合があることなどを説明しておく必要があります（極意④［説明］）。また、第三者は調停や訴訟に（原則として）参加できないことを説明して、あくまで事件の当事者は依頼者本人であるということを意識付けておいてもよいでしょう。このような説明は、第三者が介入してきてから行うのではなく、受任時に事前に説明しておくことが肝要です（極意①［枠組み］）。万が一、受任時にこのような説明を行ったところ、それに同席者が反発するということ

は、自分（同席者）の意を受けて弁護士に動いてほしいということですから、受任しないという選択肢も出てきます。この点、事件の処理方法について第三者に対してのみ経過報告をし、もっぱら第三者を介して指示を受けていたときは基本規程21条、22条、29条、36条、44条違反の問題となりやすいとの指摘もなされているところですので（日本弁護士連合会弁護士倫理委員会『解説 弁護士職務基本規程 第3版』(2017) 49頁）、弁護士自身を守るためにも留意が必要です。

⑨ 相談者が弁護士のことをやたらと褒める場合

Case 1-9
初対面の相談者が、「今まで会った弁護士のなかで先生が一番だ」「先生の腕ならやってくれると信じています」などと妙に持ち上げてきた。悪い気はしなかったが、1時間ほどしゃべっただけの自分のことを大して知らない人からやけに褒められて、妙な不安感がわいてきた。

● Keyword　極意①［枠組み］、極意④［説明］、境界性パーソナリティー障害

[1] 初対面でやたらと弁護士を褒める人の心理

本ケースのように、初めて会ってわずか1時間ほどしゃべっただけにもかかわらず、やたらと褒めてくる人がいます。初対面でも多少の褒め言葉であれば、単なる社交辞令として受け取ることもできますが、過度に褒めそやされると、違和感を抱いてもおかしくありません。

弁護士のことをやたらと褒めるという行動は、この弁護士に気に入られることで自分の利益や目的を達成できるという心理の表れの可能性があります。この場合、弁護士を褒めて良い気分にさせることで、自分の思うように動いてもらおう、弁護士をコントロールし

たいという心理が裏にある可能性もあります。

[2] 受任後に弁護士に対する理想化が崩壊することも

「この事件を解決してくれるのは先生しかいないです」などと相談者に持ち上げられ、弁護士がいい気持ちになって、事件を受任したとします。しかし、相談者が前記［1］に挙げたような心理のもと、弁護士のことを持ち上げていた場合（たとえ無意識であったとしても）、受任後に弁護士が期待どおりの動きをしていないと感じたときは、その理想化した心情は一気に幻滅・失望へと変わり、時には弁護士に対する攻撃へと発展するおそれもあります。

このように、出会って間もないころに他者を理想化し、その後にその理想を崩壊させてこき下ろすというのは、「境界性パーソナリティー障害」の特徴といわれています。弁護士のことをやたらと褒めてくる人が全て境界性パーソナリティー障害というわけではありませんが、弁護士のことを過度に理想化する人は、のちに失望や攻撃に変化する可能性があることには留意しておく必要があります。

[3] やたらと褒める相談者への対応

ア ● 理想化を否定する

弁護士に対する理想化の程度が大きいほど、その後の失望も大きくなります。そのため、弁護士に対する過度な褒め言葉が出てきた場合はひとまず否定し、理想化されることを防いでおく方がよいと考えられます。褒め言葉に気をよくして「ありがとうございます。私に任せてください！」などと応えると、依頼者・相談者の理想は肥大化するおそれがあります。

相談者はおだてに乗らない弁護士であれば、うまくコントロールできなさそうだと判断し、依頼すること自体をやめておこうとなるかもしれません。受任を逃すことになりますが、そのような思惑を

抱いている相談者の案件を安易に受任して後々対応困難となるよりは、相談のみで終了する方がよいとも考えられます。

イ●受任する場合は枠組みを強く意識する

相談者が弁護士のことを妙に褒めるなど弁護士に対する理想化の傾向がみられる場合、案件を受任するときは、通常以上に枠組み（2頁参照）を強く意識しておく必要があります（極意①［枠組み］）。受任時に弁護士ができないこと（限界設定）や、対応可能な時間帯（時間の枠）などについて説明せずに無限定に対応してしまうと、依頼者はこの弁護士は自分のために何でもしてくれるという理想化を強める可能性があります。そうなると、要求がエスカレートし、それに弁護士が応えられないとなると、理想を崩壊させ、失望や攻撃へと変化するおそれがあります。

また、弁護士への期待感が高じて事件の見通しについて楽観的になり、リスク説明などの自分にとって都合の悪い情報を無意識に排除しようとすることもあります。したがって、現実的な見通しやリスクなどは、なるべく早いタイミングで、できれば書面等の文字に残る形で説明しておくことが重要です（極意④［説明］）。

ウ●受任しないことの検討

「先生の手腕なら何とかしてくれると信じています」というように、「ほかでもないあなたなら私の問題を解決してくれますよね」という趣旨の発言がみられる場合、当該弁護士に対する理想化がうかがえます。また、弁護士をおだてつつ、ある種のプレッシャーをかけて、自分に有利になるように動いてもらいたい（コントロールしたい）という思惑も感じ取れます。このようなタイプの相談者は、この弁護士であれば、ほかの弁護士と違って、無理を押してでも問題を解決してくれるはず（解決できないのであれば、この弁護士

の手腕に問題がある）と考えている傾向があります。そのため、この種の相談者の事件を受任すると、法制度の枠内での解決では納得せず、「それを何とかするのがあなた（弁護士）の仕事でしょ」とか「できると言ったじゃないか」という態度で迫られ、対応に苦慮する可能性も出てきます。

　受任後に対応困難となることが受任前から予測できるほど弁護士に対する理想化が強いことがうかがえる場合には、受任しないという選択肢も出てきます。受任を断る場合は、相談者の期待に応えられないことを説明し、きっぱりと受任できないと説明することが重要です。

10 依頼したいと言われたがこれを断る場合

> **Case 1-10**
> 相談者から「先生に依頼したい」と強く言われたが、この事件を受任するのに躊躇を覚えており、断るべきか、受任すべきか悩んでしまった。

● Keyword　極意①［枠組み］、極意④［説明］、確証バイアス

［1］受任するかどうかは原則自由

　弁護士法には、「弁護士は、正当の理由がなければ、法令により官公署の委嘱した事項（中略）を行うことを辞することができない。」と定められています（同24条。同旨の規定として基本規程80条）。ここでいう「法令により官公署の委嘱した事項」とは、国選弁護人、国選付添人等を指します。また、これに成年後見人、遺言執行者、破産管財人などの被選任資格が弁護士に限定されない業務を含める見解（広義説）もあります（日本弁護士連合会弁護士倫理委員会『解説 弁護士職務基本規程 第3版』（2017）217頁）。したがっ

て、このような業務に関しては正当な理由がなければ受任を断ることはできません。

翻って、相談者が弁護士に対し依頼の意思を示す形式をとる通常の業務においては、弁護士には受任義務はなく、受任を断っても問題ないということになります。基本規程には「弁護士は、事件の受任（中略）に当たり、自由かつ独立の立場を保持するように努める。」と規定されています（同20条）。そして、その解説においても「信頼関係を築けないおそれがあると弁護士が判断した場合には、弁護士は受任を断ることができるのであって、弁護士は事件の受任義務を負わない」と明記されています（前掲日本弁護士連合会弁護士倫理委員会44頁）。

[2] 受任を断る際の具体的な基準を決めておく

「信頼関係を築けないおそれがある」と弁護士が判断したときには受任しないという選択肢が出てきます。ただ、この基準だけではやや抽象的であり、相談の現場で迷いが生じるかもしれません。ひとたび受任した事件を途中で辞任するのはできる限り避けたいところです。迷った結果受任したものの、後悔することがないよう、事前に受任を断る場合の具体的な基準を各弁護士（各事務所）が設けておくのも一つの方法です（極意①［枠組み］）。

この基準については、各弁護士（各事務所）によって様々な考え方があろうと思います。そのため、以下で示す基準はあくまで一例にすぎず、これが唯一絶対ではありませんし、全ての場合を網羅しているわけでもありませんので、その点に留意ください。また、事務所に来てもらうことさえせずに、予約の段階で相談を断る場合もありますが（42頁以下参照）、弁護士（事務所）によっては、予約を断る際の基準の参考となるかもしれません。

受任を断る又は受任に慎重を要する基準（例）
① 相談者の話が妄想の可能性が高い場合
　64頁以下参照。
② 利益相反の場合
　弁護25条、基本規程27条・28条参照。ただし、受任する段階で利益相反に気付くのではなく、相談を受ける前の段階で利益相反に気付いておきたいところです（44頁参照）。
③ 求める内容が法的に実現困難又は不可能で、かつ弁護士がそのことを説明しても聞き入れない場合
　相談者が法的に実現困難又は不可能な要求をし、それを説明しても聞き入れてもらえないとか怒り出すようであれば、信頼関係を築くことはできず、受任は控えた方が無難と思われます。相談者が「法的に認められないのは分かっているけど、お金の問題じゃない」という場合も要注意です。人は、物事を自分の都合の良いように解釈する傾向があるため（確証バイアス）、口ではそう言っていても、弁護士に依頼したことで何とかなるのではないかと考えることがあります。そのため、いくら相談者がお金の問題じゃないと言ったとしても、法的に実現困難な依頼を受けることには慎重になった方がよいと思われます。
④ 虚偽の主張を行うよう要求する場合
　例えば、「実はDVを受けていないが、DVがあったことにしてほしい」というような要求が出された場合がこれに当たります。しかし、弁護士は、虚偽と知りながら主張や証拠を提出したり、当事者の真実義務に違反する行為を慫慂したり、又はこれに加担したりすることは許されません（基本規程5条・75条）。したがって、虚偽主張を要求する相談者の事件を受任することは弁護士倫理の観点から非常に危険だと思われます。なお、弁護士が主観的に真実と思って主張した事実が結果的に客観的真実と齟齬があり、弁護士による主張立証が後日裁判所から排斥されたとし

ても、真実義務違反の問題が生じることはないとされています（前掲日本弁護士連合会弁護士倫理委員会 11 頁）。

⑤ **弁護士の業務の範囲外、委任契約の範囲外の事柄を要求する場合**

　弁護士がすべきではない事柄やできない事柄であるにもかかわらず、これを安請け合いしてしまうと後々トラブルになることが予想されます。

⑥ **依頼の目的が不当な場合**

　「弁護士は、依頼の目的又は事件処理の方法が明らかに不当な事件を受任してはならない」とされています（基本規程 31 条）。不当な目的の事件の例としては、相手方の窮迫に乗じて、利息制限法を超えるような利息を請求しようとする場合や、正当な理由がないのに相手方を精神的に追い込むだけの目的で次々と訴訟を起こす場合等が挙げられています（前掲日本弁護士連合会弁護士倫理委員会 110 頁）。また、相手方が悪いことを明らかにしたいというような目的で訴訟をしたいという場合もありますが、訴訟は善悪を判断する場ではないことを説明し、それでも相談者が納得しないようであれば受任することを控えることも検討の余地があります。

⑦ **他の弁護士が依頼を断った事案の場合**

　相談者が他の弁護士に依頼を断られたことを明らかにしない可能性もありますが、判明した場合にはその理由を確認した方がよいといえます。以前相談した弁護士には自分に不利な事情を説明したところ受任を断られたため、今回は不利な事情を秘して相談していることなどがあります。

⑧ **前任の弁護士が事件途中で辞任・解任となった事案の場合**

　前任の弁護士に明らかに問題がある場合もありますが、相談者側に何らかの要因があることも十分考えられます。特に前任の弁護士の腕が悪いことが理由で、思うとおりに進んでいないと考えるタイプの相談者の場合、その矛先が次は自分に向くことも起こ

り得ます。相談者に辞任・解任の経緯を問うだけでなく、前任の弁護士が作成・提出した書面等の客観的な資料を確認し、受任の可否を検討するのがよいと思われます。

⑨ 相談者の態度が横柄など良好な関係を築くことが困難と思われる場合

　60頁以下参照。

⑩ 第三者が過度の介入を行うことが予想される場合

　73頁以下参照。

⑪ 弁護士に対する過度の理想化がみられる場合

　81頁以下参照。

⑫ 訴訟になじまない事案の場合

　訴訟であれば、有利な結果・不利な結果いずれであっても、事件はいつか終わりますし、何らかの結論が示されます。つまり、弁護士の対応終了時期は明確です。これに対して、話し合いによる解決しか考えられず、法的手続をとるとしても調停しか想定できない事案の場合、協議（調停）が成立すればいいですが、不成立の場合には何らの結論も出されず（審判手続移行する事件類型は除く）、問題も解決されません。また、調停を経たことで余計揉めるということもあり得ます。この場合に、委任関係を終了させようとすると、依頼者から「何も問題が解決していないのに、無責任にやめるのか」などと言われ、いつまでも委任関係を終了させられないという事態になるおそれがあります。訴訟手続になじまない事案の受任を求められた際には、そもそも当該問題は弁護士が解決できる法的問題なのかを慎重に検討し、それでも受任するのであれば、協議が不成立となった場合の対応方針や、事件の終了時期（102頁参照）などについて事前説明を行っておいた方がよいと思われます（極意④［説明］）。

⑬ 専門性が高いなど当該弁護士の手に負えない事案の場合

　専門性の高さなどから責任を持って処理することが困難と判断した場合には、経験のある弁護士と共同受任などの体制がとれな

> いのであれば、相談者のためにも受任しないという判断も時には
> 必要ではないかと思います。

[3] 受任しない場合の対応例

ア●受任の断り方

　依頼の意思表示がされたものの、これを断る場合に、「できれば、お断りさせていただきたい」とか「受任は難しい」というような持って回った言い方をすると、受任の余地もあるように受け取られかねません。そのため、受任しないのであれば、「受任できない」と明確に伝える必要があります。

　受任しない際に、その理由を詳細に答える義務はありませんが、「受任できない」の一点張りよりは、基本的には一定の説明を加えた方が穏当と思われます。この際の説明の仕方は、断る理由や事件の内容、さらには話の流れ等によるところが多分にあるため、一義的にこの方法がベストであるということはできません。とはいえ、明確な理由を述べにくい場合の比較的汎用性のある説明の仕方としては、相談者の希望に沿うことができないという理由で断る方法が考えられます。

受任を断る場合の対応例（希望に沿えないことを示す場合）

- 残念ながら、私（当事務所）では、○○さんのご希望を叶えることができそうにないので、ご依頼をお受けすることはできかねます。
- 恐縮ですが、私（当事務所）では○○さんのお力になれそうにないので、ご依頼をお受けすることはできかねます。
- 恐縮ですが、私（当事務所）では、責任を持って事件処理を進めることができないと判断しましたので、ご依頼をお受けすることはできかねます。

受任できないことを伝えた際、相談者がなぜ受任してくれないのかと怒るかもしれません。しかし、ここで翻意してしまうと、怒ればこの弁護士は対応を変えるという印象を抱かせかねず、受任後の対応に苦慮することが予想されます。そもそも、怒り出すような人であれば、なおさら受任しないという選択肢が正しかったことが裏付けられたともいえます。そのため、たとえ相談者が怒り出したとしても、翻意せずに受任しないという意思を毅然と示すことが重要です。

なお、利益相反を理由に断る場合は、事件の相手方の相談を受けていたことなどを説明すると守秘義務違反の問題が生じかねません（髙中正彦ほか『弁護士倫理のチェックポイント』弘文堂（2023）120頁）。そのため、このような場合には、理由には触れずに受任できないと回答するほかない（相談者は納得しないかもしれませんが、やむを得ない）と考えられます。したがって、そもそもこういう事態を避けるためにも、予約段階から利益相反のチェックができる体制をとっておくことが重要です（44頁参照）。

イ●受任の可否は速やかに回答する

初回相談の際に受任できないと伝える場合だけでなく、いったん受任できるかを検討させてほしいとその場で伝え後日連絡するという場合もあり得ます。ただし、後者の場合は、速やかに回答しなければなりません。というのも、「弁護士は、事件の依頼を承諾しないときは、依頼者に、すみやかに、その旨を通知しなければならない。」との弁護士法の規定があるためです（弁護29条）。したがって、弁護士法違反を理由に懲戒請求されるなどの事態を避け、自身が受任しない場合に相談者が別の弁護士を探せるように、速やかに受任の可否を伝える必要があります。

11 回答できない質問を受けた場合／誤った回答をした場合

Case 1-11
相談者から受けた質問の回答が分からなかったが、「分からない」と答えるのは気が引けたので、リーガルマインドを駆使して何とか回答してみた。しかし、後ほど調べたところ、自分の回答が誤っていることに気付いた。

● Keyword　極意①［枠組み］、極意④［説明］、リカバリー

[1] 誰しも明確に答えられない質問はある

　弁護士は、法律の専門家として、教養を深め、法令及び法律事務に精通することが求められており、そのための研鑽に努める必要があります（基本規程7条）。とはいえ、全ての法分野に精通し、どのような質問にでも即座に正しい回答を出すことができる弁護士はほぼいないのではないかと思います。そのため、時にはうまく回答できない質問を受けることもあり落ち込むかもしれませんが、それよりもその後のリカバリーの仕方が何より重要です。

　なお、ここでいう「質問」とは、時効期間のように法的に正解がある質問を想定しており、今後の交渉の進め方などのようにそもそも絶対的な正解がない質問は除外して考えています。

[2] 回答できない質問を受けた場合の対応例

ア ● 中座して調べる方法

　事務所での相談の場合、予約段階で大まかな相談内容が判明しているはずです。したがって、相談内容に関して不確かな点がある場合には、事前にある程度の予習をすることは可能ですし、前記の基本規程の趣旨にかんがみれば、それが望ましい姿勢といえるでしょう。また、対応不可の分野の相談であれば、予約段階で断っている

のが通常と思われますから（42頁以下参照）、全く知識がない分野の相談が持ち込まれることは少ないのではないでしょうか。そのため、一定の知識経験を積んだ弁護士であれば、事務所内の法律相談で、全く回答できない質問に直面する場面はさほど多くないと思われます。もっとも、実際に相談を受けてみると、想定していた内容とは異なる方向に話が進むことや、予期せぬ質問が出ることもあり、回答に窮することがないとはいえません。

　この際に、相談室内にある六法で調べるという方法がまず思いつきます。六法を駆使して即座に回答が出せれば、その姿は様になるかもしれません。しかし、相談者を目の前にして、沈黙の時間が流れるなかで必要な条文を探す作業を行うとなると、無用なプレッシャーがかかり、むしろ不格好な姿を相談者に示すことになりかねません。何より六法だけでは回答が見いだせない事柄もあります。そこで、事務所内で回答できない質問を受けた際には、潔くいったん中座するというのも一つの方法です。

事務所内で回答できない質問を受けた場合の対応例

・その点について、ちょっとお調べしますので、少しお時間いただきますね。

　できる限り相談の途中で中座することは避けたいですが、誤った回答をするよりはよいと考えられます。一度の相談で何回も中座するわけにはいきませんが、1回くらいであれば相談者も不快に感じないと思われますし、むしろ正確な回答をするために調査してくれたとプラスに捉えてくれる可能性もあります。そして、いったん相談室を出て調査する方法であれば、相談者の目を気にする必要はありませんから、六法に限らず、パソコンや文献を使って調査したり同僚に聞いたりするなど多様な調査方法で、より速やかに正確な回答にたどり着く可能性が高まります。

また、2名以上の弁護士で相談に対応している場合には、1名だけが中座して調査に当たることができますから、相談の流れを止めずに調査ができるというメリットがあります。単独で相談に当たっている場合でも、事務所内にいる他の弁護士に協力してもらえるようであれば、調査をお願いするという方法もあります。

イ●調べても分からなかった場合は追って回答する
　そもそも、中座してまで調べなければならないという状況になること自体稀ですし、たとえそのような状況になったとしても、多くの場合は、中座して調査すれば一定の回答は見いだせるのが通常だと思われます。ただ、どうしても限られた時間のなかで調査をしても回答を見いだせなかった場合には、対応を考えなければなりません。この際、「分かりませんでした」とだけ伝えて帰ってもらうという対応をとることも考えられなくはありません。しかし、この対応だと、相談者に不満を抱かれ、後々相談料金の返金を求められるなどのトラブルに繋がる可能性も否定できません。したがって、基本的には、改めて調べて後ほど回答するという対応が適切かつ誠実だと考えられます。この方法であれば、相談者に不満を持たれることは通常はないはずですし、むしろ真摯に対応してもらえたと相談者に感じてもらえるのではないでしょうか。また、相談後に不明点を調べることによって、弁護士自身の研鑽に繋がるという側面もあります。

　ただし、専門性が極めて高い分野に関する事柄など生半可な調査で回答することはむしろリスキーと思える場合には、「自分では対応できない」と正直に伝えるほかないと思われます（極意①［枠組み］）。

ウ ● 弁護士会や自治体等の事務所外での相談の場合

　弁護士会等での相談の場合は、どのような相談内容かは事前には分からないため、予習はできません。また、相談時間は30分程度と短時間で、相談の途中で中座することも困難です。しかも仮に中座したところで、事務所とは違い、文献等を確認できる環境にもありません。そのため、限られた時間、限られた材料で、現場で対応することが求められます。

　調べる材料としては、六法（相談会場には置かれていることが多いはずです）、スマホ、パソコンあたりが考えられます。ただ、弁護士が相談者の目の前でスマホやパソコンを見て調べると、どうしても頼りなく見えてしまいます。というのも、相談者からすると、スマホやパソコンで調べるのであれば、自分が調べるのと何も変わらないではないかという心理が働くためです（病院で診察を受ける際に、医師がインターネットで症状を検索しながら診察している場面をイメージしてみると分かりやすいのではないでしょうか）。実際に相談中に弁護士がスマホやパソコンを持ち出す行為に対して苦情が寄せられることもあるようです。そのため、どうしても相談者の目の前でスマホ等を用いて調べざるを得ない場合には（これらの利用が相談会場において許容されていることが前提ですが）、相談者に対して「正確なことをお伝えする必要がありますので、法令等の調査をさせていただきますね」などと伝えた方がよいでしょう（極意④［説明］）。

　また、限られた時間のなかで調査できなかった場合には、相談者への事後の連絡が許容されているのであれば、前記イと同様、改めて調べて後ほど回答するという対応が適切だと思われます。

[3] 誤った回答をした場合の対応例

　法律相談においては、誤った回答をするくらいなら相談時間内に調査をして回答する方がよいといえます。とはいえ、本ケースのよ

うに、実際に誤った回答をしてしまった場合には、放置することは控えるべきです。例えば、時効期間を誤って伝えてしまい、相談者が後で不利益を被ったというような場合には、法律相談時の弁護士の説明が問題となるおそれもあります。実際、離婚に伴う財産分与請求を依頼したい旨の意思を表明した人から、財産分与請求の除斥期間について問い合わせがあった際に、弁護士が除斥期間の適用がない旨の回答をした結果、除斥期間が経過してしまった事案において、戒告の処分が出されている懲戒事例があります（日本弁護士連合会「自由と正義」75巻5号（2024）57頁）。

基本規程7条の定める法令及び法律事務に精通するための研鑽に関しては、次のような解説がなされています。

> 弁護士が、法律の専門家として、職務上法令および法律事務に精通しているべきことは当然である。しかし、このことは、あらゆる法律分野につき、全ての法令・法律事務を理解していなければならないことを要求するものではなく、自己のできる限りの努力を尽くして精通していることが求められる（中略）。本条は、努力義務を定めるものである（中略）。しかし、そのことは、本条違反があっても、絶対に懲戒の対象とはならないということではない。努力規定違反の場合でも、努力の姿勢に欠ける程度が重大であり、それが弁護士法56条にいう「品位を失うべき非行」に当たる場合には懲戒相当と判断される場合もある（日本弁護士連合会弁護士倫理委員会『解説 弁護士職務基本規程 第3版』（2017）20頁）。

この点を踏まえると、誤った回答をしてしまったことに後から気付いた場合には、相談後であっても相談者に連絡し、正しい内容を伝えるべきと考えられます。これは、相談者に正しい情報を伝えるということが最大の目的ですが、弁護士自身を守るためにも必要な行動といえます。

column

面談中に弁護士宛ての電話をとるために中座することの是非

　相談中や打合せ中に弁護士宛ての電話があった場合に、弁護士が中座してその電話に出るという対応をする事務所もあるようです。しかし、このような対応をすると、相談者や依頼者が、「自分の案件を軽視された」という心情になる可能性があります。人は不公正な扱いを受けたと感じると、怒りや不満というネガティブな感情を抱くため、このような弁護士の態度は相談者や依頼者との関係を悪化させるおそれがあります。そのため、相談者・依頼者の心情に配慮した対応をするうえでは、相談中・打合せ中は目の前の相談者・依頼者に集中し、よほどの緊急の連絡を除けば、弁護士宛ての電話があっても、後ほど折り返すという対応がよいと思われます。

第 2 節

受任後の通常業務

① 委任契約を締結する場面

Case 2-1
　受任する際に依頼者との間で委任契約書を取り交わしているが、事件終結時に報酬金の額などを巡って揉めたことがあるため、一般的なひな形に記載されている条項のほかに、何か付け加えた方がいいのか迷っている。

● Keyword　極意①［枠組み］、極意④［説明］、極意⑦［辞任］、委任契約書、着手金不返還条項、重要事項説明書

[1] 委任契約書・重要事項説明書が弁護士を守る理由

　弁護士は、事件を受任するに当たり、原則として委任契約書を作成する義務を負っています（基本規程30条1項）。この点に関して、委任契約書を作成しなかったことを理由とした懲戒処分の例もあるため、弁護士自身を守るために委任契約書の作成は必須といえます。

　もっとも、そのような消極的な意味合いだけでなく、委任契約書や後記の重要事項説明書をうまく活用すれば、これらは弁護士を守る積極的な役割を果たします。受任時に委任契約書や重要事項説明書を依頼者との間で取り交わすことは、本書で推奨する、トラブル発生前にあらかじめ枠組みを設定しておく行為そのものであり、しかもそれを受任の際の自然な流れのなかで行うことができます（極意①［枠組み］）。書面の形になっているため、枠組みの内容を明確に説明することができ、依頼者がそのような説明を聞いていないという事態を防ぐこともできます（極意④［説明］）。弁護士にとっては当たり前と思っている事柄であっても、依頼者にとってはそう

ないことも多々ありますから、受任の段階で必要な事項を書面で説明しておくことは極めて重要です。また、認識の相違をきっかけとするトラブルを防止するためにも、ぜひ委任契約書や重要事項説明書を活用したいところです。

　同じ依頼者であっても、異なる事件を受任する場合には当然ながら別途委任契約を締結する必要がありますし、同じ事件でも審級ごと、法的手続ごとに委任契約書を作成する必要があります。例えば、離婚調停の依頼を受け、委任契約書の受任の範囲は「調停」にチェックを入れ、訴訟移行した際に委任契約書を締結していなかった場合、万が一何らかの委任契約上のトラブルが生じた際に、訴訟段階の委任契約の内容が不明確なものとなってしまいます。最終的な報酬請求の段階では、依頼者から訴訟の委任契約書がないことや、弁護士が基本規程30条1項に反していることなどを盾に（懲戒請求をちらつかせて）、報酬を支払わないとの対応をとられるおそれも生じ得ます。たとえ従前から付き合いのある依頼者だったとしても、弁護士が自身を守るために、受任の範囲が変わるごとに委任契約書を締結しておくべきといえます。

[2] 委任契約書に必ず記載しなければならない事項

　委任契約書には、①受任する法律事務の表示・範囲、②弁護士等の報酬の種類、金額、算定方法、支払時期、③委任事務の終了に至るまで委任契約の解除ができる旨、④委任契約が中途で終了した場合の清算方法を記載しなければならないとされています（弁護士の報酬に関する規程5条4項）。したがって、委任契約書には少なくとも、これらの事項を記載しておく必要がありますが、一般的に出回っている委任契約書のひな形をそのまま使用していれば、これらは網羅的に記載されていると思われます。

[3] 一般的な委任契約書のひな形に追加を検討したい事項

ア ● 自分（事務所）に合った委任契約書を使う意味

　委任契約は信頼関係に基づくことから、契約書は必要な事柄だけを記載しておいて、記載のない事項については、弁護士と依頼者の協議によって決めればよいという発想もないわけではありません。しかし、現実的に依頼者との間で揉めた際には、協議が困難な状況となることもありますし、何よりトラブルが生じた際には契約書の記載が非常に重要であることは弁護士であれば誰もが痛感しているのではないでしょうか。例えば、顧問先の委任契約書のリーガルチェックを行う際には、できる限りトラブルを未然に防ぎ、トラブルが生じた際にも疑義の生じないような内容となるようアドバイスをすると思われますが、弁護士と依頼者との間の委任契約書にも同じことがいえます（弁護士自身が当事者となる委任契約書が、「信頼関係」の名のもとに穴だらけというのでは笑い話では済みません）。そこで、以下では、一般的な委任契約書のひな形に追加することで、トラブルをできる限り回避し、トラブルが生じた際にもその拡大を防ぎやすくなると思われる内容を紹介します。

　なお、紙幅の関係で、様々な事件類型を想定した委任契約書の条項例を示すことは困難なため、ここで紹介する条項例はあくまで一例にすぎません。各事件類型や事務所の方針等を踏まえて、新たな条項を追加したり、以下の例を適宜改変していただいたりすることを想定しています。

　一般的な委任契約書のひな形を、ご自身なりの視点でリーガルチェックしてみると、盛り込んだ方がいいと思われる条項が色々と見つかるかもしれません。前記のとおり、委任契約書は弁護士自身を守るために非常に重要なものといえるため、安易にひな形をそのまま使用するのではなく、十分に検討のうえ、事務所に合ったオリジ

ナルの委任契約書を作成していただければと思います（もちろん、その結果、ひな形どおりで問題ないという結論になることもあると思われます）。

イ●着手金の支払期限

　ひな形には「着手金の支払時期・方法は、特約なき場合は本件事件等の委任のときに一括払いするものとする。」と記載されているのが通常です。この「委任のときに一括払い」という記載を、着手金の支払期限を受任時（契約時）とする規定と解釈した場合、依頼者は委任契約をした後に即日着手金を支払わなければならないということになります。着手金は、受任時（契約時）に現金で、あるいは事務所によってはクレジットカードなどのキャッシュレス決済で支払われることもありますが、受任後に振込みによる方法で支払われることも多いと思われます。仮に振込みでの支払いであれば、委任契約後直ちに入金の手続ができないこともあり、着手金の支払期限を受任時（契約時）とする規定はやや現実的ではないといえますし、そもそも、依頼者が支払期限の定めとして認識できない可能性もあります。実際、前記の内容で委任契約をした事案において、契約後1週間以上経っても着手金の入金がないので、依頼者に確認したところ、依頼者はもっと先の支払いを想定していたという話を見聞したことがあります（依頼者は、契約書に支払期限が書かれていないのに支払いを催促されたように感じ、憤慨したそうです）。この点、着手金の支払期限を依頼者に分かるような形で明確に記しておけば、仮に依頼者がその期限までに支払うことが難しいと考えている場合には、契約時にそのことに気付き、契約書の記載を修正したり、契約時期を工夫したりするなどの対応がとれます。

　また、着手金の支払期限を現実的な期限に設定することは、ひな形に一般に見られる「甲が弁護士報酬又は実費等の支払いを遅滞し

たときは、乙は本件事件の処理に着手せず、又はその処理を中止することができる。」との規定とも関係します。ここでいう「弁護士報酬」とは通常は着手金を指すと考えられますが、前記の着手金の支払期限を契約時と解釈できる規定（ひな形どおりの規定）が契約書に記載されている場合には、依頼者は現金払いなど即時の支払いの場合を除き、契約直後より遅滞状態に陥ることになりかねません。とはいえ、この規定を受任直後に適用しようと考える弁護士はいないのではないでしょうか。この規定を現実的かつ意味のあるものにするためにも、具体的な支払期限を明記しておくことは有効と考えられます。

着手金の支払いを振込みとし、支払期限を明確化する条項例

□　着手金
① 着手金の金額を次のとおりとする。
　　金　　　　　　　円（税込）とする。
② 着手金は、本日から〇日以内に、乙の指定する口座に振り込む方法により支払う。振込手数料は甲の負担とする。

ウ●弁護士の業務開始時期

　弁護士が依頼者のために業務を開始する時期は、委任契約時からとする事務所もあれば、着手金入金確認時からとする事務所もあると思われます。委任契約時から業務を開始すると、万が一、着手金が入金されなかった場合や依頼者が翻意して契約をやめると申し出た場合に、行った業務が無駄になったり、かかった実費分の損失が生じたりするリスクが発生します。そのため、委任契約後着手金入金前に業務を開始する場合には、このようなリスクを甘受する覚悟が必要です。一方で、着手金が入金された後にはそのようなリスクはありません。この辺りは、事案の緊急性や依頼者との関係性などによっても変わるかもしれませんが、原則として着手金の入金を確

認した後から業務を開始すると委任契約書に明示するのも一案です。

　着手金が入金された時点から弁護士が業務を開始すると明記しておけば、依頼者は契約後直ちに弁護士が動いてくれると思っている場合に認識の齟齬を防ぐことができます。この点、前記のとおり、ひな形には「甲が弁護士報酬又は実費等の支払いを遅滞したときは、乙は本件事件の処理に着手せず（以下略）」と記載されているのが通常です。ここでいう「弁護士報酬」とは通常は着手金を指すと考えられるところ、着手金の支払いが遅滞したときは、着手しないとする規定と解釈できるため、これだけで十分とも思えます。もっとも、「弁護士報酬」という記載が「報酬金」を指していると依頼者が捉えれば（その合理性は措くとして）、前記のような認識の齟齬が生じる可能性はなお否定できません。したがって、着手金の入金があって初めて弁護士が動くということを依頼者に分かるような形で記載しておくことには一定の意味があると思われます。

弁護士の業務開始時点を明確にする条項例

第〇条（乙の業務開始時）
　乙は、着手金の支払いを受けたことを確認した日から、本件事件にかかる業務を開始する。

エ　事件の終了時期

　事件の終了時期を定めていない場合、弁護士の考える事件終了時期と依頼者の考えるそれがずれていた場合にトラブルになるおそれがあります。例えば、遺産分割の事件で、遺産分割調停が成立したため、弁護士は事件が終了したと考えて報酬金を請求したところ、依頼者からは事件が終了するのは相続税の申告や登記などの相続に関する全ての事柄が終わってからだと主張されることなどが考えら

れます。

　また、弁護士としては事件が終結したと考えているにもかかわらず、依頼者からは当然のごとく関連する業務等を行ってほしいと言われることもあり得ます。その一例としては、離婚事件において、離婚が成立した後も継続的に相手方との面会交流の日程調整等の連絡を取ってほしいというような場合です。もちろん、アフターフォローの範囲で行うべき事柄もありますが、際限なく行うことはできないはずですし、そもそも受任範囲を超える業務の可能性もあります。

　したがって、いつの時点をもって当該委任契約の対象となる事件を終了とするのかを明確に依頼者に示しておくことには相応の意味があると考えられます。なお、委任契約書に終了とすることを明記する「本件事件」とは委任契約書の冒頭で示す受任範囲内の事件を指すため、「本件事件」が終了したとしても、紛争自体は解決しておらず、上級審や別途の法的手続等に移行するケースも当然あり得ます。この場合には新たな委任契約を締結する必要がありますし（98頁参照）、追加着手金等の費用を請求することもあると思われます。この際に、当初の委任契約で全てやってもらえると思っていたという依頼者の誤解をなくす意味でも、当該委任契約にかかる「本件事件」の終了時期を明確にしておくことには意味があると考えられます。

事件の終了時を明確にする条項例（法的手続をとる事案の場合）

第〇条（本件事件の終了時）
1. 判決、和解、訴えの取下げ[*1]その他の事由により第1条[*2]に定める法的手続が終了した時点で、本件事件は終了する。ただし、裁判所との書類の授受その他の本件事件の事後処理に必要不可欠な業務を、引き続き乙が行うことを妨げるものではない。
2. 本件事件にかかる紛争の全部又は一部が上級審又は別途の法的手続

に移行し、引き続き乙がこれを受任する場合は、甲乙間で新たな委任契約を締結する。

＊1 この部分はとるべき法的手続に応じて適宜改変する可能性があります。例えば、調停事案であれば「調停成立、調停不成立、申立ての取下げ」などと記載することが考えられます。あるいは、汎用性を重視するのであれば、「判決、決定、審判、和解、調停成立、調停不成立、訴え・申立ての取下げその他の事由」などと網羅的に記載するのも一案です。
＊2 「事件の表示と受任範囲」に関する規定を想定しています。

事件の終了時を明確にする条項例（示談交渉の事案の場合）

第〇条（本件事件の終了時）
1. 示談成立、示談決裂その他の事由により第1条に定める示談折衝が終了した時点で、本件事件は終了する。ただし、相手方との書類の授受その他の本件事件の事後処理に必要不可欠な業務を、引き続き乙が行うことを妨げるものではない。
2. 本件事件にかかる紛争の全部又は一部が法的手続に移行し、引き続き乙がこれを受任する場合は、甲乙間で新たな委任契約を締結する。
(3. 相手方からの請求その他の連絡が〇か月以上にわたって途絶えたときは、相手方が請求を断念したものとして、〇か月経過時点で、本件事件は終了したものとみなす＊3。)

＊3 第3項は、依頼者が被請求者側の示談交渉事案を受任する際の規定です。示談段階において、被請求者側から反論の書面等を送ったところ、相手方（請求者）からの請求が止まることがあります。この場合、何らの規定もなければ、事件終了の時期、報酬発生の有無等が問題となり得ます。そこで、一定期間にわたって何の連絡もなかったときは、相手方が請求を断念した（代理人の活動により請求を排斥した）とみなして、事件を終了させることができる規定をおくことが考えられます。ただし、依頼者からすると、なお請求があるかもしれないという不安を抱くこともあるため、万が一請求があった場合の対応や費用等については事前に説明をしておく方がよいでしょう。

オ ●経済的利益の定義、報酬金の支払時期等

　報酬金の額に関する規定として、「甲の得た経済的利益の〇％とする。」との文言が用いられることがよくあります。しかし、一般の人にとって経済的利益という言葉は必ずしも耳なじみのある言葉とはいえず、この言葉だけでは誤解が生じるおそれがあります。例えば、経済的利益は、判決や和解調書等で認められた額を指すのか、依頼者が現実に回収・獲得できた額を指すのかが問題となり得ます（115頁（column）参照）。このいずれが妥当かは事案によって異なるところもあるかもしれませんが、弁護士は、自身の活動によって得られた成果はまさに判決や和解調書の内容だと考え、前者が経済的利益だと認識していたのに対し、依頼者は後者だと認識していたというようなことも起こり得ます。この場合、委任契約書に経済的利益の定義がなければ、どちらと解釈するのが適当かは契約書からは必ずしも明らかとなりません。仮に後者とするのであれば、分割払いの事案においては、厳密にいうと全ての支払いが完了しないと報酬金全額の請求はできないことになると考えられます。

　また、不動産のように金銭評価が必要なものが対象となる場合には経済的利益を算出する際の基準を、養育費のように継続的に支払われるものを経済的利益の対象とする場合にはその対象期間を明記しておくことも一案です。

　さらに、経済的利益に応じた報酬金とするのではなく、一定の条件が成就したことによって定額の報酬金が発生するとする場合には、その条件は「本件事件が解決したとき」というように漠然とした定めにするとトラブルの元になるため、いかなる場合に報酬金が発生するのかをできる限り具体的かつ明確に定めておく方がよいでしょう。

　なお、報酬金の定め方は、事件類型や各弁護士の考え方等によって相当左右されると思われます。そのため、以下の条項例はあくま

で一例にすぎないことをご理解ください。

報酬金の条項例

□　報酬金
① 報酬金の額は、甲が得た経済的利益に基づいて、次の表により算出した額とする。（※表[*1]は割愛）
② 経済的利益とは、㋐判決書（確定したもの[*2]）、和解調書、調停調書、合意書等において認められた甲の権利利益の額[*3]、㋑乙の活動によって、前記㋐とは別に甲が本件事件に関して得た利益の額[*4]、㋒相手方の請求額から減ずることができた額を指す。不動産その他の金銭評価が必要なものが対象となる場合は、裁判所の認定した評価額又は相手方との間で合意した評価額があるときはその額を基準とし、これがないときは時価額[*5]を基準として経済的利益を算出する。
③ 報酬金は、乙が甲に対して報酬金の請求を行ったときから〇週間以内に、乙の指定する口座に振り込む方法により支払う。振込手数料は甲の負担とする。ただし、甲及び乙が、これとは別の支払時期・方法を定めたときはそれによるものとする。

[*1] 一般的に法律事務所で用いられている「経済的利益が300万円以下の場合の報酬は〇%」というような経済的利益の額に応じた報酬基準の表を想定しています。
[*2] 判決確定時を弁護士報酬の算定基準時とした裁判例（東京高判平成7年11月29日判タ904号134頁〔28010522〕）。
[*3] 依頼者が現に回収・獲得できた利益を経済的利益とする場合には㋐と㋑を併せて「甲が本件事件に関して現に回収・獲得できた利益の額」などと表記することが考えられます。
[*4] 事件の途中で相手方から一時金の支払いがあった場合など最終的な書面に記載されない可能性のある利益が生じる場面を想定しています。
[*5] 不動産の時価を基準として弁護士報酬を算出すべきとした裁判例（前掲東京高判平成7年11月29日）。

継続的な支払いがある場合の経済的利益の対象期間を定める条項例[*1]

養育費にかかる経済的利益の対象期間は、〇年間（支払対象期間が〇

年間を下回る場合*2 は当該期間)とする。

> *1 報酬金の条項例②の1文目又は2文目の後に挿入するか、別途の項目とすることを想定しています。
> *2 例えば、対象期間を2年間としたところ、合意時の子どもの年齢が19歳で、養育費の終期が20歳であった場合などを想定しています。

カ●日当の明確化

　一般的なひな形は、出張日当として、一日当たり又は半日当たりの金額を記載するような仕様になっていると思われます。しかし、出張と一口に言っても様々な業務があるところ、「一日」や「半日」という記載だけでは具体的にどの程度の時間を指しているのか、また移動時間を含むのかなどが不明確であり、この点を巡って依頼者との間でトラブルが生じるおそれがあります。依頼者のためにも、費用に関する点は明確にしておくに越したことはありませんから、日当の定めは具体的かつ明確な規定にするのも一案です。

日当の条項例

□　日当
① 　〇〇地方裁判所への出廷日当は1回当たり〇円（税込）とする。
② 　乙が前記①のほかに本件事件の処理に当たり、出張を伴う活動を行った場合の出張日当は次のとおりとする。
　活動時間（移動時間を含む）が
　・〇時間以上〇時間未満の場合：〇円（税込）
　・〇時間以上〇時間未満の場合：〇円（税込）
　・〇時間以上の場合：〇円（税込）
　とする。ただし、出張日が土日祝日の場合は前記額に〇％乗じた額を加算した額とする*。
③ 　甲は日当の予納を（する、しない）ものとし、追加予納については特約に定める。予納を合意した額は金＿＿＿＿円とする。
④ 　予納金額との過不足は、特約なき場合は本件事件の終了後に精算

する。

> ＊土日祝日を休業日としている事務所であれば、あくまで休業日の活動は時間の枠（4頁参照）の例外であることから、このような規定を設けるのも一案です。

キ●真実義務

　弁護士にとって、依頼者の説明が虚偽であれば適切に事件処理を進めることができませんし、虚偽の説明を前提に事件処理を進めることは依頼者にとってもリスクがあります。弁護士が虚偽であることを知りながら主張立証活動を行うと、基本規程5条（真実の尊重）や同75条（虚偽の証拠提出等の禁止）との関係で問題が生じるおそれもあります。そのため、依頼者が弁護士に説明する内容は真実であることが当然の前提であることを契約書において明らかにしておくことには意味があります。なお、依頼者が説明した内容が真実でなかった場合などには辞任することを重要事項説明書に定めることも考えられます（111頁参照）。

> **依頼者には真実を述べる義務があることを定める条項**
>
> 第○条（真実義務）
> 1. 甲は、乙に対し、本件事件の処理に必要な一切の事項を包み隠さずに説明する。
> 2. 甲及び乙は、甲が乙に対して説明した内容及び提供した資料が真正なものであり、重要な事実の隠匿がないことを前提として、乙が本件事件の処理に当たることを相互に確認する。

ク●依頼者の協力

　事件処理を進めるに当たって、依頼者には必要な資料や情報を提供してもらったり、弁護士の書面作成に協力してもらったりする必要があります。大半の依頼者は自分自身の事件ですから、積極的に

協力してくれますが、稀に「弁護士に全面的に任せるためにお金を払ったのに、依頼した後も自分が動かないといけないのか」と不満を述べる依頼者がいます。さらには、自分が協力したことを理由に報酬の減額を求める依頼者もいるようです。

対策として、受任の時点で、依頼者には事件処理に協力してもらう必要があることを契約書において明らかにしておくことが考えられます。

> **依頼者は事件処理に協力することを定める条項例**
>
> 第〇条（事件処理への協力）
>   甲は、乙が指定した資料の収集・提供、乙が書面を作成する際に必要な情報の提供その他の乙が本件事件を処理するに当たって必要な協力を行う。

[4] 着手金を返還しない旨の条項の当否

委任契約が途中で解除となった場合には理由のいかんを問わず着手金の返還は行わない旨の規定（着手金不返還条項）を委任契約書に入れている事務所もあるようです。しかし、依頼者が非事業者の場合には、解除の事由、時期等の区分に応じて受任者に生ずべき平均的な損害を超える違約罰を定めるものとして、消費者契約法9条1項1号により無効とされる可能性が高いとの意見があります（髙中正彦ほか『弁護士倫理のチェックポイント』弘文堂（2023）82頁）。また、弁護士と依頼者との間で生じた紛争にかかる裁判例を見てみると、「委任の中途終了の場合でも着手金の精算を一切認めない旨が合意されていたとすれば、当該合意は、消費者契約法9条1号又は10条の規定により全部又は一部が無効とされることを免れないというべきである。」と指摘するものがあります（横浜地判平成21年7月10日判時2074号97頁〔28161670〕）。

これらを踏まえると、着手金不返還条項が争われた場合には無効となる可能性が十分あるといえるため、弁護士が作成した委任契約書によって、依頼者から逆ねじを食わせられることのないように注意したいところです。

[5] 重要事項説明書の記載事項

ア●重要事項説明書の意義

　委任契約書は、着手金、報酬金、日当などの金銭的なことに関する記載が中心となりますが、そのほかにも受任時に依頼者に説明しておきたい事柄があるのではないでしょうか。そこで、受任時に説明した内容を明確にしておくべく、重要事項説明書という形で依頼者に交付するというのも一つの方法です（極意④［説明］）。このような書面はいざトラブルとなった際に、「説明した」、「いや聞いていない」などといった事態になることを避けるためにも有効です。

　以下で挙げる点は、受任時に説明しておくとよいと思われる事柄の一例です。

① 営業時間及び弁護士と即時に連絡が取れない場合があること
② 依頼者の主張が認められない可能性があり、結果を確約することはできないこと
③ 依頼者の希望どおりの主張ができない場合があること
④ 辞任の基準（依頼者に遵守してもらう事項）
⑤ 預かり書類等に関する事柄
⑥ 当該事件固有のリスク等

　以下は、この各内容に関する重要事項説明書の書式例ですが、これはあくまで一例にすぎません。各弁護士、各事務所の方針等に合わせて作成いただきたいと思います。

書式例　重要事項説明書（通常）

重要事項説明書

1　営業時間及び弁護士との連絡について

　当事務所の営業時間は平日午前〇時から午後〇時までです。営業時間外にメール等を頂戴した場合には、原則として翌営業日以降のご対応となりますのであらかじめご容赦ください。また、当事務所ではできる限り速やかな対応を心掛けておりますが、弁護士は訴訟対応等のために事務所を不在にしていることや事務所内で打合せ等を行っていることがあります。そのため、営業時間内であっても、ご連絡をいただいた際に直ちに対応できかねる場合がありますことをご了承ください。

2　結果の確約はできないことについて

　当事務所では誠心誠意一つ一つの案件に取り組んでおりますが、残念ながら依頼者様の主張が認められず、ご希望の結果とはならないことがあります[*1]。また、弁護士は、事件について、依頼者様に有利な結果となることを請け合い、又は保証してはならないとされています（弁護士職務基本規程29条2項）。そのため、事件の見通し等について断定的な判断を提供することはできません。受任段階や受任後に、事件の見通しや解決に要する期間等をご説明した場合であっても、これを確約するものではありません。

3　ご希望どおりの対応を行うことができない場合があることについて

　当事務所では、可能な限り依頼者様の希望や意向を踏まえて、主張や方針等を決めております。もっとも、弁護士は、事件の処理に当たり、自由かつ独立の立場を保持するよう努める必要があり（弁護士職務基本規程20条）、依頼者様の希望であっても、弁護士の職務上対応できかねる場合があります。そのため、依頼者様の希望どおりの主張や書面上の表現その他の対応を行うことができかねる場合があることをご容赦ください。

4　辞任について[*2]

　委任契約は、各当事者がいつでも解除することが可能ですが（民法651条1項）、当事務所は、依頼者様と良好な関係を構築できるよう努めており、委任契約の途中で解除となることは極めて稀です。

しかし、以下の(1)から(7)のいずれか一つでも該当すると判断した場合には、残念ながら委任契約を終了（辞任）させていただきます。これは、円滑な業務遂行及び他の依頼者様のために、やむを得ない判断であることをご了承ください。
(1)　依頼者様が、暴力団、暴力団員、暴力団準構成員、暴力団関係企業、総会屋等、社会運動等標ぼうゴロ、特殊知能暴力集団等その他の反社会的勢力に該当する場合
(2)　依頼者様が、当事務所の弁護士又はスタッフ（以下、両者を併せて「弁護士等」といいます。）に対し、自ら又は第三者をして、以下のいずれかの行為をとった場合
　　ア　暴力的又は威圧的な行為をとった場合
　　イ　攻撃的な言動、侮辱的な言動、畏怖させる言動又は不誠実な言動をとった場合
　　ウ　不当又は実現困難な主張や行為をするよう強要した場合
　　エ　特別扱いや営業時間外・休日の対応を強要した場合
　　オ　重要な事実に関する説明が真実ではなかった、重要な事実を隠匿していた又は虚偽の事実に基づく主張等を行うよう強要した場合
　　カ　法制度、実務運用、相手方の交渉態度その他の当事務所においていかんともしがたい事柄に対する愚痴や不平・不満を執拗に述べた場合
(3)　依頼者様が、弁護士等の明示的な指示に反する行動をとった場合（例：ご自身の一方的な判断で相手方当事者又はその関係者と接触することや実力行使に出ることはお控えください）
(4)　弁護士等が依頼者様に連絡を差し上げたにもかかわらず、〇週間以上連絡がつかない場合（ただし、事前に連絡が取れない旨のご連絡をいただいていた場合は除きます）
(5)　依頼者様において、事件の相手方又は相手方関係者に対する加害行為又は加害企図があった場合
(6)　依頼者様が、委任契約書の約定に反する行為をとった場合
(7)　その他、弁護士が依頼者様との間で信頼関係・良好な関係を築くことができないと判断した場合

5　預かり書類等の取扱いについて[*3]

依頼者様からお預かりした書類等は当事務所にて大切に扱わせていただきますが、書類等がホッチキスやクリップで留められている場合には、コピーの際などにこれを外す場合がございます（ホッチキス等を外すことを控えてもらいたい場合はお預けの際に必ずお申し出ください）。

また、当方提出の書面や相手方又は裁判所等から提出された書面は、原則としてパンチ穴を開けて当事務所のファイルにて保管いたします（原本類や判決書、和解調書等の債務名義となる書類にパンチ穴を開けることはございません）。

6　特記事項[*4]

以上の説明を受け、内容を理解し同意したうえで、依頼します。

〇〇法律事務所　御中

令和　　年　　月　　日

氏　名　　　　　　　　　　　　　　　　　　　印

[*1] この説明をする際に、一つの事件でも裁判官が変われば結論が変わる場合があることを口頭で説明してもよいと思われます。事実、1審と2審で双方の主張している内容は特段変わらなくても、結論が変わることがありますので、そのようなエピソードを交えてみるのも一つの方法です。

[*2] ここで挙げる辞任の基準はあくまで一例です。各事務所の方針に合わせて定めてください。

[*3] 預かった書類のホッチキスを外したことや準備書面等にパンチ穴が開いていることに対してクレームを入れる依頼者がごく稀にいるようです。そのクレームの当否は措くとして、事務所側がホッチキスを外すなどの行為をした後にクレームを入れられても原状復帰のしようがなく、議論が平行線となりかねません。そこで、事前に説明を行っておく目的で、このような規定を設けるのも一案です。

[*4] 当該事件において、とりわけ事前に書面にて説明しておくべき事柄がある場合には、特記事項として記載しておくことが考えられます。

イ●個別の事件類型ごとの重要事項説明書

委任契約書は事件類型等に応じて報酬の定めなどの記載が変わる

ことがあるのに対し、重要事項説明書は基本的にはどの事件にも共通する内容を記載することを想定しています。ただし、特定の事件類型においては、事前に明確に説明しておきたい個別の事項がある場合もあります。前記の重要事項説明書第6項の特記事項がまさにそれですが、その分量次第では、当該事件用の重要事項説明書を交付することも検討の余地があります。このような重要事項説明書は一度作成すれば、汎用性があるため、事務所において取り扱うことが多く、かつ事前に説明すべき事柄が多数ある事件類型の場合には作成してみてもよいのではないでしょうか。

ウ●重要事項説明書の内容に依頼者が反発したとき

重要事項説明書は、文字どおり事務所が重要と考える事柄を記載したものであるため、依頼者には現に目を通してもらう必要があります。しかし、それなりのボリュームになるため、目を通すのには相応の時間がかかることが予想されます。そこで、委任契約のときに依頼者に待ち時間があれば、その際に重要事項説明書を交付し目を通しておいてもらったり、重要事項説明書はいったん持ち帰ってもらって自宅で読んでもらったりしてもよいと思われます。

万が一、重要事項説明書の内容に対して、依頼者が反発した場合には、受任を取りやめるという選択肢も出てきます（極意⑦［辞任］）。重要事項説明書の内容に同意してもらえないということは、弁護士の説明や事務所のルールを守ることができないということですから、そのような依頼者と継続的に信頼関係を築いていくことは困難であろうと推測できます。確かに、重要事項説明書を交付しなければそのような依頼者でも受任はできるかもしれませんが、重要事項説明書に反発する人であれば、遅かれ早かれトラブルが生じる可能性が高いといえます。事件の途中で辞任するよりは、受任時に断る方が依頼者・弁護士ともに負担は小さいと考えられます。早い

タイミングでミスマッチや対応困難な依頼者に気付くという意味でも、重要事項説明書は大切な役割を果たすと考えられます(ちなみに、筆者の経験上、重要事項説明書に依頼者が反発して受任しない結果になったことは、今のところ一度もありません)。

column

「敷居の低い法律事務所」というキャッチコピーの受け取られ方

　「敷居の低い」という言葉が弁護士業界で流行っているのか、法律事務所のウェブサイト等で「敷居の低い法律事務所」などのキャッチコピーがよく用いられているように見受けられます。各事務所のモットーや考えがこのようなキャッチコピーに反映されていると思われますが、これが「いつでも、どこでも、誰の、どのような相談・依頼でも、無料又は低額で、お受けします」という意味合いで受け取られてしまうと、もはや枠組みなど存在しない事務所ということになってしまいます。真にそのような意味合いでキャッチコピーを用いている場合は問題ありませんが、そうではないようであればキャッチコピーの意味を説明する文章を記載するなどして、依頼者・相談者と事務所の認識のミスマッチが生じないようにするのも一案かもしれません(キャッチコピーに説明文を付けるのは野暮との意見もあるでしょうし、キャッチコピーの説明まで読まないという人もいるはずなので、このあたりは各事務所の価値判断によるところが大きいといえそうですが)。

column

「経済的利益」は、認容・合意額を基準とするか、回収・獲得した額を基準とするか

　105頁で述べたとおり、報酬金の基準となる「経済的利益」の定義を明確にしておかないと、場合によっては、判決や和解調書等で認められた利益の額を基準とするのか(認容・合意額基準)、現に回収・獲得できた利益の額を基準とするのか(回収・獲得額基準)という点を巡って、弁護士と依頼者の認識がずれることがあります。
　例えば、相手方に300万円の支払いを命じる判決が得られたもの

の、相手方からの任意の支払いはなく、強制執行による回収も難しいという事案があったとします。この場合、認容・合意額基準であれば、経済的利益は300万円となり、同額を基準に報酬金が発生することになります。一方で、回収・獲得額基準であれば、経済的利益は0円となり、報酬金は発生しないということになります。

　この点が問題となった裁判例として、「被告（筆者注：元依頼者）は、認容判決により現実に回収された場合は、その回収額を経済的利益とすることが相当であると主張するが、報酬は委任した訴訟事件が成功したことによる対価であるから、報酬額の算定の基礎となる経済的利益の価額は得られた債務名義の額によるべきであり、被告の上記主張は採用することができない。」と判示したもの（東京地判令和4年1月12日公刊物未登載（令2（ワ）10809号）〔29068573〕）や「訴訟の提起、遂行ということ自体、専門的な知識や能力を利用し、また相応の労力をかけて行われるものであり、判決により強制執行も可能となり得るのであるから、そうした活動の結果、勝訴判決が得られたのであれば、そのような判決それ自体にも経済的価値はあるのであり、債権の回収がされていないからといって経済的利益がないということもできない」としたもの（東京地判令和5年8月25日公刊物未登載（令4（ワ）32708号）〔29081787〕）があり、これらは認容・合意額を基準としているといえます。そのほかには、「被告（筆者注：元依頼者）は、前訴での裁判上の和解において、訴外会社に対する5000万円の解決金請求権を取得しており（中略）、これによって、被告が5000万円の経済的利益を得たことが認められる。」とした裁判例があり（東京地判令和4年10月25日公刊物未登載（令3（ワ）23134号）〔29076369〕）、和解による請求権の取得をもって経済的利益と認定していることから、この裁判例も認容・合意額を基準としていると考えられます。

　これらの裁判例を前提とすると、判決や和解調書等で認められた利益額こそが弁護士の活動の成果であって、これを経済的利益と捉えるということになりそうです。とはいえ、現実的に回収できない事案において、認容・合意額を基準に報酬金を支払ってもらうとなると、依頼者と報酬金の額を巡って揉めるなど後味の悪い結果となるおそれがあります。そのため、やはり事前に経済的利益の定義を契約書に明記

しておくなどの対応をしておく方がよいと考えられます（仮に、認容・合意額を基準とするのであれば、とりわけ、回収可能性が問題となり得る事件を受任する際には、「回収できなくとも報酬が発生することになり、費用倒れになる可能性がある」という点を説明し、依頼者にはこのことを理解・納得してもらったうえで、依頼してもらうことが重要だと思われます）。

ちなみに、法テラスにおいては、「金銭等の回収ができなくても勝訴判決を得た場合」には報酬金が発生すると説明されています（日本司法支援センター　法テラス『民事法律扶助のしおり』(2023) 16頁）。

② 依頼者に対して進捗状況等の連絡をする場合

Case 2-2
相手方から準備書面が提出されたので、当該書面のデータをメールに添付して「相手方から書面が届きましたので、ご確認ください」と依頼者に送信したところ、依頼者から「書面の意味がよく分からない部分があるし、相手方の主張は嘘ばかりだ！」などと書かれた怒りの返信メールが届いた。

● Keyword　極意①［枠組み］、極意④［説明］、極意⑥［接触］

[1] 日常的な連絡手段は電話、メール、LINE等どれがいいか

ア ● 電話とメール等のメリット・デメリット

定期的に依頼者との間でコミュニケーションを図っておくことは良好な関係を維持していくうえで重要です（極意⑥［接触］）。依頼者との日常的なコミュニケーションツールとしては、主に電話やメールを用いる弁護士が多いように思いますが、LINEやChatworkなどのチャットツールを用いている弁護士もいます。

30頁に記載したとおり、口頭での説明とメール等での説明にはそれぞれメリット・デメリットがあり、また依頼者の年齢やITリテラシーによるところもあるため、一概にどちらが優れているとはいえません。とはいえ、電話の場合は常に繋がるとは限らず、依頼者から折り返しがあったタイミングでは弁護士が不在ということも往々にしてあるため、日常的な進捗状況等の報告は、メールやチャットツールの方が便利でしょう。

　一方、メール等による文字でのやり取りは、感情の伝達がしづらく、感情的な誤解やすれ違いが生じやすいのがデメリットです。また、文字でのやり取りの無機質さが、時として受け手にネガティブな印象を与えることもあります。そこで、メール等の利便性を享受しつつ、以下で示すような方法で、そのデメリットを克服するよう心掛けたいところです。

イ●メール等を送る際の注意点

　まずできることは、文面を分かりやすい内容にすることです。分かりやすいメールを受け取ったときには相手にポジティブな感情を抱くのに対し、分かりづらいメールを受け取ると敵意などのネガティブな感情を抱きやすいといった研究結果があります（加藤由樹＝赤堀侃司「電子メール内容の分かり易さが感情面に及ぼす影響―受信から返信への過程における感情変化の検討―」教育情報研究20巻4号（2005）3-12頁）。ただでさえ法的な問題は一般の人にとっては難しい事柄で分かりにくいと感じやすいため、例えば相手方から出された書面の記載内容の意味が分からないということもあり得ます。そのため、依頼者に相手方から出された書面等をメールで送る際は、単に「ご確認ください」と伝えるだけでなく、その内容を分かりやすく説明しておくことが、依頼者との良好な関係を維持するうえで重要です。どうしても時間の関係で説明が加えられない場合には、

「後ほどご説明いたします」などと記載しておくだけで、依頼者の安心感は変わると思われます。

　また、メールの文面全般について、難解な専門用語を使っていないか、法的な内容については一般の人にも分かる内容になっているか、文意が不明確になっていないかなどに注意する必要があります。伝えるべき内容が複数の項目にわたり長文になる場合には、本文の中に「1．○○について」「2．△△について」などのように、タイトルを付けて、説明を行うといった工夫をすることも、分かりやすく説明するための方法の一つといえます。ただ、弁護士としては丁寧に説明したつもりでも依頼者からすると分からないと感じることもあるため、文末に「ご不明な点等がございましたら、遠慮なくご質問ください」という一文を入れてもよいでしょう。

　次に、失礼な物言いになっていないかにも気を配りたいところです。その一例としては、「～してください」という表現があります。これは誤った表現ではありませんが、命令形であるため、受け手によっては気分を害するおそれがあります。そこで、「～していただけますと幸いです」や「～していただきますようお願い申し上げます」などの表現に変えるのも一案です。また、「お忙しいところ恐縮ですが」などのクッションとなる言葉を入れるだけで、受け入れやすい気持ちになることもあります。このように、同じ内容を伝えるにしても、表現一つで受け手の感じ方が変わることがあるため、表現には気を配りたいところです。

ウ●LINE等のチャットツールを用いる際の注意点

　近年では依頼者とのやり取りにLINE等のチャットツールを用いる弁護士も増えています。メールもチャットも文字でのやり取りという点では共通しますが、やや趣が異なります。LINE等は、メールに比して速いテンポでのやり取りがしやすく、件名の入力や「お

世話になっております」などの形式的な挨拶をしなくてもよい場合が多いなど、総じてメールに比して簡便といえます（メールであっても、工夫次第で時短化・効率化は可能ですが、この点は本書のテーマからは外れるため割愛します）。これはチャットツールのメリットですが、注意も必要です。

　LINE等の場合、スピーディかつ気軽にメッセージのやり取りがしやすく、また弁護士が手元のスマートフォンで送受信をしていると容易に想像できるため、営業時間外でも返答してくれることを依頼者に期待させてしまいます。また、弁護士自身、その期待に応えようとしたり気軽に返答しやすかったりと、営業時間を気にせず返答することも考えられます。24時間365日対応あるいはそれは極端であっても営業時間外でも可能な限り即時対応することを売りにしていて、現にそれが継続できるのであれば、それでもよいかもしれません。しかし、もしそれが困難なのであれば、LINE等の利用は、時間の枠（4頁参照）を崩し、結果的に依頼者との関係性に悩みを生じさせる要因となる可能性があります。そのため、時間の枠を意識するのであれば、連絡ツールとしてLINE等を用いるとしても、対応できる時間や曜日は限定するということを依頼者に対して、事前に説明しておくとよいと思われます（極意①［枠組み］、極意④［説明］）。

　また、私用のスマートフォンで業務上のやり取りをしている場合、営業時間外でも関係なく依頼者からのメッセージ通知が届き、それを目にすることになるため、心が休まらないということも考えられます。メンタルヘルスの観点では、心身ともに休息の時間をとることは極めて重要ですから（205頁以下参照）、営業時間外のメッセージの通知設定等を工夫してもよいでしょう（これは私用のスマートフォンに業務上のメールが届く設定になっている場合も同様です）。

[2] 感情的になることが予想される書面を見せる際のコツ

　本ケースのように、相手方からの書面を見た依頼者が腹を立てたり、傷ついたりすることがあります。とはいえ、依頼者には書面を見てもらう必要があるため、これを避けて通ることはできません。ただ、書面が依頼者にとってストレスとなるものであることを事前に伝えておくことで、実際に依頼者が書面を読んだ際の心理的な負担感を和らげる効果が期待できます。予期しない出来事よりも、予期していた出来事の方が受ける衝撃度やストレスの程度が小さくなりやすいということは感覚的に理解しやすいのではないでしょうか。この点に関して、予期することの重要性を示す研究結果もあるところです（塩見邦雄「ストレス反応に及ぼす予期と防衛機制の役割」京都大学教育学部紀要17巻（1971）96-112頁）。

　そこで、依頼者が感情的になることが予想される書面を見せる際には、事前に「ご気分を害する内容があると思う」などと伝えておくのも一案です。こうすることで、依頼者への配慮の姿勢を示すことができますし、依頼者自身も心の準備ができ、できる限り落ち着いた場所やタイミングで書面を見るなどの対処をとることができるようになると考えられます。

③ 重要な局面で依頼者に説明をする場合

Case 2-3
　訴訟の終盤で、裁判官から和解勧試がなされたが、その内容は当方依頼者にとって有利なものとはいえなかった。もっとも、判決に至った場合にはより不利な内容となることが示唆されたことから、依頼者に和解に応じた方がいいと説得したが、依頼者は和解に応じたくないと言って意見が対立してしまった。

● Keyword　極意②［傾聴］、極意④［説明］、極意⑤［依頼者決定］、心理的リアクタンス、損失回避バイアス、公正世界仮説

[1] 重要な局面では口頭の説明と書面による説明を組み合わせる

　依頼者にとって重要な局面の例としては、協議や調停を成立させるか訴訟移行するかという場面や、和解に応じるか判決を得るかという場面、合意を狙って一定程度譲歩した提案をする際に具体的にどのような内容の提案をするかを決める場面、上訴するか否かを決める場面などがあります。このような重要局面では、弁護士から依頼者に対して種々の説明をするはずです。説明の方法は大きく分けると口頭での説明と文字を使った説明の2種類がありますが、30頁に記載したそれぞれのメリットを活かすべく、口頭と文字（書面）による説明を組み合わせるのが効果的な場合があります（極意④［説明］）。

　重要な局面では依頼者と打合せをするのが通常ですが、弁護士が一方的に説明するのではなく、依頼者の考えや疑問点を丁寧に聴くことが非常に重要です（極意②［傾聴］）。依頼者自身、弁護士と話していくなかで考えや思考が整理できて、方向性が固まってくることもあります。そのため、重要な局面では、口頭でのコミュニケーションを図るべく打合せを行うのは有効です。ただ、打合せに際して、口頭でのやり取りだけだと、法的な事柄に関する知識・経験の乏しい依頼者にとっては理解しづらいこともあります。この点、そこに書面が加われば弁護士が伝えたい事柄が明確になり、依頼者の理解の促進にも繋がります。これは講義を受ける際にレジュメがある方が理解しやすいことをイメージすると分かりやすいかもしれません。また、書面にしておくことで、弁護士自身がどのような説明をしたかも明確になり、特にリスク説明については文字に残しておくことで、後からそのような説明は聞いていないというトラブルを

防ぐこともできます。

[2] 説得ではなく、検討するための判断材料の提供が重要

　弁護士業界では、「依頼者を説得する」という表現が用いられることがありますが、あたかも弁護士の意見が正しいというような態度で説得しようとすると、依頼者から反発を受ける可能性があります。人は、自分の考えや行動については、自分が自由に決定できる状態を好むため、強い説得を受けるなどするとその自由が侵害されたとして、むしろ抵抗しようという心理作用が働くことがあるためです（これを「心理的リアクタンス」といいます）。依頼者を強引に説得しようとする態度は逆効果になるばかりでなく、依頼者に最終的な意思決定をしてもらわなければならない重要な局面で、弁護士による意思決定となってしまう可能性も生じます（極意⑤［依頼者決定］）。

　そこで、重要な局面においては、依頼者が判断するための材料を提供するという姿勢が重要です。前記［1］で挙げた重要局面の例からも明らかなように、重要な局面では複数の選択肢の中から一つを選ぶという場面が多いと思われます。このような場面において依頼者に検討・決断をしてもらうために必要な判断材料は、主に各選択肢のメリット、デメリット・リスクです。弁護士が挙げたメリット、デメリット等を基に、依頼者自身が比較検討し、意思決定をすることで、依頼者の納得感に繋がっていきます。

　また、前記のとおり、重要な局面においては、説明内容を書面に記載することが有効であるところ、書面化するとなれば、各選択肢のメリット、デメリット・リスクを弁護士自身が書面にまとめる作業を行うことになります。その過程で弁護士自身の思考が整理され、どの選択肢が依頼者にとってベターなのかが明確になってくることもあるため、書面作成の労に見合う価値があると考えられま

す。

[3] 弁護士が一定の方向性を勧めたいと考える場合

ア●価値観の押し付けではなく、提案をする

　最終的な意思決定をするのは依頼者ですが、依頼者から話を聴き、弁護士の立場でメリット、デメリット・リスクを比較検討したところ、一定の方向性を勧めたいと考えることは往々にしてあります。このような場合、「このような結論をとるのが当然だ」というように決めつけた態度で接すると、前記のとおり、依頼者から反発を受ける可能性があります。そのため、価値観を押し付けるのではなく、あくまで提案という形で依頼者の検討を促すことが重要です。

　提案の際は、弁護士の価値観を押し付けているように受け取られないように、依頼者の重視しているポイントを踏まえて、その帰結がよいのではないかという言い方をするのがよいと思われます。

> **一定の方向性を提案する場合の対応例**
> ・○○さんは、△△（例：できるだけリスクをとりたくない）という点を重視しているということですね。それであれば、□□（例：和解）という結論がいいかもしれませんね。

イ●対立する選択肢のリスクの強調

　例えば、弁護士としては、和解、調停成立、示談等の話し合いによる解決の方がよいという考えを持っていたとします。このように特定の選択肢を勧めたい場合には、対立する選択肢をとった場合のリスクを強調することで、弁護士が勧める方向に依頼者が決断しやすくなります。これは、人には、利益を得ることよりも損失を回避することを選択する心理傾向（損失回避バイアス）がみられるため

です。

　例えば、100%の確率で100万円をもらえるくじ引きと50%の確率で200万円をもらえるくじ引きのいずれかを選択できる場合、期待値は同じであるにもかかわらず、多くの人は損をしたくないという発想で前者を選択します。これを弁護士業務において考えると、和解であれば100万円を得られるのに対して、判決の場合は請求認容で200万円を得られるかもしれないが、請求棄却となれば0円になるリスクもあるという場面に当たります。

　実務においては、くじ引きとは違い、認容と棄却の確率が明示されるわけではありませんが、判決を得ることのリスクが相応にある事案だと考えるからこそ、弁護士は依頼者に和解を勧めようとするのではないでしょうか。このような場面では、話し合いによる解決をしないリスク（判決リスクのみならず、上訴に伴う弁護士費用、紛争の長期化による負担感の増大など）を強調することで、依頼者自身の意思で和解等を選択する可能性が高まると考えられます。ただし、あまり恣意的な誘導にならないように留意する必要はあります。

　なお、和解等の話し合いによる解決を勧める際には、依頼者の利益のためにその説明をしているということを示すことも重要です。弁護士が早く終わらせたいから和解等を勧めるのではないかとの考えに依頼者がとらわれると、弁護士の説明が依頼者に届きにくくなってしまいます。そこで、依頼者との打合せにおいては、依頼者の重視している点や依頼者の利益を考えると、この選択肢がベターなのではないかということを丁寧に伝えることが肝要です。

[4] 依頼者が明らかにリスキーな選択をする場合

　例えば、弁護士としては判決を得るリスクが非常に高いと考えており、そのことを書面で説明したにもかかわらず、依頼者は和解せ

ずに判決を得たいと考えることがあります。最終的な意思決定は依頼者がすべきですから、このような選択も当然あり得ます。ただ、中には、弁護士がどれだけ説明しても、リスクを過小評価して、うまくいくに違いないと信じ切っている人もいます。自分は正しくて、相手が悪いのだから、裁判所では自分の主張が認められて当然だと考えている人が前記のような発想になりがちです。一般に良い人には良いことが起こり、悪い人には悪いことが起こるというような思い込みを社会心理学においては「公正世界仮説」とか「公正世界誤謬」といいますが、言うまでもなく裁判の世界では良い人か悪い人かで結論が決まるものではありません。

　しかし、自分の主張が認められて当然だと考えている人は、訴訟の途中では弁護士のリスク説明はあまり聞こうとせず、「認容される可能性がないわけではない」といった説明を都合よく「認容されると弁護士は言った」などと解釈することがあります。そして、実際に判決等で自分の主張が認められないとなると、このようなおかしな結論になったのは弁護士のせいだという発想になりがちです。そのため、前記のとおり、リスク等の説明は書面でしておく価値がありますし、依頼者が明らかにリスキーな選択をする場合には、リスク説明を受けたことなどを確認する書面を依頼者との間で取り交わしておくのも一案です。ここで重要なことは、リスクが顕在化する前に（リスキーな選択をする時点で）このような作業を行っておくべきということです。

第3節 受任後の困難場面

① 依頼者から頻繁な連絡や感情的なメールがある場合

Case 3-1
　依頼者から連日のように電話やメールがあり、しかもその内容は事件処理に直接関係しないような情報や、相手方に対する不平不満などが大半であった。こちらが返信する前にメールを何通も送ってくるような状態で、どう対応していいものか悩み、疲弊してしまった。

● Keyword　極意①［枠組み］、極意②［傾聴］、極意③［共感］、極意④［説明］、極意⑥［接触］、極意⑦［辞任］、見捨てられ不安、非定型うつ病

[1] 頻繁に連絡をしてくる依頼者の心理と対応

ア●依頼者の心理

　弁護士からすれば特に必要がないと思われる事柄を逐一連絡してきたり、感情的なメールを頻繁に送ってきたりする依頼者がいます。このような依頼者には、強い不安感を抱いている傾向がみられます。あらゆる事柄を弁護士に報告しておかないと不安で、進捗状況が気になって仕方がない、弁護士に見捨てられるのではないかなど、依頼者の不安な心理状態が頻繁な連絡という行動として表れている可能性があります。

イ●基本的な対応例

　弁護士にとっては、裁判や紛争というのは日常的な問題ですが、一般の人にとっては一生のうちに一度あるかないかの一大事です。したがって、依頼者の立場に立って考えてみると、不安になるのは無理からぬことだということが分かるはずです（極意③［共感］）。弁護士からすれば、頻繁に連絡してこられるとうっとうしく感じる

かもしれませんが、その気持ちを態度に出せば依頼者との良好な関係は崩れてしまいかねません。このような場合、依頼者の立場で考えてみることで少しでも寛容な気持ちになり、穏やかな態度で接しやすくなることもあるはずです。

　不安な心情を抱える依頼者に対する基本的な接し方は、依頼者の話に耳を傾け（極意②［傾聴］）、時には依頼者の立場で物事を考えてみる（極意③［共感］）というものです。しかし、本ケースのように連日のように連絡がある場合に、その都度対応していては、その他の業務に支障が出る、つまり他の依頼者に迷惑がかかるおそれがあります。また、過剰な対応はかえって依頼者との関係を悪化させることもあります。そのため、枠組み（2頁参照）は意識しておきたいところです。決められた時間・場所以外は対応しない、弁護士にできないことはやらないなど一定の線引きをすることが必要です（極意①［枠組み］）。

ウ●依頼者の不安別の対応例

　前記の基本的な対応を前提として、依頼者がどのような理由で頻繁に連絡をしてくるのかを探ることが重要です。あらゆる事柄を弁護士に報告しておかないと不安というタイプの依頼者の場合には、打合せの際にまとめて事情を聴取するということを伝えて、面談日の設定をしてしまうという方法が考えられます。そして、打合せの際には、事件処理に必要な事柄があれば必要に応じて弁護士の方から質問することや、必要に応じて適宜打合せを設定することを説明しておいてもよいでしょう。こうすることで弁護士と話ができる機会が確保されると認識でき、依頼者に安心感が生まれ、頻繁に連絡する必要がないと感じやすくなると思われます。

　進捗状況が気になって仕方がないタイプの依頼者の場合には、進展があれば弁護士の方から連絡すること、連絡がないということは

何も進展がないという意味だということを伝える必要があります。そのうえで、実際に何か動きがあれば細やかに報告をしてあげることで依頼者は安心していくのが通常です。なお、相手方の回答に時間がかかっているなど長期間進展がみられない事件の場合には、依頼者のタイプにかかわらず、定期的に動きがない旨の連絡を入れておくことは依頼者との関係維持に資する面があります（極意⑥［接触］）。

　弁護士に見捨てられることを不安視している依頼者の場合には、一定の距離を保つこと、つまり枠組みを守ることがとりわけ重要です。見捨てられ不安のある依頼者は、頻繁に連絡をしてくる傾向がありますが、これは見捨てられ不安を持つ人に見られる典型的な「試し行動」です。頻繁に連絡をして、それに弁護士がしっかりと対応してくれているかを試しているのです。そして、メールの返信が遅い、対応がそっけないなどと感じると、見捨てられたと感じ、攻撃的な感情を募らせることもあります。このようなタイプの依頼者に対して、攻撃的になられるのをおそれるあまり枠組みを無視して対応していると、連絡頻度や要求がエスカレートする可能性があります。したがって、あくまで枠組みに沿って対応することを説明したうえで（極意④［説明］）、それを実践することが肝要です（極意①［枠組み］）。

[2] 感情的なメールをしてくる依頼者の心理と対応

ア●依頼者の心理

　依頼者が、メール等で、自らの窮状を嘆いたり、相手方や法制度に対する恨み辛みを述べたりすることがあります。このような感情的な連絡をしてくる依頼者の心理は、弁護士に対して自分の気持ちを知ってもらいたいというものであろうと思われますが、時としてその背景に弁護士に対する怒りや不満が隠れていることがありま

す。一見すると相手方や法制度への不満という体をとりつつ、その実は依頼者にとって納得のいかない状態を打開できない弁護士に対する不満が背景にあるという状態です。依頼者は弁護士に対して直接的な不満を述べにくいことから、このような形で不満が発露されることがあると念頭に置いておいた方がよいといえます。

　また、依頼者が感情的なメールを送ってくるのは夜（場合によっては深夜）が多いという特徴があります。夜になると気分が落ち込むなどの症状が出る「非定型うつ病」という病気もあり、人は夜に感情的になりやすい傾向があるためです。あるいは、夜にアルコールが入った状態、つまり感情の制御がしにくい状態で、弁護士にメールを送っている可能性もあります。

イ ● 時には面談や電話を行う

　依頼者から感情的なメールが届いた場合、まずはメールで返信するのが一般的だとは思いますが、感情表出の度合いが大きいように感じる場合には、面談あるいは電話で話をしてみることを検討してもよいでしょう。前記のとおり、夜は感情的になりやすいことから、できるだけ日中に面談や電話は行いたいところです。また、メールを返信するにしても、感情的なメールには感情的に返信してしまいがちであるため、弁護士自身も即座にメールを返すのではなく、いったん落ち着いて冷静にメールを送れるタイミングに返信する方がよいといえます。

　面談や電話のなかで、依頼者が弁護士に話を聴いてもらうことで、気持ちが落ち着くことがあります（13頁以下参照）。そのため、事件に必要な事実関係の聴取のみならず、一定程度は依頼者の不平不満などを聴くことも依頼者との関係を維持していくうえでは重要な側面があります。

ウ●枠組みを意識しつつ、場合によってはクギを刺す

とはいえ、弁護士の本来業務は依頼者の愚痴や不平不満を聴くことではない以上、不平不満などの感情的なメールがあるたびに、面談や電話をしていては本来業務に支障が出てしまいます。また、延々と依頼者の不満等に対応し続けると、依頼者の弁護士に対する依存度を高めることとなり、結果的に関係性の悪化に繋がるおそれもあります。さらに、負の感情をぶつけられると、それが自分（弁護士）に対しての不満等ではなくても、受け手には精神的な負担となります。したがって、際限なく依頼者の不平不満等の感情的な連絡を受け続けることは好ましい状態とはいえません。

このような場面でも枠組みを意識した対応が重要となります（極意①［枠組み］）。夜に送られてきた感情的なメールに返信する場合は、その日の夜（営業時間外）に返信するのではなく、翌営業日に返信する、電話や面談をする場合でも、事務所の営業時間内に時間を決めて話を聴くことに努めるとよいでしょう。

また、枠組みの一つとして、できないことはできないと明確に伝えることも必要です。例えば、法律や法制度に対する不平不満を述べられたとしても、弁護士にはどうすることもできないことがあります。それにもかかわらず、安易に何とかできるかのような説明をしてしまうと、後々トラブルになるおそれがあるため、どうすることもできない旨をはっきりと説明する必要があります。

加えて、弁護士は依頼者のメンタルケアをする立場にはないことから、感情的なメールをもらっても都度電話や面談等の対応はできないと伝える必要がある場合もあります（ただし、一切連絡しないでほしいということではなく、事件に関する質問等はしてもらって構わないという留保は必要です）。一見冷たいように見えるかもしれませんが、このことをはっきりさせておかないと依頼者と弁護士の距離が近くなりすぎ、弁護士に対する依存度が高まるおそれが生じます

（結果、より依頼者は不安定になるおそれもあります）。依頼者（クライエント）の感情を取り扱う専門家であるカウンセラーでさえ、決められた日に決められた時間しか会わないなどの枠組みを意識した対応をする（むしろそれが治療効果を高める）ところ、心理の専門家ではない弁護士が意気込んで依頼者のメンタルの安定まで担おうとして、依頼者から感情的なメールを受けるたびに電話や面談などをして対応してあげることがいかに難しいか（結果、依頼者のメンタルをより不安定にするおそれがある）ということに思いを致す必要があります。

　ただし、「できない」ということを述べるだけでは、依頼者を傷つけることになりかねないため、依頼者の心情に共感する姿勢を示すことは意識しておく必要があります（極意③［共感］）。

エ●弁護士に対する不満ではないかを探る

　前記のとおり、感情的な連絡の背景には弁護士への怒りや不満が隠れていることがあります。そのような依頼者の心情がうかがえる場合には、その不満の原因を探る必要があります。依頼者が弁護士に対して不満を抱いた状態で委任関係を継続していくことは難しいため、場合によっては、弁護士に何か不満を抱いているのではないかと面談の際や電話などでやんわりと尋ねてみるのも一つの方法です。弁護士に対処可能な事柄であれば解決できる可能性がありますし、弁護士にはどうすることもできない事柄の場合は納得を得られるように説明せざるを得ません。いずれにせよ、依頼者の弁護士に対する不満の種を感じ取った場合には、早いうちに話し合いの場を持つなどの対応をすることが重要です（その結果、たとえ辞任となったとしても、遅かれ早かれ辞任という結論になったと考えられることから、やはり早いに越したことはないといえます）。

[3] 頻繁な連絡、感情的な連絡が収まらない場合

　前記のような対応をとったとしても、頻繁な連絡や感情的な連絡が収まらず、それが弁護士にとって許容できないとか、他の業務に支障を及ぼすという場合には、弁護士自身の定めた辞任の基準（111頁以下参照）に照らしたうえで、辞任するという選択肢も出てきます（極意⑦［辞任］）。

> **column**
>
> **弁護士が依頼者のカウンセリングをしてもよいか**
>
> 　カウンセリングにおいては、カウンセラーとクライエントは、専門的契約関係以外の関係を持つことが原則として禁止されています（一般社団法人日本臨床心理士会倫理綱領第3条）。つまり、両者の間で、男女関係、友人関係、上司と部下の関係などの、カウンセラーとクライエントという関係以外の関係がある場合には、カウンセリングを行ってはならないということです。これを「多重関係の禁止」といいます。多重関係となると、クライエントが十分に自己開示できない、クライエントがカウンセラーに依存しすぎる、枠組みが崩れるなどの弊害が生じてカウンセリングが適切に機能しなくなり、クライエントの精神状態を悪化させるおそれが生じるためです。
>
> 　弁護士が依頼者にカウンセリングを行おうとすると、弁護士と依頼者という関係に加え、カウンセラーとクライエントという関係をも生じさせることになり、まさに多重関係となります。したがって、弁護士がカウンセリングの勉強をしたからといって、安易に依頼者のカウンセリングをすると、様々な弊害を生じさせるため、慎む必要があります。なお、本書で紹介する傾聴のテクニックなどは、あくまでカウンセリング技術を法律相談等に活かすことを想定したものであって、弁護士が依頼者に対しカウンセリングを行うことを想定したものではありません。

2 依頼者の希望を叶えられないことを説明する場合

> **Case 3-2**
> 交通事故事件を受任することになり、受任段階では入通院慰謝料の弁護士基準（裁判所基準）について、依頼者に説明していた。その後依頼者に後遺障害はなく症状固定となったため、示談交渉を行おうと思い弁護士基準に基づいて慰謝料額を算定したところ、依頼者が「こんな低い金額では自分は納得できない」と言い出した。

● Keyword 極意①［枠組み］、極意③［共感］、極意④［説明］、極意⑤［依頼者決定］、極意⑦［辞任］、確証バイアス

[1] 共感を示しつつも、はっきりと説明する

　弁護士からすれば当たり前のことでも、法律の専門家ではない依頼者にとっては納得できないことがあります。依頼者の立場で考えると、法律ではこう決まっている、実務はこうなっていると言われても、簡単には受け入れられないとしても何らおかしなことではありません。そのため、依頼者が法的には困難な要求をしたとしても、頭ごなしに「無理です」と突っぱねてしまうと、依頼者の心情を必要以上に害し、関係性を崩すおそれがあります。そこで、まずは依頼者の気持ちに対して共感を示すことが重要です（極意③［共感］）。

　そのうえで、何とか依頼者の希望に沿う結果になるよう検討する必要はありますが、それでもやはり法的には実現が困難あるいは不可能なのであれば、できないことはできないと明確に伝えるべきです（極意①［枠組み］）。

> **法的に実現困難であることを説明する場合の対応例**
> ・確かに、〇〇さんがそのようなお気持ちになられるのは無理もないと思います。ただ、残念ながら〜。

・私が弁護士という立場を離れて、本件を見たら、〇〇さんと同じような気持ちになるかもしれません。ただ、残念ながら〜。

[2] 曖昧に回答することのリスク

　依頼者が実現困難な要求をした場合、それに迎合するかのような対応をすれば、その場は収まるかもしれません。本ケースでも、怒る依頼者をなだめようと「裁判になれば弁護士基準以上の額が認められる可能性がないとは言えませんが…」などの曖昧な回答もできるでしょうが、依頼者は「裁判になれば弁護士基準以上の額」という部分のみをインプットする可能性があります。これは、人には物事を自分の都合の良いように解釈してしまう認知バイアスがあるためです（確証バイアス）。そして、実際に裁判で弁護士基準以上の額が認められないとなるや否や、「先生は、裁判になれば弁護士基準以上の額が認められると言ったじゃないか」と言い出すおそれがあります。

　したがって、その場を取り繕うために曖昧な回答をしてしまうと、後々より問題が大きくなる可能性があることに注意が必要です。弁護士は「できない」と伝えたつもりでも、依頼者が自分に都合の良い解釈をしたり、自分に都合良く弁護士の発言内容を変えたりすることもあります。このことを踏まえ、書面やメール等の文字に残る形で説明をしておくのも一つの方法です（極意④［説明］）。

[3] 依頼者が実現困難な要求に固執する場合

　弁護士が「できない」ということを丁寧に説明したにもかかわらず、依頼者が「それを何とかするのが弁護士の仕事だろ」とばかりに、その要求に固執することがあります。この場合に、強引にその要求を諦めさせることは控えた方がよいと考えられます。あくまで弁護士は見通しの説明にとどめ、法的に実現不可能あるいは実現困

難であっても、その要求を押し通すのか、諦めるのかは依頼者自身の判断に委ねる方が賢明です（極意⑤［依頼者決定］）。それでも依頼者が要求を押し通すという結論に至るのであれば、弁護士との意見対立は深刻と考えられますので、弁護士自身の辞任の基準（111頁以下参照）に照らしたうえで、辞任を検討してもよいでしょう（極意⑦［辞任］）。

なお、「絶対にできない」とまでは言えないこともありますが、そのような場合には「少なくとも私はできないと考えます」などのように、弁護士自身の意見として伝えるという方法があります。依頼者が「可能性が1％でもあるのであれば、何とかしろ」というスタンスであったとしても、「私は〇〇さんのご希望の要求を叶えることはできないと考えるので、当事務所では責任を持った対応ができない」などとして辞任を検討することが考えられます。

column

対応困難者にのみ枠組みを設定することの当否

　本書で繰り返し説明している「枠組み」という概念ですが、これは対人援助職が対応困難者に接する際の対応の基本といえます。そうだとすると、弁護士が枠組みを使用するのは、対応困難な事例だけにして、それ以外の通常の依頼者には枠組みを無視して依頼者対応をすればいいのではないかと思われるかもしれません。しかし、依頼者が対応困難者であるかどうかは必ずしも受任時には分かりません。受任時には印象の良かった人が、受任後に対応困難な人であったと判明するという経験をしたことのある弁護士も少なからずいるのではないでしょうか。また、弁護士自身の対応が原因で困難案件を生み出すこともあり得ます（40頁以下参照）。

　したがって、枠組みを設定するのであれば、対応困難者にだけ適用するという発想ではなく、どの依頼者に対しても最初から適用するというのが基本であろうと思われます。

③ 依頼者が苛立っている場合

Case 3-3

5回目の離婚調停が終わったタイミングで、依頼者（男性）から「これまで5回も調停をしてきたが、一向に話が前に進んでいないように思う。相手方は婚姻費用をもらえているから時間がかかってもいいのかもしれないが、こちらは早く離婚を成立させてもらわないと困る。相手の弁護士のペースにはまっているように思うが、先生の進め方が悪いのではないですか。」と言われてしまった。

● Keyword　極意①［枠組み］、極意②［傾聴］、極意③［共感］、極意④［説明］、極意⑦［辞任］

[1] イライラする人の心理

　弁護士が業務を行うなかで、依頼者が苛立っているという場面に直面することはあるはずです。その背景には元来の気質や精神疾患、あるいはホルモンバランスの乱れなどがある可能性もありますが、そうではなくとも、精神的な余裕がないときに人はイライラしやすくなります。民事事件であれ刑事事件であれ、依頼者は自身の身に何らかの問題が生じているのが通常ですから、おのずと精神的な余裕はなくなりイライラしやすい状態にあるとまずは理解しておく必要があります（極意③［共感］）。

　もっとも、人は苛立ちを覚えたとしても、その苛立ちを直ちに他者にぶつけることは稀で、多くの人は蓄積したイライラが一定のラインを超えた段階でその不満を伝えます（27頁参照）。本ケースでは、弁護士に不満をぶつけるまでに至っていることから、依頼者の苛立ちは相当程度に大きいことがうかがえます。あるいは、依頼者が感情を制御しにくい特性を持っている可能性もあります。

[2] 苛立ちを抑えるために事前にできること

ア●事前説明の重要性

　人は、想定どおりに事が運んでいないとか、予期していないことが起きていると感じると、不安になったり、苛立ちを覚えたりします。例えば、腕時計の修理を修理店に頼んだ後、1か月以上経っても修理店から何の連絡もなかったら、何かトラブルがあったのではないかとか、仕事が遅いのではないかといった気持ちになって当然です。しかし、事前に「この時計の修理には2か月ほどかかります。修理が完了次第連絡します。」といった説明を受けていれば、1か月経過時点で何の連絡がなくとも、このような不安や苛立ちは覚えないはずです。

　つまり、全く同じ事象でも、事前に説明を受けていたか否かで、人の感じ方は大きく変わるということです。このことは、弁護士業務にも当てはまります。もちろん、およそ起こり得る全ての見通し等を説明することは不可能ですし、安易な説明をすることは危険ですが、できる限り、かかる期間の見通しや今後の予想される展開、相手方の反論の予想等を事前に説明しておくと、依頼者が安心して依頼を継続しやすくなると考えられます（極意④［説明］）。

イ●弁護士にはどうにもできないことの説明

　弁護士が扱う事件には、通常は相手方がいますが、その相手方の態度いかんによって進行が大きく左右される側面があります。例えば、本ケースのような離婚調停事件において、相手方が離婚を迷っているような場合では、調停のたびに相手方の言うことが変わるなどして、進行に時間がかかってしまうことがあります。しかし、一方当事者の代理人たる弁護士は、相手方の心情をコントロールすることはおよそ不可能ですから、どうすることもできません（相手方

代理人とて依頼者（相手方本人）の心情をコントロールすることまではできないはずです）。このように、弁護士にはいかんともしがたい事柄が原因であっても、依頼者は苛立ちを覚えることがありますので、弁護士ができないことについて説明しておくことが重要です（極意①［枠組み］）。弁護士ではどうにもできない事柄であるのに、あたかも何とかできるかのような態度を取り続けると、後々になって弁護士の責任で事態が悪化したなどと言われかねません。できない事柄を説明した場合に、万が一依頼者から「それを何とかするのが弁護士の仕事だろ」などと言われたときは、後記のとおり辞任を検討せざるを得ないこともあるでしょう。そのほかにも、弁護士にはどうすることもできない事柄は多々ありますが、できないことは明確に「できない」と伝えるほかありません。

[3] 苛立っている依頼者への対応例

ア●依頼者の気持ちを聴いてみる

依頼者が苛立っている場合、弁護士としては、すぐに何か説明しなくてはという気持ちになるかもしれません。しかし、話を聴くことで、依頼者の気持ちが落ち着くことがあるため（カタルシス効果、13頁参照）、まずはその苛立ちの理由や背景を聴いてみることが重要です（極意②［傾聴］）。例えば、依頼者から届いたメールの文面から苛立っている様子が見て取れたことから、電話や面談で話を聴いてみたところ、思いのほか落ち着きを取り戻すということがあります。また、このような場面で、話をしっかりと聴いてみることで、依頼者の根本的な考え方や重視するポイント、さらには事件処理に活かせる情報が得られるかもしれません。

依頼者から話を聴くに当たっては、広めのオープンな質問をしてから、徐々に質問の対象を絞っていくという手法が有効です（19頁参照）。

> **オープンな質問で依頼者に感情を問う場合の対応例**
> ・今のお気持ちを率直に教えていただけますか。
> ・どういった点が気になりますか。

　本ケースであれば、依頼者がどういった点を捉えて、「一向に話が前に進んでいない」とか「相手の弁護士のペースにはまっている」と感じているのかを掘り下げて聴いてみたいところです。例えば、よく話を聴いてみたところ、当方代理人への不満というよりは、苛立ちの根底には相手の弁護士への不信感（例：相手の弁護士が自身の利益のために遅延戦術をとっているのではないかという疑念）があることが明らかになるかもしれません。

イ●共感を示す

　依頼者から苛立ちの理由や背景を聴きとってみると、なぜ依頼者がそのような心情を抱いているのかが見えてくるはずです。そのうえで、依頼者のおかれた状況や心情に共感を示すことで、依頼者との良好な関係、信頼関係を築きやすくなります（極意③［共感］）。

> **感情的になる依頼者に共感する場合の対応例**
> ・それは、〜（例：お辛かった、悔しかった）ですね。

　どうしても共感できそうにないときの対応については、68頁以下を参照ください。

ウ●説明する

　依頼者の苛立ちの理由や背景が分かれば、次はそれに対して弁護士の立場からの説明を行います（極意④［説明］）。依頼者が気にしている点が、弁護士として対処可能な事柄なのであれば、その旨を

説明することになります。例えば、依頼者の意向を準備書面、陳述書、連絡書面等に反映できる場合であれば、その旨を説明してあげれば、依頼者は自分の気持ちを汲んで対応してくれたと感じるかもしれません。また、依頼者の苛立ちの背景には法制度や実務運用への無知・無理解がみられることもあり、そのような場合には法制度等について説明するのが適切な場面もあると思われます。

　一方で、弁護士の立場ではどうすることもできない事柄もあり、そのような場合には、「できない」ということを説明するほかありませんが（極意①［枠組み］）、依頼者からすれば弁護士に突き放されたという印象を持つかもしれません（例えば、医師から「手の施しようがない」と言われる場面を想像してみてください）。そこで、少しでも依頼者が受け止めやすいように、共感を示してからできないことを伝えるように心掛けたいところです。そうすることでマイルドな伝え方になると思われます。

[4] 苛立ちの矛先が弁護士に向いている場合

　依頼者から話を聴き、共感を示し、説明を加えたとしても、苛立ちは収まらず、かつその矛先が弁護士に向くということもあり得ます。本ケースのように、「先生の進め方が悪い」とまで言われる状態になってくると、弁護士も穏やかな気持ちではいられないのではないでしょうか。このような場合に、弁護士が依頼者に迎合した態度をとれば、その場は収まるかもしれませんが、依頼者からすると、「この弁護士は、自分が怒ればコントロールできる」という意識に結び付く可能性があります。そうなると、今後も依頼者の意に沿わないことが起きたときには、弁護士に苛立ちをぶつけ、同様のことが繰り返されるおそれがあります。その結果、事件処理に支障が出る可能性がありますし、弁護士自身の身が持たなくなるおそれもあります。

そのため、あらかじめ依頼者に説明しておいた辞任の基準（111頁以下参照）に該当すると判断した場合には、躊躇せずに辞任するのも一案です（極意⑦［辞任］）。

column

依頼者を落ち着かせる色

　色彩心理学という学問分野があります。青色や緑色は人を落ち着かせる効果がある一方で、赤色は人を興奮させる効果があるといわれています。そのため、依頼者が感情的になることが予想されるような場面では、服やネクタイを赤系にするのは避け、青系・緑系のものにするというのも一つの方法です。また、面談スペースに調度品を置く場合も赤系の物は避けて、観葉植物などを置くのも有効だと思われます。

4 依頼者が決断できない場合

Case 3-4

　離婚調停において、夫に離婚を求められた妻から依頼を受け受任した。依頼者は当初離婚に消極的であったが、徐々に納得のいく条件であれば離婚に応じてもよいという気持ちになったため、調停を重ねて条件の協議を進めてきた。しかし、概ね離婚条件が整ったという段階になって、依頼者が「今後のことを考えると、やっぱり離婚していいのかどうか迷いが出てきた…」と言って悩み始めた。

● Keyword　極意②［傾聴］、極意③［共感］、極意⑤［依頼者決定］、依存性パーソナリティ障害

［1］決断を急かさず、悩んでいる点を探る

　重要な局面においては、弁護士は依頼者に対して、メリット、デメリット・リスク等を説明する必要があります（123頁参照）。この際、依頼者がさほど悩みなく決断することもありますが、どうして

も決断できないという状態に陥ってしまうこともあります。このような場合、弁護士からすれば、早く決断してほしいという気持ちになるかもしれません。しかし、依頼者にとっては自身の法的紛争をどのように処理するのかというのは大きな出来事です。ましてや、本ケースのように、離婚するか否かという人生の岐路ともいえるような場面であれば、依頼者が軽々に決断できないということは十分に理解できるのではないでしょうか（極意③［共感］）。

依頼者が優柔不断な性格であるなど、その特性上、なかなか決断できない場合もありますが、このような背景には精神的な問題があることもあります。例えば、うつ病や適応障害などの精神疾患の場合には、決断する行為自体が難しくなることがあります。また、依存性パーソナリティ障害の人は、他者に過度の依存をする傾向があるため、自己決定が困難となります。このような依頼者に決断を急かしてしまうと、依頼者を苦しめてしまうことになりかねません。そのため、悩んでいる依頼者の心情や状態に配慮して、決断を急かすような態度をとることは控えるべきといえます。

決断できない依頼者に対する対応例

・まだ時間はあるので、今この場で決めていただかなくても大丈夫ですよ。

とはいえ、事件の相手方や裁判所が関与する法的紛争においては、依頼者が決断できるまでいつまでも待ってもらえるわけではありません。なかなか決められないでいると、訴訟であれば和解の機会を逃して判決が出される可能性がありますし、調停であれば不成立となってしまい、場合によっては依頼者に不利益な結論となる可能性も否定できません。そこで、依頼者が決断できない場合には、メリット、デメリット・リスクの情報提供だけをしてひたすら待つ

のではなく、打合せなどを通じて、どのような点で依頼者が悩んでいるのかを探ってみることが重要です（極意②［傾聴］）。決断できない状態に陥っている依頼者は、弁護士に相談や質問することにも消極的になっていることがありますから、弁護士の方から面談を設定するなどして、一緒に考える機会を設けるとよいでしょう。依頼者が心配している点、重視したい点などを聴いていくなかで、依頼者自身の気持ちや思考が整理されたり、解決への方向性が見えたりして、決断に至る可能性が高まると考えられます。

[2] 弁護士が決めてはいけない

　依頼者が決断できない場合に、「先生が決めてください」と言われることがあります。しかし、最終的な意思決定をするのは常に依頼者であるべきです（極意⑤［依頼者決定］）。このような場面で、仮に依頼者のためを思って弁護士が方向性を決めれば、依頼者は安心するかもしれません。しかし、依頼者の精神状態が落ち着くなどした後に、「冷静になって考えれば、あの時の先生の選択は間違っていたと思う」「勝手に決められたので、報酬は払いたくない」などと言い出された場合には、対応に苦慮することになります。もちろん、このような事態にならない場合も多分にあると思われますが、リスクヘッジとしては、弁護士が決断することは控えた方がよいといえます。

　なお、弁護士の立場で一定の方向性を勧めたいという場面における対応例については123頁以下を参照ください。

⑤ 依頼者がなかなか説明を理解できない場合 (依頼者が高齢者の場合等)

Case 3-5
80代の依頼者から遺産分割事件の依頼を受けることとなった。依頼者は認知症ではないが、年相応の理解力や記憶力の低下が見られ、打合せの際に弁護士の説明がなかなか伝わっていないように感じ、困ってしまった。

● Keyword　極意①［枠組み］、極意④［説明］

[1] 専門用語を極力使わない

　弁護士にとっては当たり前の言葉でも、依頼者にとっては聞き慣れない言葉や意味の分からない言葉があります。しかし、依頼者は弁護士に対して、「分からない」ということをなかなか言い出しにくいものです。また、会話のなかで受け手にとって不明確な意味の言葉が出てくると、それが原因で思考がストップしてしまい、説明全体が頭に入ってきにくくなることがあります。

　したがって、依頼者が理解しやすい説明をするためには、弁護士が意識的に専門用語を使わないようにしなければなりません。どうしても専門用語を使わざるを得ない場面では、その言葉への補足説明が必要です。また、「ゆいごん」と「いごん」のように、一般的な読み方と法律家の読み方が異なる単語については、依頼者には一般的な読み方で話す方がよいといえます。話す相手に合わせて言葉を選ぶという配慮は、依頼者の年代や理解力を問わず意識したいところです。

[2] 長時間の打合せにしない

　1時間を超えるような打合せとなると、集中力が切れてきて、おのずと理解力が低下します。特に高齢の依頼者に対して長時間の打

合せをしてしまうと、過度の負担をかけてしまうおそれがあります。せっかく長い時間をかけて説明しても、依頼者が集中力を欠いてしまい、弁護士の伝えたいことが十分に伝わらないというのでは意味がありません。したがって、依頼者の理解力・集中力の観点からも、時間の枠（4頁参照）を意識して、やみくもに長時間の打合せとならないよう（極意①［枠組み］）、後記のレジュメ（文字や図での説明）を使うなどして効率的な打合せを意識したいところです。

どうしても長時間の打合せにならざるを得ない場合には、途中で休憩をはさむなどの工夫をしてもよいでしょう。

[3] 文字や図を活用する

口頭での説明に加えて文字や図を交えた説明をした方が依頼者の理解度が高まり、何について話をするのかも明確になるため、効率的な打合せになりやすいといえます。また、説明内容を書面に残しておくことで、弁護士が何を説明したかが明確になりますし、依頼者にとっても後から見返すことで記憶を喚起しやすくなります（極意④［説明］）。

また、これは弁護士を守る意味もあります。例えば、高齢の依頼者が弁護士との打合せを終えて自宅に帰った後に、家族から打合せの内容を聞かれて全く答えられなかったり、弁護士が伝えたこととは異なる内容を伝えてしまったりすると、「弁護士はきちんと説明してくれているのだろうか」「弁護士を変えた方がいいのではないか」などと依頼者の家族が弁護士に対して不信感を持つことがあります。実際、依頼者本人ではなく、その家族が原因となって依頼者との関係性が悪化するケースがあるため注意が必要です。その点、書面を用いて説明することは、このような事態を避け、依頼者の理解力に多少不安があっても説明内容を残しておけるので有効な方法といえます。

ただし、専門用語を羅列した長文の説明や複雑な図を用いると、かえって難しくなってしまうため、平易な内容になるよう心掛ける必要があります。打合せのためのレジュメを作成するイメージでもよいかもしれません。

[4] 質問を促す

弁護士に対して質問をしにくいと考えている依頼者は一定数いるものです。このような依頼者の場合、多少分からない点や気になる点があっても質問をすることなく弁護士とのやり取りを終えてしまいます。

例えば、弁護士が一方的に説明をして「ここまで、よろしいですね」などと言ってしまうと、依頼者は「よろしくない」とはなかなか言えないものです。そこで、依頼者が疑問に思った点や気になる点があれば、遠慮なく質問できるような声掛けをすることが重要です。ただし、この際「言っている意味、分かりますか」というような言葉を使ってしまうと、高圧的な印象を与え、かえって依頼者は質問しづらくなってしまうので注意が必要です。

質問を促す場合の対応例
- ここまでの説明で分からないことや気になることはありませんか？
- 最後に何か聞いておきたいことや確認したい点はないですか？
- もし今日の打合せの内容で疑問が出てきたらご連絡くださいね。

このような言葉がけをすることで、依頼者は質問をしやすくなりますし、弁護士の配慮が見えることで、弁護士への信頼感も増すと考えられます。メールで説明をする場合でも、文末に「不明点があれば遠慮なくご質問ください」などと添えておくとよいでしょう。

6 弁護士がミスをしてしまった場合

Case 3-6

　訴訟期日（弁論準備手続期日）を手帳にメモしていたが、間違った日を記載してしまっていたため、期日当日に裁判所から事務所宛てに弁護士の出席がない旨の連絡があった。しかし、その日は別件のために事務所を不在にしており、期日に出席することが叶わず、期日を空転させてしまった。依頼者にそのことを詫びて報告したが、依頼者はカンカンに怒って、「この裁判が納得のいく結果にならなかったら、先生の責任ですよ」と言われてしまった。

● Keyword　極意①［枠組み］、極意②［傾聴］、極意⑦［辞任］、謝罪

[1] 状況の速やかな整理

　専門職としてミスがないように努めることは言うまでもありませんが、弁護士とて人間ですから、絶対にミスをしないとは言い切れません。ミスをしてしまったことが発覚した場合には、懲戒請求や弁護士賠償などが頭によぎり、血の気が引く思いをするかもしれませんが、まずは速やかに状況を整理する必要があります。①何が起きたのか、②なぜ起こったのか、③今、どのような状況なのか、④事後的に対処可能な事柄か、⑤依頼者を含む関係者に与える影響や損害の有無・程度などについて、できる限り整理していくことが重要です。また、複数の弁護士がいる事務所であれば、他の弁護士や事務所全体にも問題が波及する可能性もあるため、一人で問題を抱え込むことなく、ボスをはじめ他の弁護士に報告・相談することも必要です。

　本ケースであれば、弁護士自身のミスが原因ではありますが、回復不可能なミスではないと考えられます。また、依頼者を含む関係者への謝罪は必要ですが、依頼者に金銭的な損害が発生するとは考えがたいといえます。このように状況を整理していくことで、少し

ずつ落ち着きを取り戻し、また今後何をすべきなのかがはっきりとしてくるはずです。なお、預かった書類の紛失や上訴期限徒過などの事後的に対処不可能かつ依頼者に損害が生じ得るミスをしてしまった場合には、弁護士賠償保険などを検討することも必要になるでしょう。

[2] 依頼者への謝罪

　ミスの原因が弁護士にある場合に、そのミスを糊塗しようとして、虚偽の説明をするなどすると、後でそのことが判明した際に、より大きな問題となりかねません。したがって、真に弁護士側に原因がある場合には、依頼者に状況を伝えたうえで、謝罪することが重要です。

　ミスの程度が小さければ、電話又はメールで丁寧に状況を説明して事なきを得ることもあるかもしれません。一方で、ミスの程度が大きかったり、依頼者が怒っていたりする場合には、電話又はメールで状況を説明したうえで、依頼者のもとを訪ねて改めて謝罪したい旨を伝えるという対応が基本となると思われます。依頼者が自宅に来られることを固辞する可能性もありますが、誠意を見せる意味でも、まずは弁護士が出向く姿勢を見せることが重要ではないでしょうか。また、面談に際しては、普段はスーツを着ない弁護士であっても、シンプルなスーツを着用する（男性の場合はネクタイも着用する）方が無難だと考えられます。

　謝罪する際の注意点については、心理学者である川合伸幸氏の著書の次の記載が参考になると思われるため、引用し紹介します。

> 　謝罪しているにもかかわらず、それが受け入れられなかったのは、その謝罪には、「悪い謝罪」のいくつかの要素が含まれているからです。公的謝罪がなぜ謝っているかのように聞こえないかを研究しているスタンフォ

ード大学のシューマンによれば、「悪い謝罪」には次の四つの要素のいくつかが含まれています（中略）。
- ・不快な行動や失言を正当化する（正当化）
- ・被害者を批難する（逆ギレ）
- ・弁解をする（弁解）
- ・事態の矮小化をはかる（矮小化：たとえば、「ほんの冗談だった」と言うなど）（中略）

では、どのような謝罪が「良い謝罪」なのでしょうか。（中略）シューマンが研究を実施する前から、謝罪には核となる要素と、付加的な要素があると考えられていました。どちらであっても、それらをできるだけ多く含む謝罪が効果的で、そうした条件を満たすことで、腹を立てたり傷つけられた人の敵愾心を収め、壊れかかった関係を修復し、不快にさせた人から赦されやすいのです。その核となる謝罪の要素とは、次の三つです。
- ・自責の念の表出（悔恨）
- ・責任の自覚（責任）
- ・補償の申し出（解決策の具体的な提案、補償）

これらのほかに、つぎの五つが謝罪を構成する付加的な要素と考えられています。
- ・そのような行為をするに至った理由の説明（説明）
- ・今後は適切に振る舞うことの約束（改善の誓い）
- ・被害者を傷つけたり不快にさせたことの認識（被害者への労り）
- ・自分の行為が不適切であったことを認識（不適切な行為の認識）
- ・赦しを請う（容赦の懇願）（中略）

謝罪がより多くの良い要素を取り込むほど、怒らせた人とコミュニケーションをとることが可能になり、関係を修復しやすくなります。謝罪がより包括的で意を尽くしたものになるほど、赦されるのに最も重要な「誠実さ」が認められ、赦される可能性が高くなるのです。

（川合伸幸『科学の知恵　怒りを鎮める　うまく謝る』
講談社現代新書（2017）97-101頁）

　この内容は弁護士が謝罪する場面にも当てはまる注意点だと思われます。そして、弁護士の謝罪を受けて、依頼者側が話す段におい

ては、これに真摯に耳を傾ける姿勢を示すことが重要です（極意②［傾聴］）。話に耳を傾けることで、依頼者がどういった点を重視しているのかが分かりますし、依頼者自身の気持ちが落ち着くこともあり得ます。くれぐれも依頼者の話を遮って弁解や反論をするようなことのないように注意が必要です。

[3] ミスに付け込んだ不当要求への対応例

　弁護士側にミスの原因がある場合には謝罪等の誠意をもった対応をすることは当然必要ですし、依頼者が怒りの感情を示すのも無理からぬところです。しかし、これは依頼者の要求にいくらでも応じることを意味するものではありません。弁護士側のミスに乗じて依頼者が不当な要求や法外な要求をしてきた場合に、これに応じてしまうと、際限ない要求に繋がったり、弁護士と依頼者という関係を超えた隷属関係に繋がったりするおそれがあります。したがって、応じることができないことには「できない」と伝えることも時には必要です（極意①［枠組み］）。

　また、弁護士側がミスをしたことに対しては責任がありますが、だからといって不当な要求をしてもよい、不当な要求を受けなければならないという理屈はありません。あまりにひどい要求であれば、辞任することも検討の余地があります（極意⑦［辞任］）。

7 依頼者が嘘をついていたことが判明した場合

Case 3-7
相手方から提出された客観証拠を見ると、これまで依頼者が自信をもって主張していた重要な事実に明らかに反する内容が出てきた。依頼者に確認したところ、一転して、相手方の主張を認める旨の説明をするに至った。

● Keyword 極意④［説明］、極意⑦［辞任］、反社会性パーソナリティ障害、演技性パーソナリティ障害

[1] 嘘をつく人の心理、精神疾患の影響

　依頼者の説明内容が事実と異なるといっても、意図的に嘘をついている場合のほか、記憶違いや認識違いなど嘘をついている認識がない場合もあります。過去の事実関係などで記憶が曖昧になっているような場合も当然あるため、事実に反する説明をしていたからといって一概に嘘をついていたとまではいえません。もっとも、例えば不貞行為があったか否かのような重要な事実関係について、明確に否定していたにもかかわらず、明らかな客観証拠が出てくるや、その説明を変えたりする場合には、意図的な嘘であった可能性が高いといえます。

　依頼者が弁護士に嘘の説明をするのは、自分に都合の悪い事実を隠したい、事件が自分に有利に働くようにしたいという心理の表れだと考えられます。これは、紛争の渦中にある依頼者が抱きがちな心情ではありますが、精神疾患の影響によるものである可能性もあります。その一例として、パーソナリティ障害（226頁参照）の一つである反社会性パーソナリティ障害の人には、人を騙すことへの抵抗感・罪悪感がなく、自分の利益のためには平気で嘘をつく傾向がみられます。また、演技性パーソナリティ障害の人は、他者の注目をひくために作り話をしたり誇張したりすることがあります（こ

のタイプは、自分の利益にならないような点についても嘘をつく傾向がみられます）。

[2] 事前説明の重要性

　依頼者が自分に都合の悪い事実を隠したいなどと考える心情自体は理解できなくはありません。しかし、重要な事実に関して嘘をつかれると、事件処理を適切に進めることができなくなりますし、依頼者との信頼関係を築くことも難しくなってきます。何より、依頼者の利益を損なう結果になりかねません。そのため、事前に依頼者が嘘をつかないような工夫をしておきたいところです。

　そこで、相談段階あるいは受任段階で、虚偽の事実は結果的に依頼者自身の利益にならないと説明することが考えられます（極意④［説明］）。ポイントは、依頼者にとって利益にならないという点を強調することです。また、重要な事実について真実を述べていなかったり、隠匿したりしていたことが後から分かったら、辞任するということを事前に説明するのも一案です（111頁以下参照）。

[3] 受任後に虚偽であることが判明した場合

ア ●依頼者が真実の説明に切り替えた場合

　事件の途中で依頼者が嘘をついていたことが判明し、依頼者が真実に沿う供述に切り替えた場合には、事件の処理方針を変えるというのも一つの選択肢です。一方で、前記のように辞任する旨の事前説明をしていた場合には辞任という選択肢も出てきます（極意⑦［辞任］）。

　なお、辞任するという説明をしていたにもかかわらず、依頼者から泣きつかれるなどして、辞任を思いとどまることがあるかもしれません。しかし、このような対応は、依頼者によっては「扱いやすい弁護士」という印象を抱かせ、結果、後々依頼者に振り回される

危険性もあるので注意が必要です。とりわけ依頼者がパーソナリティ障害の場合には毅然とした態度で接することが推奨されており、いつでも辞任する用意があることを示すことが必要との意見もあります（岡田裕子『難しい依頼者と出会った法律家へ　パーソナリティ障害の理解と支援』日本加除出版（2018）110-111頁）。

　事件の途中で依頼者が嘘をついていたことが判明したものの、その一事をもって辞任するか迷うという場合には、嘘の内容・程度、当該嘘が事件に与える影響の程度、事件の進捗状況、依頼者の特性、依頼者の態度などを勘案して判断することになると思われます。

イ●依頼者が虚偽の主張をしてほしいという場合

　依頼者が嘘をついていたことを認めつつ、なお虚偽の主張をしてほしいと言われた場合には注意が必要です。基本規程には、「弁護士は、真実を尊重し、信義に従い、誠実かつ公正に職務を行うものとする。」（同5条）との規定や、「弁護士は、偽証若しくは虚偽の陳述をそそのかし、又は虚偽と知りながらその証拠を提出してはならない。」（同75条）との規定があります。したがって、弁護士が虚偽であることを知りながら主張立証を行えば、これらの規定に反することになりかねません。依頼者のためにという思いから、虚偽と知りつつも主張立証してしまうと、万が一、後々になって依頼者との間で何らかのトラブルが生じた際に、依頼者から前記の基本規程違反を指摘されるおそれさえあります。また、尋問など何かのきっかけで弁護士が虚偽であることを知りながら主張立証していたことが判明すれば、相手方から懲戒請求を受ける可能性もあります。

　したがって、依頼者が虚偽主張に固執する場合には、弁護士自身を守るためにも辞任するのが賢明ではないでしょうか（極意⑦［辞任］）。

8 相手方の悪性格など事件とさほど関係のない事柄を主張してほしいと言われた場合

> **Case 3-8**
> 依頼者が「自分ばかり攻撃されている気がするので、もっと相手方を攻撃してほしい。相手方は、過去に〇〇や××をしているようなひどい奴なので、そのことを裁判官に知ってもらったらこちらに有利になるのではないか」と言い、相手方がいかに悪い人であるかを書面に書くよう要請してきた。

● Keyword　極意④［説明］、極意⑤［依頼者決定］、公正世界仮説

[1] 自分ばかり攻撃されているという心理になる理由

　紛争の渦中にいる依頼者は、通常、事件の相手方に対して悪感情を抱いており、その人（相手方）の立場で物事を考えることが難しくなります。その結果、依頼者は自分のことにしか目が向かなくなり、被害者意識を強め、自分ばかり譲歩しているとか、自分ばかりが攻撃されているといった感情を強めていくことになります。

[2] 相手方を強く非難してほしいという心理になる理由

　依頼者が、事件とは直接的に関係のない相手方の悪い面などを持ち出して、これを主張してほしいと言うことがあります。また、相手方を攻撃するような文面にしてほしいという要望が出ることもあります。これは相手方が悪い人だということを裁判官に知ってもらえば、自分に有利な結果になるのではないかという発想に基づくものと思われます。このような発想は、善い人には善いことが起こり、悪い人には悪いことが起こるという思い込みによるものと考えられます（これを「公正世界仮説」又は「公正世界誤謬」といいます）。

[3] 対応例

ア ● 相手方の視点の提供

　依頼者が自分ばかり攻撃されているとか自分ばかり譲歩しているという心理になっている際、実際はこちらも相手方に対して主張反論を十分にしていたり、相手方も相応の譲歩をしていたりすることが少なからずあります。しかし、前記のとおり、依頼者は相手方の視点に立つことが難しくなっているため、そのことに気付くことができません。

　このような場合、弁護士が積極的に相手方の視点を提供することで、依頼者の気持ちが落ち着くことがあります。ただし、相手方の正当性を強調するような言い方をすると、「どちらの味方なのか」となりかねないため、あくまで依頼者側の味方として、相手方の立場を推察するような言い方をすることが必要です。

> **相手方の視点を提供する場合の対応例**
> ・ご自身ばかり攻撃されているようなお気持ちになっておられるのですね。ただ、こちらは〜という主張をしていて、ここは相手方もかなり苦しいと思っているはずですよ。
> ・こちらが〜という主張をしたことで、相手方からは○○という譲歩を引き出すことができていますよ。

イ ● 感情的な書面のデメリット・リスク

　依頼者が相手方を非難する感情的な主張にこだわる場合、裁判官に相手方がいかに悪い人であるかを知ってもらいたい、ひいては自分の正当性を訴えたいという思いがあるのが通常です。しかし、弁護士なら誰もが知っているように、裁判の世界は善い人か悪い人かで結論が決まるものではありません。それどころか、感情的な書面にはデメリットさえあるといわれています。そこで、依頼者が感情

的な主張に固執する場合には、そのような書面を出すことのデメリットやリスクについて説明しておくのも一案です（極意④［説明］）。以下では、依頼者への説明に当たって参考になると思われる現役又は元裁判官等が執筆された各種文献を引用し紹介します。

> 相手方を、不必要に誹謗中傷する論述、極端に感情的な論述、殊更に相手方の不当性を言い募る論述は、紛争の本質から離れてしまい、かえって説得力を欠くことになるし、そのような表現を用いたところで、裁判所の心証を左右するものとはならない。しかも、過度に攻撃的な表現を使用することは、むしろ、自らの主張立証が弱いことを露呈していると捉えられかねない。
>
> （民事弁護実務研究会編著『民事弁護の起案技術　7の鉄則と77のオキテによる紛争類型別主張書面』創耕社（2021）44頁）

> 訴状に限らず主張書面においては、くれぐれも、「裁判官、私は不幸な人間ですので、お助けください。」的な記載は避けていただきたい。訴状を含め、当事者の主張書面は、感情に訴えることが求められているものではない。裁判官は、救うべき当事者は救うが、「お涙ちょうだい」的な主張書面を読むと、逆の意味で「偏向的な感情」を持つおそれもないわけではない（以下略）。
>
> （牧田謙太郎＝柴﨑哲夫『弁護士はこう表現する　裁判官はここを見る　起案添削教室』学陽書房（2020）192頁）

> エモーショナルな書面にカチンとくる裁判官もいる。主張の内容が弱いから感情に訴えようとしているんだなと思う人もいる。*
>
> （岡口基一＝中村真『裁判官！　当職そこが知りたかったのです。―民事訴訟がはかどる本―』学陽書房（2017）26頁）
>
> *同書によると、感情に訴えかけることが奏功する裁判官がいる可能性が示唆されています。もっとも、裁判官がどのような印象を抱くか分からない以上、マイナスに捉える裁判官がいるということ自体が、感情的な書面のリスクと考えられます。

> 　訴訟という対立構造の中においては、相手方当事者（及びその関係者）に対する批判的言動も社会的相当性を逸脱しない範囲においては不法行為を構成しないと考えられますが、社会的相当性を逸脱したと評価される場合には準備書面の記載が相手方当事者等に対する不法行為に当たると解されるところですし、無用なトラブルは避けるべきであることからすれば、準備書面における記載が相手方当事者等に対する名誉棄損に当たらないように、十分に注意する必要があると考えられます。
>
> （圓道至剛『若手弁護士のための民事裁判実務の留意点』新日本法規（2013）117頁）

ウ●余事記載や書面が長文化することのデメリット・リスク

　感情的な記載のほかにも、弁護士からすれば事件と関係がないと思われる事柄について、依頼者が書面に記載してほしいと求めることがあります。しかし、依頼者が希望するままに書面を作成すると余事記載が増え、書面は長文化してしまいます。このような余事記載や長い書面も感情的な書面と同様、以下に示すとおり、一般に否定的に捉えられています。

> 　論ずべきでない論点に長々と触れ、論ずべき争点にほとんど触れない書面は、バランスを喪失した書面であり、説得力を欠くものとなってしまう。
>
> （前掲民事弁護実務研究会40頁）

> 　内容に見合ったボリュームで。内容が大したことないのに分厚かったら、そこでアウト。（中略）
> 「この内容でこんなに分厚く書いてしまうということは、何でもこうやって内容以外のところで裁判官を惑わせようとする先生なんだな」と思ってしまうので、逆に信頼がなくなるんですよ。だから大した事件でないんだったら薄くていいんです。
>
> （前掲岡口＝中村32頁）

> 　不必要に長大な準備書面に対しては、裁判所からの評価は芳しくありません。一定の複雑困難な訴訟類型を除けば、一般には裁判所に提出する書面の体裁（フォーマット）に従って 10 枚以内にまとめるのが望ましいと考えられ、多少複雑な事件であっても長くても 20 枚以内にまとめることが、読み手にとっての「読みやすさ」の観点からは望ましいといえるでしょう。
>
> （前掲圓道 114 頁）

> 　短い準備書面では、裁判所に十分に理解してもらえないのではないかという不安があることは理解されます。言いたいことはいっぱいあるのでしょう。相手方を弾劾したい事柄も尽きることがないのでしょう。しかし、いかに精緻で高尚な言い分と思うところがあっても、いかに多くを語る必要があるとしても、裁判官の心に響くものでなければ何の意味もありません。ここでは、言い分をすべて書き尽くしたいとの欲求にいかに打ち勝つかが試されているともいえます。裁判所から見ると、事件に応じた適正規模というのがあります。この程度、この内容の事件であれば、この程度のサイズの準備書面というものがあるというわけです。
> 　　　　　（門口正人『民事裁判の要領　裁判官の視点から』
> 　　　　　　　　　　　　　　　青林書院（2016）85 頁）

エ●ある程度依頼者の希望に沿った内容を書面に記載する場合

　前記のとおり、法曹界一般においては、感情的な内容や事件と関係のない事柄が長々と記載されている書面は、デメリットやリスクがあるといわれ、事件処理との関係では、出す必要性がないどころか、有害になることさえあるといえます。

　しかし、そのことを説明しても、なお依頼者が希望するようであれば、ある程度希望に沿った書面にしておいた方がよい場合もあると思われます（極意⑤［依頼者決定］）。というのも、弁護士からすれば、事件の帰趨には影響しないと考える事柄であったとしても、

依頼者にはそう思えないことがあるためです。とりわけこの問題が顕在化するのは、依頼者にとって満足のいく結果にならなかったときです。このような場面で、依頼者から「先生が〇〇について書いてくれなかったから、この裁判は負けた」と言われかねません。この言い分の当否は措くとして、事態がこうなってしまうと、依頼者の希望する事柄を書いたら事件がどうなったかということを証明することができない以上、水掛け論になってしまいます。また、事件が依頼者の満足のいく結果にならなかったとしても、「自分が言うべきだと思うことは言った」と依頼者に納得感を持ってもらうことは重要です。

そこで、事件にさほど関係のない事柄であったとしても、依頼者の希望が強い場合、その記載内容が従前の主張と矛盾したり、むしろ依頼者にとって明らかな不利益になったりしないようであれば、その書きぶりや分量には配慮したうえで、一定程度は記載しておいた方が無難な場合もあると考えられます。

オ ● 明らかに依頼者の不利益になる場合

明らかに依頼者にとって不利益になる場合は、依頼者の希望どおりの内容を記載することは適切とはいえません。この際、頭ごなしに「そのような記載はすべきではない」と伝えると、依頼者は弁護士が自分の意見を聞き入れてくれなかったと感じ、弁護士に悪感情を抱きかねません。そこで、依頼者の希望する内容を記載すると相手方にメリットが生じる（依頼者にデメリットが生じる）と説明する方法が考えられます。依頼者は、相手方が得することは絶対に避けたいと考えるのが通常であるため、このような説明をすると受け入れやすくなるといえます。

> **依頼者の希望する内容を書面に記載しない場合の対応例**
> ・私が相手方代理人の立場だったら、こちらがこのような主張をしてきたら、むしろ〜という形で相手方にとって有利な事情として使うと思います。なので、むしろ〇〇さんにとってマイナスになりかねないので、このようなことは書かない方がよいと思います。

9 依頼者からプライベートな事柄を尋ねられた場合／依頼者に弁護士の個人情報を開示する場合

Case 3-9
　調停の待合室で、異性の依頼者と世間話をしていた際に、依頼者と出身校が同じであることが判明したので、嬉しくなってそのことを依頼者に伝えた。すると、依頼者から「先生はおいくつですか？　どちらにお住まいですか？」などとプライベートな質問を受けることとなった。それ以降、依頼者から事件と関係のない事柄についてメールが送られてくることや食事に誘われることがあり、困ってしまった。

● Keyword　極意①［枠組み］、自己開示

[1] 弁護士の個人的な情報を開示するメリット・デメリット

　カウンセリングにおいては、カウンセラーが自己開示を行うことには効果もあれば危険性もあると考えられています。効果については、カウンセラーの自己開示によって、クライエントが親近感を持つようになり、それがラポール（信頼関係）の形成に貢献する可能性が示唆されています（葛西真紀子＝徳永啓牟「カウンセラーの『適切な自己開示』に関する研究―試行カウンセリングを通して―」鳴門教育大学研究紀要18巻（2003）67-75頁）。一方で、自己開示によって、カウンセラーとクライエントの適切な距離感が崩れてしまうなどの

リスクがあることも指摘されています。したがって、どこまで自己開示するかを自身で決めておき、カウンセラー自身が責任を持てる範囲にとどめるべきであり、特に経験の浅いうちは自己開示をしない方がよいとの意見もあるところです（浜内彩乃『ステップアップカウンセリングスキル集』誠信書房（2024）162-163頁）。

　このことは、弁護士と依頼者との関係性にも一定程度当てはまると考えられます。弁護士が、依頼者の事件内容と類似の経験をしたことがある場合などには、自身の経験を話したいと感じることがあるかもしれません。また、依頼者と時には雑談をすることもあり、住んでいる地域、結婚や子どもの有無、趣味など弁護士のプライベートな事柄に話が及ぶかもしれません。このような場合に、弁護士が自己開示を行うことで、依頼者が親近感を覚え信頼関係の向上に資する可能性がある反面、両者の適切な距離感が崩れてしまうおそれもあるといえます。思わず自己開示しすぎてしまうことを防ぐためにも、どこまでなら開示してもいいかを自身で一度検討してみることは有用ですし、自己開示をしても適切な距離感を保つことができる依頼者かどうかは意識しておくことが重要です。

[2] 開示したくない個人情報を尋ねられた場合

　個人的な情報を開示したくない場合には、弁護士が自ら進んでこれを開示することはないと思われます。しかし、本ケースのように依頼者から尋ねられた場合には何らかの対応をせざるを得ません。この場合の対応は、弁護士の個性や依頼者との関係性などによるところが多分にあるため、どのような対応がよいかを一概に示すのは非常に難しいところです。一つの方法としては、はっきりと「答えられない」と伝えることです。例えば、「事務所の方針で、依頼者さんに弁護士の個人的な情報を伝えてはいけないことになっているので」などと説明することが考えられます。

あるいは、ぼかして答えるという方法もあります。例えば住所を聞かれた際には「事務所からは結構離れた場所に住んでるんですよ」とか「郊外なんです」などと曖昧な回答をするという手があります。曖昧に回答すれば、それ以上は答えたくないという意思表示と受け取るのが普通ですから、さらに突っ込んで聞いてこられることはないはずです。それでも突っ込んで聞かれた場合には、前記の「答えられない」というメッセージを発するほかないと思われます。

[3] プライベートな付き合いを求められた場合

本ケースのように、依頼者から食事に誘われるなどプライベートな付き合いを求められた場合にこれに応じるかは各弁護士や事務所の判断によるところですが、応じる場合には場所の枠（6頁参照）が崩れてしまうことに留意が必要です。また、異性の依頼者と親密な関係になると弁護士倫理上の問題が生じるおそれもあります（6頁参照）。

したがって、枠組みを維持するのであれば、プライベートな付き合いを求められたとしても断るという対応をとらざるを得ません（極意①［枠組み］）。

プライベートな付き合いを断る場合の対応例

・せっかくのお誘いなのですが、職業倫理の観点から、依頼者さんとは事件とは関係ない場でお会いしたり、やり取りしたりしないことにしているんです。

・事務所のルールで、依頼者さんとはプライベートでお会いしてはいけないことになっているので、申し訳ないです。

10 報酬金に対して不満が出た場合

Case 3-10
　事件が終了した際に、依頼者は「ありがとうございました。先生のおかげです」と言ってくれた。しかし、その後、報酬金を請求したところ、態度が豹変して「自分だけでやっても同じ結果になっていたと思うし、こんな報酬金の計算になるとは聞かされていないから、報酬金は払えない」と言われてしまった。

● Keyword　極意④［説明］

[1] あらかじめ報酬金の説明をしておくことの重要性

　報酬金に関して依頼者と揉める典型例は、報酬計算の方法に依頼者が納得しない場合だと思われます。このようなトラブルを防止するには、受任時に報酬計算の方法等について依頼者に説明しておくことに尽きます（極意④［説明］）。経済的利益の算出基準、継続的な支払いが問題となる場合にはその対象期間、定額の報酬金とするのであればその発生条件などを受任時に明確化しておき、報酬金に関してできる限り疑義が生じないようにしておくことが考えられます（105頁以下参照）。また、報酬計算の具体例を示しておくのも有効です。

　さらには、和解又は協議が成立すれば報酬金がどの程度になりそうかについて、成立前のタイミングで依頼者に伝えておいてもよいでしょう。なお、報酬に関して適切に説明をすることは弁護士の義務とされている点にも注意が必要です（基本規程29条1項）。

[2] 報酬請求はなるべく早く

　本ケースのように事件終結時と報酬請求時で態度が豹変するという例は極端かもしれませんが、人の感謝の気持ちは時の経過ととも

に逓減してくのが通常です。そのため、依頼者に気持ちよく報酬金を支払ってもらうためにも、実費の精算等にやみくもに時間をかけることなく、事件終結後なるべく早いタイミングで報酬金の請求を行う方がよいのではないでしょうか。

[3] 値引きに応じるか

　依頼者が報酬金の値引きを要求してきた場合、不合理な内容であればこれに応じる理由はないとも思えます。ただ、いかに不合理な理由であれ依頼者が報酬金を支払ってくれなければ、紛議調停や依頼者に対する訴訟という選択肢を検討しなければならなくなります。このような手続に割く労力や精神的な負担も無視できませんから、どこまでやるのかは最終的には個々の事務所や弁護士の判断によるところが大きいと思われます。

　一方で、委任契約書の定め方が不十分であったために、依頼者が請求された金額に納得しないという場合には、弁護士側の落ち度も否めません。この場合に強引に弁護士がよしとする報酬金を請求すると、反対に依頼者から基本規程29条（受任の際の報酬の説明義務）違反などを主張される可能性もあります。そこで、当該事案では依頼者と協議のうえ合理的な報酬額で合意し、今後は同様のことが起きないように委任契約書の内容を修正するというのも一つの考え方かもしれません。

11 事件の途中で辞任する場合

Case 3-11

　事件の進行に不満を持った依頼者が、弁護士に対して「せっかく金を払っているのに、全く期待どおりの動きをしてくれていない。こんなに役に立たない弁護士だと分かっていたら、始めから依頼しなかった」な

> どと言い出したため、もはや信頼関係を築くことはできないと考え、辞任すると伝えた。すると、依頼者は「事件の途中で辞任するなんて無責任だ！」と怒り出した。

● Keyword　極意④［説明］、極意⑦［辞任］、カスタマーハラスメント、スクリーニング

[1] いかなる場合に辞任すべきか

　どのような状態に至ったら辞任するかについては、事案や弁護士の考え方・許容度などによって異なると考えられます。そのため、全ての弁護士に共通する具体的かつ明確な辞任の基準を示すことはおよそ不可能だと思われます。この点、基本規程には、辞任に関して、「信頼関係が失われ、かつ、その回復が困難なとき」に辞任を含めた適切な措置をとらなければならないとの定めがあります（同43条）。そして、同条について、「依頼者との信頼関係が失われた場合でも、弁護士としては、直ちに辞任するのではなく、その信頼関係の回復に向けて可能な限りの努力をすべきである。」との解説がなされています（日本弁護士連合会弁護士倫理委員会『解説 弁護士職務基本規程 第3版』(2017) 129頁）。この解説を前提とすると、やや抽象的な基準ではありますが、信頼関係が喪失し、できる限りの対応をしたにもかかわらず、その信頼関係が回復困難なときには辞任せざるを得ないということになろうと思われます。

　なお、辞任に対する考え方などについては、第1章（37頁以下。極意⑦［辞任］）に記載していますので、そちらも参照ください。

[2] 辞任の基準を事前に説明しておくことの重要性

ア ●問題行動（カスハラ的な行為）の抑止

　弁護士と依頼者との間で締結する委任契約は、いつでも（何ら特別な事由がなくとも）、どちらからでも解除することができる性質の

契約です（民651条）。とはいえ、弁護士はできる限り委任契約を解除したくないと考えているはずで、辞任するのはやむにやまれぬ場合であろうと思われます。しかし、たとえ断腸の思いで辞任を申し出たとしても、依頼者からは、青天の霹靂とばかりに強い拒絶反応や抵抗を示される可能性があります。そうなると、辞任に苦慮することになります。

そこで、このような事態を避けるために、受任の段階から、どのような事由が生じたら辞任するのかを明確にし、説明しておく方法が考えられます（111頁以下参照。極意④［説明］）。このような前置きによって、不当な行為に及べば辞任の可能性があると依頼者自身に認識してもらうことができ、依頼者による問題行動（カスタマーハラスメント的な行為）等を抑止する効果が期待できます。

イ ● いざというときの辞任のしやすさ

事前に辞任の基準を説明しておくことで、いざ辞任するとなった際に、「事前に説明した辞任の基準に反する行為をあなた（依頼者）がしたので、辞任する」と言いやすくなりますし、依頼者から「そんな理由で辞任になるなんて聞いていない」といった反発を受けるいわれもなくなります。また、弁護士自身が辞任するかどうかを判断する際の指針にもなります。

ただし、前記のとおり、弁護士は直ちに辞任するのではなく信頼関係回復のための努力をすべきとされていることからすると、辞任の基準を事前に説明したからといって、その努力を欠いてよいわけではありません。どのような理由で辞任するかにもよりますが、辞任に至る過程においても、必要な説明を尽くすなどし（揉める可能性があるときは、文字に残す（極意④［説明］））、それでもなお辞任せざるを得ないとなったときに、辞任の基準を持ち出して辞任するという流れが考えられます。

ウ●対応困難者のスクリーニング機能

　受任する際に、辞任の話を持ち出すと、依頼者に忌避されて受任に至らないのではないかという心配を持たれるかもしれません。しかし、辞任に至ることが稀であるということを伝えたうえで、全ての依頼者に当然に説明しているというスタンスで臨めば受任を逃すことは通常はないと考えられます（少なくとも筆者の経験では、辞任に関する事柄を含む重要事項説明書を交付したことで、受任を逃したという経験は一度もありません）。また、何も問題が起きていない受任のタイミングだからこそ、辞任について説明をしておくことに意味があります。これは、現に問題が起きてから辞任について説明をしても依頼者に冷静に聞き入れてもらうことが難しくなるためです。

　万が一、受任時に辞任の話を持ち出したことで依頼者が不満を述べるようであれば、その人は最初から弁護士との間でルールを守ろうという意識が希薄であることがうかがわれるため、受任しない方が無難とも考えられます。つまり、辞任の基準を含む重要事項説明は、対応困難者をスクリーニングする機能も有しているといえます。

［3］辞任のタイミング

　依頼者・相談者との関係を断つのであれば、早ければ早いほど、それに割く気力・労力は少なくて済むのが通常です。すなわち、①相談を断る、②相談を受けた後に受任を断る、③受任後に辞任する、の順でハードになっていくということです。事件処理が進めば進むほど、通常は辞任しづらくなりますが、前記のとおり、弁護士には、信頼関係の回復に向けた努力義務がある以上、実際に辞任に至るのは事件の中盤や終盤ということも少なくないと思われます。

　この点、民法上は、当事者の一方が相手方に不利な時期に委任の解除をしたときは、その当事者の一方は、相手方の損害を賠償しな

ければならない。ただし、やむを得ない事由があったときは、この限りでないと規定されています（民651条2項）。これに関する裁判例として、尋問期日の直前に代理人弁護士が辞任した事案で、裁判所は次のとおり判示して、依頼者の弁護士に対する損害賠償請求を排斥したものがあります。参考になると思われるため、以下に紹介します。

【東京地判平成24年8月9日判タ1393号194頁〔28213942〕】

> 別件訴訟（筆者注：依頼者が弁護士に対して依頼していた訴訟）の進行につれて原告（筆者注：元依頼者）と被告ら（筆者注：弁護士）との間で徐々に考え方の相違が生じ、これが顕著になるに伴い相互の信頼関係が損なわれていたところ、原告による最終打合せの一方的なキャンセルを契機にその信頼関係が決定的に破壊されたことが窺える。尋問の実施に当たっては、被告らがすべての尋問を担当するのであれ、原告と被告らが分担するのであれ、原告と被告らとの間に一定程度の信頼関係が成立していることを要するのは当然であるから、尋問期日の直前であったとはいえ、上記のごとき原告と被告らとの間の信頼関係の状況を踏まえて被告らが辞任することとしたのもやむを得ないものというべきである。
>
> また、（中略）被告らは、別件訴訟につき原告訴訟代理人を辞任することとした後も、これに伴う原告の不利益を最小限度にとどめるべく速やかに別件担当裁判所に働きかけ、その結果、期日の延期こそされなかったものの、別件担当裁判所は訴訟代理人の辞任という事態を踏まえた速やかな対応を取り、原告もこれに応じたものである。
>
> これらの事情を総合的に考慮すると、原告が最終打合せのキャンセル後間もなく被告らに対して自己の態度を詫び、被告らの翻意を求めたことを考慮しても、なお被告らの辞任等は、第2契約（筆者注：訴訟追行の委任契約）上の誠実義務に違反するものとはいえず、また、「やむを得ない事由」（民法651条2項）があったと認められる。

[4] 辞任の伝え方

　契約の解除は、単独行為つまり一方的な意思表示のみで法律効果が発生します（ただし、民事法律扶助の場合は、三者契約となっており、日本司法支援センターの承認が必要となります）。そのため、辞任すると決め、依頼者から何を言われようと翻意することがないのであれば、回りくどい表現よりは、端的に「辞任します」と伝える方がよいと考えられます（メールや書面で伝える場合も同様です）。「辞任させてもらいたい」と依頼者の同意を求めるような表現や、「辞任したい」と弁護士の願望のような表現を用いてしまうと、辞任の意思が明確に伝わらないおそれがあります。

[5] 辞任・解任後の処理

　辞任又は解任等により委任契約を途中で終了させる場合であっても、それで終わりというわけにはいきません。預かっていた書類の返却、事件関係書類の交付などの後処理を行う必要があります。また、法的手続をとっている事件であれば、事件番号・係属部・担当書記官・次回期日の日時などの情報をまとめた書面を交付しておくことも重要です。

　辞任や解任の場合、依頼者は少なからず弁護士に対してマイナスの感情を抱いていますから、事後の処理に不十分な点があると、通常以上にトラブルが生じやすいといえます。前掲平成24年東京地判で、辞任後に弁護士が依頼者の不利益を最小限にとどめるような行動をとったことが考慮されていることからも分かるように、事後処理は早期かつ丁寧に行うべきと考えられます。

　また、裁判所や事件の相手方に辞任する旨を伝える必要がありますが、辞任の理由を伝えると守秘義務違反になりかねないため注意が必要です。

[6] 委任契約の中途終了の場合に着手金を返金すべきか

　辞任・解任等により委任契約が途中で終了した場合には、着手金を返金すべきかが問題となることがあります。まず、委任契約が途中で解除となった場合には理由のいかんを問わず着手金の返還は行わない旨の規定については、依頼者が非事業者の場合には消費者契約法に基づき無効とされる可能性があることは前記のとおりです（109頁以下参照）。

　では、一般的な委任契約書のひな形に見られる「事件処理の程度に応じて全部若しくは一部の返還を行う」旨の規定であった場合はどうでしょうか。この点に関して、以下では、元依頼者が弁護士に対して着手金の返還を求めた訴訟をいくつか概観してみることとします。

ア●着手金を一部返金すべきとされた事例
【東京地判平成17年3月23日判時1912号30頁〔28110199〕】

> ア　次に、被告（筆者注：弁護士）は、原告（筆者注：元依頼者）から本件委任の着手金として250万円を受領している（中略）ところ、訴訟委任に伴う着手金は、弁護士への委任事務処理に対する報酬の一部前払の性質を有するものであり、委任契約が受任者である弁護士の債務不履行によって解約されたときは、原則として既払の着手金は返還されるべきであるが、解約されるまでに委任の趣旨に沿う一定の事務が処理されている場合には、当初予定された事務全体に対する処理済みの事務の割合やその内容に照らし、これに相当する額は返還を要しないと解するのが相当である。
>
> イ　そこで、本件委任の解約までに被告が行った事務処理に相当する報酬額について検討するところ、被告が、前任者であるA弁護士らから資料等を引き継ぎ、別件訴訟を遂行するに当たって必要な事実調査や証拠収集を相応の時間や労力を費やして一定程度行おうとしていたことは窺

われる。他方、被告が行ったと主張する事実調査や証拠収集の活動の具体的な目的、内容やその結果を、被告は原告に対して説明しておらず、また、本件各証拠によっても明らかではないこと、本件委任の後の約1年半の間に被告が裁判所に提出した書面（中略）は極めて簡単な内容に止まっており、被告が行ったと主張する事実調査や証拠収集の活動の成果がこれに反映されているとは到底考えられないこと、また、この間に、被告は、具体的な主張立証活動をほとんどしておらず、別件訴訟が和解により解決したのは、専らそれまでのA弁護士らが行った訴訟活動に加え、本件委任の解約後に原告が自ら行った訴訟活動の成果であると考えられることなど、本来、被告に期待されていた訴訟活動が十分なものではなかったことのほか、事案の内容、事務処理の性質及び程度並びに被告の労力に照らすと、被告が原告に対して請求できる報酬は、多くとも原告自身も支払義務を認めている100万円を超えるものではないと判断するのが相当である。

　以上によれば、被告は、原告に対し、着手金250万円から100万円を控除した残額150万円を返還すべき義務があるというべきである（以下略）。

【東京地判平成14年3月29日判時1795号119頁〔28072702〕】

　(3)　これに対し、被告（筆者注：弁護士）は、着手金は原則として主要な委任内容である提訴ないし調停申立てが行われれば、返還の必要がないというべきであり、何らかの事情で精算義務が発生した場合にも、その最も重要な業務がどの程度行われていたかでその金額の妥当性を判断すべきであると主張する。

　確かに、個々の事務の受けるべき報酬の評価が、その性質や難易度によって異なるのは当然である。しかし、一般に弁護士に事件処理を委任する契約における着手金は、委任事務処理の結果のいかんにかかわらず、弁護士に依頼された事件が、判決、和解成立、調停成立ないし調停不成立等により、何らかの解決に至るまでの間の事務処理に対して支払われる報酬の前払であると解されるから、提訴や申立てが行われただけ

で、重要な委任事務は履行されたとして着手金の全部ないし大部分を弁護士が受領できると解するのは相当でない。
(4)　本件では、前記前提となる事実によれば、被告は原告（筆者注：元依頼者）と数回打合せをした上、6頁からなる調停申立書を作成して、豊島簡易裁判所に調停を申し立て、その後4回にわたって調停期日に出席し、調停事務を行ったことが認められるところ、事案の内容、事務処理の性質及び程度並びに被告の労力等にかんがみ、被告が原告に対して請求できる報酬は50万円と認めるのが相当である。
5　したがって、被告は、原告から受領した着手金199万円から50万円を差し引いた149万円につき、法律上の原因なくして利得しているものと認められるから、これを原告に対して返還する義務を負うというべきである。

イ●着手金を返金する必要がないとされた事例

【東京地判令和4年9月13日公刊物未登載（令2（ワ）31858号）〔29074243〕】

　被告（筆者注：弁護士）は、原告（筆者注：元依頼者）との間で本件委任契約1を締結してから原告に解任されるまで約2年間にわたり、同契約に基づき、原告の代理人として、本件不動産の任意売却又は持ち分の買取りに関する交渉や、前訴における訴訟活動を行っており、格別委任の趣旨に反する言動があったことを認めるに足りる証拠はない。これに加えて、認定事実(1)のとおりの着手金の額（筆者注：32万4000円）を踏まえると、被告が原告に対し着手金の全部又は一部を返還すべき義務があるとは認められない。

【東京地判平成23年11月8日公刊物未登載（平22（ワ）40927号）】

　被告（筆者注：弁護士）は、本件委任契約に基づいて、原告（筆者注：元依頼者）からa事務所での面談又は電話による相談を受け、離婚慰謝料の金額や不貞の証拠収集方法等について助言し、調停の申立書を作成し、

原告がA（筆者注：原告の夫）と話し合った内容に沿った合意書を作成したのであって（被告は、Aと直接交渉をしたことはなかったが、それは原告の意思によるものであった。）、一定の業務の遂行を行っていたものと認められるから、本件着手金（筆者注：42万円）は上記業務の対価として得た報酬というべきである。

したがって、被告は、本件委任契約を解除したことによって、本件着手金の不当利得返還義務を負うものではない。

【大阪地判平成20年4月21日判タ1286号163頁〔28150224〕】

ア　前記認定事実（2）によれば、被告ら（筆者注：弁護士）は、原告（筆者注：元依頼者）の代理人として、①本件紛争の実態を把握するため、原告関係者からの事情聴取を複数回にわたって実施したこと（中略）、②係争物件が存在する岡山市内まで出向いて、本件建物の内部、外部及び建物周辺の土地について調査をしたこと（中略）、③Aストアが賃料減額の主要な論拠とする同社提出の私的鑑定書に対して専門的見地から反論を加えるため必要な準備をしたこと、具体的には面接等を行って原告側の私的鑑定人として適切な人物を選任した上、同鑑定人と複数回にわたって打ち合わせを行い、私的鑑定書を完成させたこと（中略）、④調停の進行状況に応じて、以上①ないし③の準備を適宜行ったうえで、文献調査等を行い（中略）、答弁書及び準備書面を作成、提出し、合計4回の調停期日に出廷したこと（中略）、以上の事情が認められる。

これらの被告らの活動を見れば、被告らは、本件が長期間の賃貸借契約関係を背景に生じてきた紛争であることに留意して、昭和51年の賃貸借契約当初から現在に至るまでの契約に関する原告関係者への詳細な事実聴取を行った上、賃料減額請求に関する判例、文献の収集分析を行い、特にAストアが主張の根拠とする賃料鑑定書の弾劾及び原告の私的鑑定書の作成に尽力し、さらにはAストア及び原告の財務・経営状況の観点からも賃料減額の必要性がない旨を主張するなど、本件紛争に関する原告の代理人として、通常要求される事務処理を十分に行っていたと評価できる。

イ　次に、本件紛争で問題となっている経済的利益の大きさについて検討する。Ａストアの当初の賃料減額の意思表示がそのまま容れられた場合、原告は、年間で1億8000万円の賃料収入の減額という打撃を被ることになる（中略）。これを前提に、従前の日本弁護士連合会が定めた報酬規程に準拠した被告らの法律事務所独自の報酬規程で本件の経済的利益を算出した場合、賃料減額請求事件では、減額請求分の7年分の額を経済的利益とするから、本件の場合は1億8000万円×7年で、12億6000万円となる。そして、同報酬規程では、事件の経済的利益が3億円を超える場合には、経済的利益×2%＋369万円が標準の着手金額となるから、本件では12億6000万円×0.02（2%）＋369万円で、標準の着手金額は2889万円となる。

　しかし、本件では、賃料減額請求事件の場合、調停が早期に成立する場合があるし、調停不調になってからも、賃借人が賃貸借当事者間の今後の人間関係を考慮して訴訟提起までせずに、そのまま事態が推移する場合がままあるなどの事情を踏まえ、原告と被告らの間で、着手金800万円に源泉税187万5000円及び消費税49万3750円を加えた総額を1036万8750円とすることで合意した（中略）。この金額は、前記の報酬規程にしたがって算出した標準的な着手金額に比して、約3分の1強程度の低額である。

　したがって、本件紛争の経済的利益の大きさの観点からみても、本件の着手金額が、不相当に高額ということはない。

ウ　このように、本件の事務処理の内容と事件の経済的利益の大きさに鑑みると、本件着手金が高額に過ぎるということはない。原告は、被告らの事務処理を50万円相当にすぎないと評価するが、到底採用できない。したがって、被告らの事務処理は着手金全額に見合うものだったと評価できるから、被告らは着手金の返還義務を負わないというべきである。

ウ●まとめ

　以上の裁判例を前提にすると、弁護士が実際に受け取った着手金の額、弁護士が行った事務処理の内容・程度、当該事件の経済的利益の大きさなどを踏まえて、着手金の返金の要否及び返金額が決せ

られるものと解されます。最終的には、訴訟の結果、着手金の返金の必要性なしと判断される可能性はありますが、元依頼者との間で紛議調停や訴訟を行う労力や精神的負荷を考慮して、これらを避けるべく、元依頼者と協議の上、着手金の一部又は場合によっては全部の返還を行うという選択をする事務所（弁護士）もあり得ると思われます。

第 3 章

よりよい弁護士業務とストレス改善のために

第1節

理論編

1 ストレスフルな弁護士業務

[1] 様々な場面に潜むストレス要因

　辛い出来事や腹の立つ出来事等があった際にストレスを感じるというのは誰しも経験することですが、実はポジティブな出来事であってもストレスが発生することが分かっています。この点に関して、日本の企業に勤める労働者1,630名を対象として、各種のライフイベントにおけるストレス度を数値化した調査研究があります。その結果は次頁の表のとおりです。

　この表からは、「結婚」「妊娠」「自分の昇進・昇格」「個人的成功」など一般的にポジティブと思われる出来事であっても一定のストレスが発生することがうかがえます。また、全65項目のうち、「仕事上のミス」「収入の減少」など仕事に関する事柄が約30項目にのぼっています。このことから、労働者にとって仕事に関する出来事が相応のストレス要因となっていることが分かります。弁護士の場合、働き方の裁量が比較的大きいと考えられることから、企業に勤める労働者が仕事上感じるストレスとは異なる点もあるかもしれません。とはいえ、弁護士も同様に一日の相当な時間を仕事に費やしているのが通常ですから、弁護士にとっても仕事上の出来事が、ストレスのかなりの部分を占める可能性は十分あると思われます。また、「離婚」や「自分の病気・怪我」など仕事以外の事柄については、そのまま弁護士に対しても当てはまるのではないでしょうか。そこで、まずは、様々な場面にストレス要因が潜んでいるということを認識していただきたく、この表を紹介することとしました（言うまでもなく、この表に挙げられていないような日常的な些細な

勤労者のストレス得点

順位	ストレッサー	得点	順位	ストレッサー	得点
1	配偶者の死	83	34	引っ越し	47
2	会社の倒産	74	35	住宅ローン	47
3	親族の死	73	36	子供の受験勉強	46
4	離婚	72	37	妊娠	44
5	夫婦の別居	67	38	顧客との人間関係	44
6	会社を変わる	64	39	仕事のペース、活動の減少	44
7	自分の病気や怪我	62	40	定年退職	44
8	多忙による心身の過労	62	41	部下とのトラブル	43
9	300万円以上の借金	61	42	仕事に打ち込む	43
10	仕事上のミス	61	43	住宅環境の大きな変化	42
11	転職	61	44	課員が減る	42
12	単身赴任	60	45	社会活動の大きな変化	42
13	左遷	60	46	職場のOA化	42
14	家族の健康や行動の大きな変化	59	47	団欒する家族メンバーの大きな変化	41
15	会社の建て直し	59	48	子供が新しい学校へ変わる	41
16	友人の死	59	49	軽度の法律違反	41
17	会社が吸収合併される	59	50	同僚の昇進・昇格	40
18	収入の減少	58	51	技術革新の進歩	40
19	人事異動	58	52	仕事のペース、活動の増加	40
20	労働条件の大きな変化	55	53	自分の昇進・昇格	40
21	配置転換	54	54	妻（夫）が仕事を辞める	40
22	同僚との人間関係	53	55	職場関係者に仕事の予算がつかない	38
23	法律的トラブル	52	56	自己の習慣の変化	38
24	300万円以下の借金	51	57	個人的成功	38
25	上司とのトラブル	51	58	妻（夫）が仕事をはじめる	38
26	抜擢に伴う配置転換	51	59	食習慣の大きな変化	37
27	息子や娘が家を離れる	50	60	レクリエーションの減少	37
28	結婚	50	61	職場関係者に仕事の予算がつく	35
29	性的問題・障害	49	62	長期休暇	35
30	夫婦げんか	48	63	課員が増える	32
31	新しい家族が増える	47	64	レクリエーションの増加	28
32	睡眠習慣の大きな変化	47	65	収入の増加	25
33	同僚とのトラブル	47			

（夏目誠＝村田弘「ライフイベント法とストレス度測定」公衆衛生研究42巻3号（1993）404頁より抜粋）

出来事もストレス要因となります)。

[2] 弁護士の主なストレス要因

　前記のとおり、人は様々な場面においてストレスを感じるものですが、ストレスフルといわれる弁護士の職務上の主なストレス要因(ストレッサー)としては、以下のような事柄が考えられます。

ア●高度の専門性とそれに対する依頼者の期待

　弁護士には、法律の専門家として高度の専門性を有していることが求められます。そして、依頼者は、弁護士に専門家としての知識や経験があることを期待し、依頼をします。この依頼者の期待は、弁護士にとって励みになる反面、時にはプレッシャーやストレスになることがあります。特に完璧主義傾向が強い弁護士ほど、依頼者からの期待がストレスに繋がりやすいといえます。この点に関しては、完璧主義の精神的健康への影響について多くの研究がなされており、完璧主義と抑うつ、不安、強迫症状、摂食障害など様々な精神的不適応との関係が指摘されています(中野敬子ほか「完璧主義の適応的構成要素と精神的健康の関係－日本語版 Dyadic APS-R 完璧主義質問表による検討－」跡見学園女子大学文学部紀要 45 号(2010)76頁)。

イ●業務の責任、仕事量

　弁護士が扱う業務は、定型的に処理できるものは少なく、明確な答えがないような難しい問題に直面することもあります。そのため、弁護士にかかる責任や負担は大きくなりがちです。また、依頼が立て続けに入り、仕事量が一気に増えることもあります。このような業務の責任や仕事量の増加とストレスとの関係性について、カラセック(Karasek, R)という心理学者が提唱したストレスモデル

（下図参照）があります。

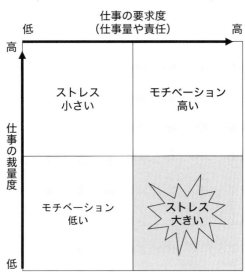

（Karasek Jr, R. A. (1979). Job demands, job decision latitude, and mental strain: Implications for job redesign. Administrative science quarterly, 24, pp. 285-308. を基に筆者作成）

　この図のとおり、要求度（仕事量や業務の責任）が高くとも、仕事の裁量度が高ければ、高いモチベーションを持って仕事をしやすいことが分かります。難しい事件を前に「やってやるぞ」という気持ちになることがありますが、それはこのモデルから説明が可能です。これに対して、要求度が高い一方で裁量度が低い場合には、ストレスが大きくなります。
　弁護士の場合、比較的裁量度が高い業務が多いと考えられることから、ある程度の仕事量増加や業務の責任があっても、一概に大きなストレスに繋がるとまでは言いがたいかもしれません。しかし、依頼者からの事細かな要求に応じなければならない場合や、ボスの

判断に全て従わなければならない場合など裁量度が低い環境にあると、大きなストレスとなり得ますので、注意が必要です。また、いくら裁量度が高くとも、仕事量が多いことにより長時間労働となれば、後記エのとおり、メンタル不調に繋がり得る点には気を配る必要があります。

ウ●依頼者との関係（感情労働と共感疲労）

　日常業務のなかで依頼者が感情的になることがあります。弁護士は、対立当事者がいる紛争性のある案件を取り扱う以上、依頼者が対立当事者に対して怒ったり、悲しんだりする場面を目にするのは日常茶飯事といっても過言ではありません。また、依頼者から業務内容に不満をぶつけられたり、高圧的な態度で理不尽な要求をされたり、あるいは依頼者からすがられたりすることもあると思われます。このような依頼者の感情を目の当たりにしたとき、多くの弁護士は、自身の感情は抑えつつ依頼者の感情を落ち着かせるような何らかのアクションをとるのではないでしょうか。

　職務上、自分の感情を抑制しながら相手の中に適切な精神状態を作り出すことを目的とした業務のことを「感情労働」といいます。その代表例としては、看護師や介護士等が挙げられますが、弁護士の行う業務も感情労働の側面を多分に含んでいると考えられます。そして、感情労働は、自分の真の感情と職務上要求される感情とのギャップによって、心をすり減らし、ストレスを生むといわれています。

　また、依頼者の苦難や困難を見聞きし、弁護士が共感したり思いやりを持ったりすることによって、弁護士自身が経験した出来事ではないにもかかわらず、心理的な疲労やストレスが引き起こされることがあります。このような現象を「共感疲労」といいます。

エ●長時間労働（過重労働）

弁護士は、個人事業主が多く、また法人化していたとしても働き方としては個人事業主とさほど変わらないことも少なくないことから、業務時間や業務環境は比較的自由な場合が多いように思われます。この点は弁護士のメリットといえますが、その反面、長時間労働になりやすい側面があります。事実、「正社員」「非正規」「自営業」「会社役員」を分けて、1週間当たりの実労働時間を調査したところ、「60時間以上」の就業者の割合は、男女ともに「自営業」が最も高いとの結果が出ています（厚生労働省「令和4年度 我が国における過労死等の概要及び政府が過労死等の防止のために講じた施策の状況」令和5年版過労死等防止対策白書（2023）108頁）。そして、労働時間が長くなるにつれて、「うつ病・不安障害の疑い」がある者及び「重度のうつ病・不安障害の疑い」がある者を合わせた割合が増加するとの結果が出ています（同110頁）。この点に関して、長時間労働は典型的な過重労働であるところ、長時間労働に伴って睡眠時間が減少することによりメンタル不調の発生頻度が高まるとの指摘もあるところです（島悟「過重労働とメンタルヘルス―特に長時間労働とメンタルヘルス」産業医学レビュー20巻4号（2008）171-172頁）。

オ●事務所内の人間関係

統計上、弁護士数1名の事務所が全体の61.8％を占め、次いで2名の事務所が17.3％であることからすると（日本弁護士連合会「弁護士白書2023年版」（2024）53頁）、多くの弁護士にとって勤務する事務所の構成人数は少数であると思われます。

弁護士1名の事務所であれば、事務職員を雇用していたとしても、事務所内の人間関係によるストレスは、さほど大きくないかもしれません。これに対して、弁護士2名以上の事務所の場合は、業

務の進め方等を巡る価値観の不一致、上下関係による問題、経費の負担割合等の経済的な問題などによって、ストレスが生じる可能性があります（反面、複数の弁護士がいることで、弁護士同士で業務をサポートし合ったり、悩みを共有したりすることで、ストレスの軽減に繋がる側面もあります）。

　カ●経営の問題

　自身で事務所を経営している弁護士であれば、売上のことや事務所運営の問題など、弁護士としての本業以外の事柄について、経営者として頭を悩ませることもあるのではないでしょうか。売上のために、本来は受任を躊躇するような仕事を受けざるを得ないとか、辞任したいけれども辞任できないといったことや、事務所スタッフの採用や育成等について悩みを抱いていることもあるかもしれません。このような経営上の問題やそれに付随する様々な事柄がストレスとなり得ます。

[3] ストレス要因を自覚するメリット

　前記のとおり、一般的に弁護士の職務に関するストレス要因と考えられるものは色々ありますが、自分にとって何がストレスなのかを把握するだけで（できれば紙に書き出すことで）、気持ちが整理されることがあります。ストレスへのアプローチ方法（ストレスコーピング）については、192頁以下で説明していますが、ストレス要因を把握することはストレスコーピングの出発点であり、どのようなアプローチをとるのが適切かを検討するうえで役に立ちます。

2 弁護士業務のストレスがメンタル不調に繋がるプロセス

　ここまで弁護士の主なストレス要因について見てきましたが、仕事上のストレスとメンタル不調の関係については、米国労働安全衛生研究所（NIOSH）で提唱された「職業性ストレスモデル」（下図参照）が参考になります。

| 職業性ストレスモデル |

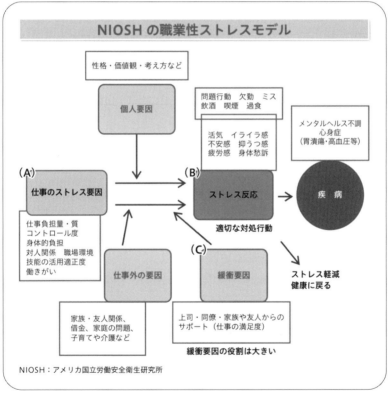

（厚生労働省＝独立行政法人労働者健康安全機構
「Selfcare こころの健康気づきのヒント集」（2019）5頁）
https://www.mhlw.go.jp/content/000561002.pdf

このモデルでは、「仕事のストレス要因」（A）が生じた場合、そこに個人の性格や価値観などの「個人要因」や家庭の問題などの「仕事外の要因」が加味されることで、「ストレス反応」（B）が引き起こされることが示されています。もっとも、周囲のサポートなどの「緩衝要因」（C）があれば、ストレス反応は軽減されることとなります。また、ストレス反応が引き起こされた場合に、長期間にわたって適切な対処行動をとらなければ、うつ病や適応障害などの疾病（メンタル不調）へと繋がり得ることも示されています。

　このストレスモデルは弁護士にも当てはまり、弁護士も業務上のストレス要因によってストレス反応が出て、さらにはメンタル不調に陥ることがあります。そのため、できる限り、業務上のストレス要因を除去・軽減しつつ、ストレス反応が生じた場合には、コーピング等（192頁参照）により疾病に繋がらないような対策をとることが重要です。そして、時には、緩衝要因として、同期、同僚、先輩・後輩あるいは弁護士会等のサポートを得ることも有用です。

　また、このストレスモデルを見ると「個人要因」（性格等）がストレス反応の有無・程度に影響を与えていることが分かります。すなわち、同じような業務上の問題が生じたとしても、人によって、それをストレスに感じる人もいれば、感じない人もいますし、引き起こされるストレス反応も異なります。したがって、メンタル不調に陥っている同僚等に対して「自分も同じような経験をしたけど、耐えられたから、あなたも頑張れるはず」などというような安易な励ましを行うと、その人を追い込んでしまうおそれがあるので注意が必要です。

③ ストレスを弁護士業務に活かす

[1] ストレスの効能

　ここまで弁護士のストレス要因やそれがメンタル不調に繋がる流れなどを見てきました。これだけを見ると「ストレス＝悪」「ストレスはできる限りない方がいい」という印象を持たれるかもしれません。しかし、ストレスは必ずしも悪いものとはいえません。身近な例でいうと、何としてでも今日中に書面を仕上げないといけないという事象（ストレス要因）を前にして、むしろ集中力が上がったというような経験をしたことがある弁護士も多いのではないでしょうか。

　このような現象のことを「ヤーキーズ・ドットソンの法則」といい、マウスを用いた実験によって実証されています。この法則では、パフォーマンスはストレスレベルが上がるにつれて向上し、ストレスが最適なレベルを越えると再び低下することが示されていま

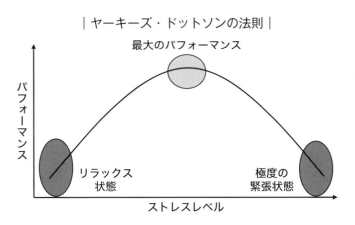

| ヤーキーズ・ドットソンの法則 |

（Yerkes RM, Dodson JD. *The relation of strength of stimulus to rapidity of habit-formation.* Journal of Comparative Neurology and Psychology. 1908; 18(5): pp. 459-482. を基に筆者作成）

す（前頁の図参照）。これは、適度なストレスがかかっている状況下においては、ノルアドレナリンという集中力や積極性を高めてくれる物質が分泌されることによる結果だと考えられています。

ストレス学説の提唱者であるハンス・セリエ（Hans Selye）は、「ストレスは人生のスパイスである」との言葉を残していますが、適度なストレスは、生きていく活力を生み出すために必要なものといえそうです。

[2] 辛い体験から得られるもの〜心的外傷後成長〜

適度なストレスとは言いがたい、非常に辛いストレスフルな出来事に遭遇した場合であっても、そのことをきっかけとして、人間として心が成長していくことがあります。このことを「心的外傷後成長」といいます。具体的には、①他者との関係にまつわる成長（思いやりを持てるようになるなど）、②新たな可能性への意識変容（自分の身に起きたことをきっかけとして、新たな行動を起こすようになるなど）、③人間としての強さへの自覚（自分が思っていた以上に強い面があることを自覚し、自信が持てるようになることなど）、④精神性的な変容（魂や霊、精神性、人間の力を超えた神秘的な事柄などについて以前より受け入れることができるようになるなど）、⑤人生に対する感謝（平凡な毎日や生きていることそのものに対して、改めて感謝の念が生まれることなど）が生じるといわれています（宅香菜子『悲しみから人が成長するとき－PTG』風間書房（2014）29-37頁）。

[3] ストレスをどう捉えるかが重要

ストレスをどのように捉えるかによって、ストレスを完全なる悪者にするか否かが変わってきます。どのような出来事が起こったかよりも、その出来事をどのように捉え、どう評価するかが精神的な健康にとっては重要であるともいえます。

この点に関し、大学生を対象とした調査研究では、ストレスを肯定的に認知する者は、ストレス反応として表出される「不安・不確実感」や「うつ気分・不全感」が顕著に低いことが明らかとなることが示されています（樋山雅美ほか「大学生におけるストレスの肯定的認知と精神的健康の関連」関西大学臨床心理専門職大学院紀要 8 巻（2018）11-19 頁）。このことから、「ストレスは私を強くするものである」とか「適度なストレスは自分を成長させる」などストレスに意味づけをすることが重要だと考えられます。

　とはいえ、極めて辛い出来事に直面したような場合には、ストレスを肯定的に捉えることは現実的には困難です。もっとも、そのような場合でも、起こった出来事に徐々に向き合っていくなかで、人と話すことなどを通じて、その出来事が自分の人生にとってどのような意味を持つのかを自分なりに整理、理解することによって、前記の心的外傷後成長に繋がり得るとの指摘もあります（前掲宅 74-98 頁）。「艱難汝を玉にす」（人は多くの苦しみや困難を経て初めてりっぱな人間となるとの意）との言葉がありますが、ストレスフルな辛い出来事がきっかけとなって、人間としての成長に繋がることもあると思われます。

[4] ストレスに関する知識を得る意義

　前記研究では、ストレスを肯定的に認知する者は、ストレス反応やストレッサー（ストレス要因）、コーピング（ストレスに対処するための行動）など、ストレスに関する知識を多く有していることも明らかになっています。ストレスに関する知識の増加によってストレスマネジメントを有効に実践できるようになり、ストレスへの対処が自信に繋がった結果、ストレスへの肯定的な認知を醸成するに至ることが示唆されています（前掲樋山ほか 17 頁）。

④ 心のしなやかさ（レジリエンス）を高めるには

[1] レジリエンスとは

　近年、ビジネスの世界などでも注目されるようになっている概念として「レジリエンス」という言葉があります。アメリカ心理学会では、このレジリエンスを「とりわけ精神的、感情的、行動的な柔軟性と、外界や自己の要求への適応を通し、困難や、困難な人生経験にうまく適応するプロセス及びその結果」と定義していますが、一般的にはストレスを受けたときの「精神的回復力」や「心のしなやかさ」を指す言葉として用いられることが多いと思われます。

　レジリエンスを説明する際に、強風に吹きつけられる木の例えが用いられることがよくあります。木に対して強風が吹きつけられた際、木にしなやかさがなければ、強風に耐えきれずに木は折れてしまいます。一方で、木にしなやかさがあれば、強風に煽られてたわみながらも、その木は最終的には元の姿に戻ることができます。人の心も同じで、強いストレスにさらされると、落ち込んだり、心が乱されたりしますが、そこから時の経過とともに回復することがあります。この回復する力こそが「レジリエンス」です。

[2] レジリエンスを高める方法

　アメリカ心理学会は、レジリエンスを育む方法として、①他者との関係性を築くこと、②危機を乗り越えられない問題であるとは捉えないこと、③変化を生活における一部分として受容すること、④目標に向かって進むこと、⑤断固とした行動をとること、⑥自己発見の機会を求めること、⑦自分に対してポジティブな認知を持つこと、⑧事実を全体像のなかで捉えること、⑨希望に満ちた見方をすること、⑩自分自身を大切にすることを挙げています。

我が国においても、不安定な社会のなかで自らライフキャリアを築き上げるための方法として、次の3ステップが提唱されています。すなわち、(i)思わぬ苦境に陥ったとき、まずは気分や感情に巻き込まれずに今の自分に向き合い、受け止める（これにはマインドフルネス（219頁以下参照）が有効）、(ii)仕事以外の趣味や活動に積極的に取り組み複数の生活領域をバランスよく保ち、長期的視野から自身の体験を振り返り、今できることを積極的に行う（空間や時間軸の認知を拡げることで、今の捉え方を相対化する）、(iii)将来に肯定的な希望を抱き、先々の見通しを立てながら継続的に対応しようとする（単なる裏付けのない楽観的思考ではなく、これまでの体験に基づいた自身のレジリエンスを自覚したうえで、具体的な行動をもって対処する）の3ステップです（小塩真司ほか『レジリエンスの心理学』金子書房（2021）101-104頁）。

　前記(ii)に関連して、自衛隊員16,358名を対象とした調査研究において、身体活動（運動と日常生活活動）がレジリエンスの向上に有用となり得ることが指摘されています（小島令嗣「身体活動とレジリエンスの関連―自衛隊員における検討―」厚生の指標65巻2号（2018）15-21頁）。また、この研究では、身体活動がレジリエンスを高める機序として、脳内の神経ペプチドなどを介した直接的効果と、運動を通じて友人が獲得され、友情や絆が醸成されて社会的支持が向上することや、競技スポーツへの参加は、目標ができるとともに適度なストレスとなってレジリエンスが強化されることが示唆されています。

　弁護士の場合、定時・定休というものが実質的にないような事務所では、日夜休みなく仕事をするという例もあるようですが、メンタルヘルスの観点からは、定期的に運動をするなどの余暇の時間をとって、仕事と適当な距離を取ることが重要といえます。

[3] 年齢・経験を積み重ねることでレジリエンスが高まる可能性

　15歳から99歳までの日本人18,843名を対象とした調査研究において、年齢とともに緩やかにレジリエンスが向上していくことが示されています（上野雄己ほか「日本人のレジリエンスにおける年齢変化の再検討-10代から90代を対象とした大規模横断調査-」パーソナリティ研究28巻（2019）91-94頁）。弁護士も年齢が上がるにつれて、経験を積み重ねていくことになりますが、その過程で少しずつレジリエンスが高まっていくことが期待できるといえそうです。

5 弁護士のためのストレス対策

[1] ストレス対策の基本～コーピングとは～

　187頁で説明したとおり、ストレス要因が発生した際に、適切に対処しなければ、最終的にはうつ病や適応障害などのメンタル不調を引き起こすおそれがあります。そのため、適切な対処を講じることが重要です。

　ストレスに対して適切に対処することをコーピングといい、コーピングの分類については、いくつかの考え方がありますが、本書では、大別して、①問題焦点型、②社会的支援探索型、③認知的再評価型、④情動処理型、⑤ストレス解消型の5つに分類する方法を紹介します（①②を合わせて「問題焦点型」、③④を合わせて「情動焦点型」と分類されることもあります）。

> ① 問題焦点型コーピング（問題を根本的に解決する）
> 　ストレス要因自体にアプローチして、ストレス要因そのものを除去・軽減させるなどして解決を図ろうとする方法です。例え

ば、業務過多がストレス要因となっている場合に受任をセーブするという方法や、特定の依頼者との関係性がストレス要因となっている場合に、当該依頼者との委任関係を終了させる（辞任する）という方法がこれに当たります。

② 社会的支援探索型コーピング（第三者の協力や助言を得る）

ストレス要因となる出来事を上司・同僚・家族・友人など第三者に相談して、協力や助言をもらう方法です。アドバイスに基づいて対処行動をとるという点で①問題焦点型コーピングに繋がる面があり、辛い状況を信頼できる人に話すことで気持ちが楽になるという点で④情動処理型コーピングに繋がる面もあります。例えば、業務過多がストレス要因になっている場合に、上司や同僚に相談して、効率的な業務の仕方をアドバイスしてもらったり、業務の一部を分担してもらったりすることなどがこれに当たります。

③ 認知的再評価型コーピング（肯定的な捉え方をする）

ストレス要因そのものにアプローチするのではなく、問題に対する考え方や感じ方を良い方向（前向き）にすることで対処しようとする方法です。一般にポジティブシンキングなどと呼ばれています。例えば、業務でミスをしてしまったことがストレス要因となっている場合に、「この程度のミスの段階で気付けて良かった」とか「この経験が将来の糧になるはず」などと肯定的な捉え方にすることがこれに当たります。

④ 情動処理型コーピング（第三者に話を聴いてもらう）

自身の感情を第三者に話し、聴いてもらうことで、気持ちの整理や発散をしていく方法です。不満や怒り、悲しみなどの負の感情を抱いた際に、誰かに話して感情を外に表出するタイプと、誰にも話さずに感情を自分の心の中に抑圧するタイプがありますが、前者の方が精神的健康にとっては良いといわれています。この点に関して、感情表出の制御を多く行うことは精神的健康において望ましくないことを示唆する研究結果もあるところです（崔

京姫＝新井邦二郎「ネガティブな感情表出の制御と友人関係の満足感および精神的健康との関係」教育心理学研究 46 巻 4 号（1998）432-441 頁）。

⑤ **ストレス解消型コーピング（楽しいこと・心地よいことをする）**

ストレスを感じた後（ストレス反応が生じた後）に、それを発散・解消する行動をとることでストレスを軽減させる方法です。例えば、買い物や運動などで気分転換を図るといった方法（気晴らし型）やアロマテラピー、マッサージ、瞑想などでリラックスするといった方法（リラクゼーション型）がこれに当たります。ストレス解消型コーピングの方法は大小様々なものが考えられるため、自分なりのコーピングを複数持っておくことは有用です。

[2] 職業性ストレスモデルとコーピングの対応関係

185 頁で見た NIOSH の職業性ストレスモデルを簡略化すると次図（筆者作成）となります。

| 職業性ストレスモデル（簡略版） |

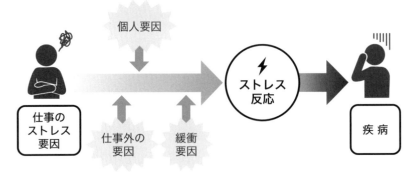

前記のとおり、コーピングには複数の種類がありますが、それぞ

れ職業性ストレスモデルの各項目に対してアプローチする部分が異なります。①問題焦点型コーピングは、「ストレス要因」そのものにアプローチして、ストレス要因を除去・軽減することを目的とします。②社会的支援探索型コーピングは、上司・同僚・家族・友人などのサポートを得るものですから、「緩衝要因」として機能することになります（その結果、ストレス要因の除去・軽減に繋がることあり得るため、ストレス要因へのアプローチの側面もあります）。③認知的再評価型コーピングは、問題に対する考え方や感じ方を良い方向（前向き）にすることから、「個人要因」の一つである「考え方」にアプローチをしていくものといえます。④情動処理型コーピングは、第三者に話を聴いてもらい、気持ちの整理などをする方法ですから、「個人要因」にアプローチする側面と、第三者の協力を得るという意味で「緩衝要因」としての側面もあるといえます。⑤ストレス解消型コーピングは、ストレス反応が生じた後に、それを発散・解消する行動をとるものですから、「ストレス反応」にアプローチしているといえます。

このように、各コーピングには様々な作用があることから、複数のコーピングを用いて、疾病（メンタル不調）に至ることを食い止めることが重要です。

[3] 複数のコーピングを組み合わせることの重要性

現代人は様々なストレスにさらされており、多くの人にとってストレス要因は一つではなく複数あります。そのようななかで、ストレス対策として一般に講じられているのは、ストレス解消型コーピングではないでしょうか。

もっとも、前記のとおり、ストレスに対処する方法（コーピング）は、ストレス解消型以外にもあり、しかもそれぞれアプローチするポイントが異なります。また、一つのコーピングの型の中にも

様々な方法が考えられます。多様なストレス状況に直面しやすい現代社会においては、手持ちのコーピングを複数用意しておき、ストレス要因に合わせて、柔軟に複数のコーピングを組み合わせて対処していくことが重要といえます（コーピングは「質より量」という考え方もあります）。

また近年では、カウンセラーや介護職等の人を援助する側の「セルフコンパッション」（自分自身に対して思いやりを持つこと）という概念が注目されています。この背景には対人援助職自身の心身が疲弊してしまっている実態があるためです。弁護士も対人援助職といえるため、ぜひ自分自身に思いやりを持って、種々のコーピングを取り入れるなどしていきたいところです。この点に関しては、セルフコンパッションが高い人ほど、困難な出来事が生じても適応的なコーピングを用いやすいとの指摘もあります（宮川裕基＝谷口淳一「セルフコンパッション研究のこれまでの知見と今後の課題―困難な事態における苦痛の緩和と自己向上志向性に注目して―」帝塚山大学心理学部紀要第5号（2016）9-88頁）。

[4] 弁護士の利点を活かした問題焦点型コーピング活用術

複数のコーピングを組み合わせることが重要であると説明しましたが、ストレス要因そのものを変えることができるのであれば、問題焦点型コーピングが有用との考えがあります。例えば、特定の依頼者との関係性がストレス要因になっている場合に、辞任等の方法によりその依頼者との関係が消滅すればストレス要因自体がなくなるという場面を想像すれば分かりやすいでしょう。この点に関して、対人場面におけるストレスには、情動焦点型（認知的再評価型や情動処理型）に比べ、問題焦点型の方がよりストレス反応を減少させるという結果を報告する研究もあります（京角幸祐＝石川健介「問題焦点型、情動焦点型、回避・逃避型コーピングによるストレスへ

の影響」日本心理学会大会発表抄録集84巻（2020）82頁）。

　ただし、問題焦点型以外のコーピングが不要という意味ではなく、そのほかのコーピングも組み合わせることが重要です。例えば、気晴らしが少ない状態で問題焦点型コーピングを行うと1年後にはストレス反応が上昇するのに対し、気晴らしを多く行ったうえで問題焦点型コーピングをとると1年後のストレス反応が低下することを示す研究結果もあるところです（島津明人『新版　ワーク・エンゲイジメント　ポジティブ・メンタルヘルスで活力ある毎日を』労働調査会（2022）145頁）。

　一般に、業務上の出来事が原因でストレスが生じた際に、その業務に関する裁量や決定権が小さいなど、ストレス要因自体を変えることが難しい場合には、問題焦点型コーピングを用いることは困難といえます。その点、弁護士は、一般に業務の裁量が大きく、働き方の自由度も高いため、業務上の問題がストレス要因となっている場合には、問題焦点型コーピングを用いてストレス要因の除去・軽減を図りやすい特性があるといえます。

　他方で、弁護士であっても、事務所のルールが厳格に定められているなどして、働き方や業務に対する決定の自由度が低い場合もあるかもしれません。このような場合には、確かに業務上の個々のストレス要因に対して問題焦点型コーピングを用いることは難しいといえます。しかし、そのことが原因でストレスが溜まる一方ということであれば、もはやその事務所の存在そのものがストレス要因になっているともいえそうです。そうであれば、事務所の移籍や独立といった形の問題焦点型コーピングをとることも一考の余地があります。弁護士のような資格職は、事務所の移籍（転職）や独立のハードルが比較的低いという利点がありますから、この点もコーピング戦略において活かすことができるのではないでしょうか。

　本章冒頭で、弁護士はストレスフルと述べましたが、弁護士の職

務の特性を踏まえると、業務上のストレスに対処しやすい側面も多分にあると思われます。

[5] 4つの幸せホルモンの効果と出し方

ストレス対策に関連して、4つの「幸せホルモン」(セロトニン、オキシトシン、βエンドルフィン、ドーパミン)が近年注目されています。それぞれのホルモンの主な効果と出し方は次表のとおりです。ホルモンは目に見えるものではありませんが、ストレス解消型コーピング等のストレス対策を行う際には、幸せホルモンが出ているというポジティブなイメージを持ってみてもよいのではないでしょうか。

| ホルモンの主な効果と出し方 |

ホルモン	主な効果	主な出し方
セロトニン	・精神を安定させる ・睡眠の質を向上させる ・ストレスを軽減する	・太陽の光を浴びる ・リズム運動 ・笑顔になる
オキシトシン	・優しい気持ちになる ・不安感を緩和させる ・ストレスを軽減する	・家族や友人等との交流 ・好きなことをする ・やわらかい素材に触れる
βエンドルフィン	・気分を高揚させる ・鎮痛効果 ・ストレスを軽減する	・有酸素運動 ・入浴、サウナ ・好きな物を食べる
ドーパミン*	・やる気を出す ・集中力を高める ・気分を前向きにする	・目標を達成する ・好きなことをする ・運動

(筆者作成)

*ドーパミンは、アルコール、ギャンブル、薬物などでも出ることから、これらによってドーパミンが大量に放出されると依存症の原因となり得る点には注意が必要です(227頁参照)。

6 過重労働の危険性

[1] 弁護士に潜む過重労働リスク

　過重労働とは、一般に長時間労働や休日出勤などが原因で労働者の心身に大きな負荷がかかる働き方を指します。

　弁護士は働き方の自由度が高いことから、いつでも、どこでも仕事ができるという面がある一方で、いつでも、どこでも仕事をしなければならないという状態に陥りやすい面もあります。これは弁護士を対象としたアンケート（回答数620件）ですが、年間の休日につき8割以上休めると回答した割合は、経営者弁護士が45％、勤

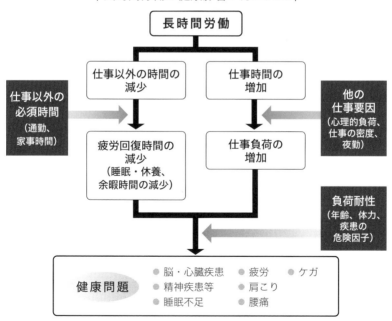

|長時間労働の健康影響メカニズム|

（岩崎健二「長時間労働と健康問題－研究の到達点と今後の課題－」
日本労働研究雑誌50巻6号（2008）40頁）

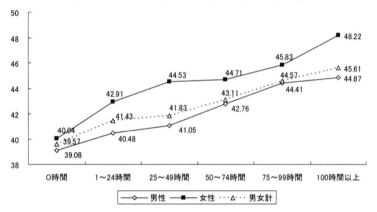

|抑うつ傾向得点と超過労働時間の関係|

(労働政策研究・研修機構「日本の長時間労働・不払い労働時間の実態と実証分析」
労働政策研究報告書22巻（2005）43頁）

務弁護士が55％となっています。また、仕事を自宅へ持ち帰る弁護士の割合については、子がいる弁護士が66％、子がいない弁護士は51％という結果が出ています（第17回弁護士業務改革シンポジウム第9分科会「今の働き方に不安はありませんか？　弁護士のワークライフバランス～子育て・リタイアメント／メンタルヘルス～」(2011)）。このことから、約半数の弁護士が土日祝日も一定程度業務を行い、また平日も仕事を自宅に持ち帰っていることがうかがえます。

　弁護士という職業は、働き方の自由度が高い反面、働き過ぎになるリスクをはらんでいるという点には留意が必要です。

[2] 過重労働が心身に及ぼす影響

　労働時間の長さと心身の健康は一定の関連性があるといわれています。これは、前頁の図が示すとおり、労働時間が増えると、仕事の負荷が増える一方で、睡眠時間や仕事以外の余暇に割ける時間が

減り、疲労を回復させる機会が少なくなることによるものと考えられます（単純な仕事の時間の長短のみならず、精神的プレッシャーの程度、仕事量、通勤時間などその他の要因も影響します）。

長時間労働と抑うつ状態の関係を調査した研究では、前頁の図のとおり、時間外労働が長くなればなるほど抑うつ傾向が強まっていくことを示すデータもあります。

[3] 過重労働は伝染しやすい

事務所によっては、深夜までの長時間労働が事務所の風土として当たり前のようになっていたり、場合によっては美化したりするような風潮が見られることがあるようです。この点に関して、上司が働きすぎていれば、部下も同様に働き過ぎになるということを示す研究結果が存在します（松山一紀＝櫻井映海「上司の働きぶりが部下に対して与える影響―上司の仕事中毒は部下に感染するのか―」評論・社会科学145巻（2023）1-17頁）。

法律事務所の場合、事務所で働く弁護士の数が少数であることが一般的であるため、この傾向はより顕著に表れるかもしれません。つまり、勤務する弁護士にとって、他の弁護士の働きぶりを直接見る機会はわずか数名の上司や同僚しかないことが通常であり、その上司等が深夜や休日にも働くような状況であれば、それが当たり前のように感じ、自身もワーカホリック（過度に一生懸命に強迫的に働く傾向）になる可能性があると考えられます。過重労働を苦にせず、むしろそれが生きがいになっているような場合はよいかもしれませんが、そうではない場合（過重労働により心身が疲弊している場合）には、自身が働く事務所の当たり前が本当に他の事務所でも当たり前なのか、ひいては働き方そのものを再考してみてもよいと思われます。

なお、前記研究では、上司がいきいきと働いていれば、部下も同

様の働きぶりになることも示されており、ワーカホリックといったネガティブな面のみならず、ポジティブな面も伝染すると考えられます。

[4] 働きすぎてはダメなのか

ア●いきいきと仕事ができるか〜ワーク・エンゲイジメント〜

　他者からは過重労働に見えるのに、まるでそれを楽しむかのごとくいきいきと働いている人を見聞きしたことはないでしょうか。このような人を見ると、一概に働き過ぎがリスキーであるとはいえないような気もします。その一例として米国の起業家であるイーロン・マスク氏が挙げられます。イーロン・マスク氏の労働時間については、週当たり80時間から100時間（時には120時間超）などといわれていますが、これが事実だとすれば、日本の基準でいえば過労死ラインを優に超える働き方です。しかし、おそらくイーロン・マスク氏は自らの意思でこのような精力的な働き方をしていると思われます。このような働き方に関連して、近年「ワーク・エンゲイジメント」という概念が注目されています。

　ワーク・エンゲイジメントとは、仕事に関連するポジティブで充実した心理状態で、活力、熱意、没頭の3つの要素によって特徴づけられます。この点に関して、①仕事から活力を得ていきいきとしている（活力）、②仕事に誇りとやりがいを感じている（熱意）、③仕事に熱心に取り組んでいる（没頭）といった状態にあるほど、労働生産性が高くなったり、仕事中の過度なストレスや疲労を感じにくくなったりするといった調査結果があります（厚生労働省「令和元年版 労働経済の分析－人手不足の下での『働き方』をめぐる課題について－」(2019) 170-204頁）。そのため、ワーク・エンゲイジメントが高ければ、精力的に仕事に取り組むことができると考えられます。

ただし、そうだからといって過重労働のリスクが払拭されるわけではないという点には留意が必要です。前記調査においても、ワーク・エンゲイジメントの高い状態にあった者がワーカホリズムの状態に陥りやすい傾向にあることが示されており、ワーカホリックな労働者を称えるような職場環境を見直し、労働時間の質を向上させることの重要性が指摘されています（前掲厚生労働省 204-206 頁）。
　また、人の体力には遺伝的な要素があり（村上晴香「運動行動・運動能力の遺伝率」体力科学 65 巻 1 号（2016）89 頁）、やる気や集中力でさえ遺伝の影響を受けることを示す研究結果もあります（橘玲『無理ゲー社会』小学館新書（2021）113 頁）。そのため、誰しもが超人的な働き方をすることができるとは限りません。著名人やハードワークな同業者などの激烈な働き方を見習って、自身も同じような働き方をしたところ、心身を病むといった結果とならないよう注意が必要です。

イ●仕事に見合う報酬が得られるか〜努力-報酬不均衡モデル〜

　仕事を行う目的として、報酬の多寡を無視することはできないと思われます。このような点に着目したのが「努力―報酬不均衡モデル」という理論です。これは、仕事において費やす努力と、そこから得られる報酬がつりあわない状態（高努力なのに低報酬の状態）をストレスフルとする考え方です。
　ここでいう報酬には、経済的な報酬（金銭）だけでなく、心理的な報酬（仕事から得られる満足感や他者からの評価により得られる自尊心など）やキャリアに関する報酬（仕事の安定性や昇進）も含まれます。したがって、業務量が多く忙しい状態（過重な労働状態）であるにもかかわらず、それに見合う経済的な収入が得られず、依頼者やボスから褒められもせず、仕事が不安定であったり、キャリアアップに繋がらなかったりすると、弁護士は大きなストレスを抱える

ことになります。翻って、一定の過重労働状態にあったとしても、それに見合う報酬が得られる場合には、さほどストレスを感じることなく意欲的に業務を行うことができる可能性もあるといえます。

column

営業時間、依頼者対応時間、労働時間の違い

多くの法律事務所は対外的な営業時間を定めているはずです。しかし、実際は営業時間外にも起案等の仕事をする弁護士が多いのではないでしょうか（反対に、営業時間内であっても、仕事はしないという日もあるかもしれません）。そのため、営業時間と労働時間は必ずしも一致しないといえます。

そして、本書では、時間の枠を守るうえでは、依頼者対応をする時間帯は無限定にならない方がよいことを説明しています。例えば、弁護士が夜間や休日に仕事をしたとしても、依頼者への電話やメールはしないという場合もあり得るということです。そうすると、依頼者対応時間と労働時間が一致しない場合があるといえます。一方で、現実的には営業時間だけしか依頼者対応をしないとすると、スムーズに事件処理を進められないことがあり、営業時間を超えて依頼者対応せざるを得ない場合もあると思われます。

以上を踏まえると、一般的には、営業時間≦依頼者対応時間≦労働時間という関係が成り立つといえそうです。このように、営業時間、依頼者対応時間、労働時間は一致しないことがあり、必ず一致させる必要もないといえます。この点に関して、営業時間はあってないがごとき状態で長時間労働を行い、依頼者対応時間と労働時間が一致している事務所（営業時間＜＜＜依頼者対応時間＝労働時間）もあるかもしれませんが、場合によってはこれらを分けて考え、それぞれの最適な時間を見直してみてもよいのではないでしょうか。

7 休憩・休暇の重要性

[1] 座りすぎのリスク

　仕事中、休憩をとらずに座りっぱなしの状態が続くと、心身に悪影響を及ぼしかねません。日本人の勤労者を対象とした調査研究では、男性の場合、1日の座位時間が6時間未満の群と比べて、12時間以上の群ではメンタルヘルス不良が2倍以上多くなっていたことを報告するものがあります（甲斐裕子ほか「日本人勤労者における座位行動とメンタルヘルスの関連」体力研究114巻（2016）1-10頁）。そのほかにも、一日の総座位時間の多寡が総死亡リスクに及ぼす影響について検討した海外の研究では、WHOにより推奨されている身体活動量があったとしても、1日の総座位時間が11時間以上の成人は4時間未満の成人に比べて、総死亡のリスクが1.40倍高くなることなどが報告されています（岡浩一朗「座り過ぎを減らすー健康教育の新しい視座ー」日本健康教育学会誌23巻2号（2015）69-70頁）。

　このように、座りすぎには弊害があることから、30分ごとに2分間立ち上がって身体を動かす休憩を取ることを推奨する意見もあります（ジェニファー・ハイズ『神経科学が解き明かした「心の不調」のリセット法　うつは運動で消える』ダイヤモンド社（2022）212頁）。弁護士にとってデスクワークは必須といっても過言ではないことから、座った状態での作業が多くなりがちですが、意識的に休憩をとって、座りすぎにならないように注意したいところです。また、近年では、座りすぎによる健康リスクを踏まえて昇降式デスク（スタンディングデスク）を導入している事務所もあります。

[2] 仕事外の余暇の重要性～リカバリー経験～

ア ● リカバリー経験とは

平日の仕事が終わった後の時間や休日は、仕事から離れることができる時間です。近年、仕事の時間以外の時間の過ごし方として、「リカバリー経験」という概念が注目されています。リカバリー経験とは、就業中のストレスフルな体験によって生起した急性ストレス反応や、それらの体験によって消費された心理社会的資源を、元の水準に回復させるための活動のことをいいます。端的にいえば、「休み方」のことを指す概念で、ストレス解消型コーピング（194頁参照）の一種と考えられます。このリカバリー経験は、次の4種類で構成されるといわれています。

> ① **心理的距離**：仕事から物理的にも精神的にも離れている状態であり、仕事のことや問題を考えない状態のこと（例：仕事のことを忘れる）。
> ② **リラックス**：心身の活動量を意図的に低減させている状態のこと（例：くつろいでリラックスする）。
> ③ **熟達**：余暇時間での自己啓発のこと（例：新しいことを学ぶ）。
> ④ **コントロール**：余暇の時間に何をどのように行うかを自分で決められること（例：自分のスケジュールは自分で決める）。

（島津明人『新版 ワーク・エンゲイジメント ポジティブ・メンタルヘルスで活力ある毎日を』労働調査会（2022）138-139頁）

イ ● リカバリー経験の効果

日本人の労働者を対象とした調査研究において、次図のとおり、リカバリー経験が多いほど、心理的ストレス反応や身体愁訴（身体的疲労）が低く、仕事のパフォーマンスが高まることを示すものがあります。すなわち、仕事と適度な距離をとり、自らの意思で、リ

| リカバリー経験の効果 |

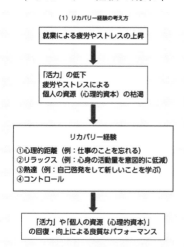

(厚生労働省「令和元年版 労働経済の分析―人手不足の下での『働き方』をめぐる課題について―」(2019) 255頁) https://www.mhlw.go.jp/stf/wp/hakusyo/roudou/19/19-1.html

ラックスできる時間を持ったり、新しいことを学ぶ時間をとったりすることによって、心身の負担が軽減し、また休み明けの仕事のパフォーマンスを高めることに繋がるといえます。翻って、休養をとることなく働き詰めの状態がいかにメンタルの面でも仕事のパフォーマンス面でも良くないかということがお分かりいただけるのでは

ないでしょうか。そして、このことは、休日の休み方だけでなく、平日の仕事が終わった後の休み方についても当てはまります。人間の気力・体力は有限ですから、余暇の時間にしっかりと気力等を充填することが重要といえます。

[3] 仕事との距離の取り方～オフの時の仕事との付き合い方～

　前記の図によれば、リカバリー経験のうち、リラックス、熟達（余暇時間での自己啓発）、コントロール（余暇時間を自分で決められること）は、いずれもワーク・エンゲイジメント（仕事に対するポジティブで充実した心理状態。202 頁参照）を高めることが示されています。

　一方で、心理的距離（仕事から物理的にも精神的にも離れている状態）については、ワーク・エンゲイジメントを高める結果は示されていません。この点に関して、仕事とどの程度心理的に距離をとることが、メンタルヘルスやワーク・エンゲイジメントの向上に繋がるかを調査した研究において、次のような結果が示されています。すなわち、メンタルヘルスは仕事との心理的距離が大きいほど良好になるのに対して、ワーク・エンゲイジメントは、心理的距離が中程度の時に最も良好であり、低くても高くてもワーク・エンゲイジメントは低下するという結果が示されています（前掲島津 141-142 頁）。このことは、長期休暇によって心身のリフレッシュができる一方で、仕事に対する熱意や意欲が下がってしまう場合があることをイメージすると分かりやすいのではないでしょうか。

　メンタルヘルスとワーク・エンゲイジメントのバランスを図るべく仕事との最適な距離感を探るうえで、次のような方法が提案されています。この方法は、弁護士にも示唆に富むものと考えられるため、引用し紹介します（以下、前掲島津 142-143 頁より引用）。

第一のポイントは、オフの時に仕事で気になることが出てきた時への対処方法です。このような時には、気になることを手帳やメモ帳などに書き出すことをお勧めします。これを「不安の外在化」と言います。気になることを忘れようと努力することは、気になることを「忘れているか忘れていないか」常に確認する作業を脳内で引き起こし、かえって不安を高めます。ですので、気になることが出てきたら、いったん頭の中のメモリーから、頭の外のメモリーに書き出すことが有用です。

　第二のポイントは、オフの時間が終わりかける時の過ごし方です。週末でしたら日曜日の午後以降、夏休みや年末年始などの連続した休暇でしたら最終日などが相当します。これらの時間に、翌日から始まる仕事のことをイメージし、何をどのように進めるか計画を立てるのも一案です。休日前の嫌な（ネガティブな）こと、やり残したことよりも、良かった（ポジティブな）こと、達成できたことを中心に振り返ることが、休日明けの意欲の向上につながります（中略）。オフの時間に仕事のことを思い出すこと自体は悪いことではありません。何を思い出すかが、健康で生き生きとした生活を目指すうえで重要だと言えるでしょう（中略）。

（島津明人『新版 ワーク・エンゲイジメント ポジティブ・メンタルヘルスで活力ある毎日を』労働調査会（2022）138-139頁）

8 睡眠の重要性

[1] 睡眠とメンタルの関係性

　不眠や睡眠不足などの睡眠の問題とメンタルヘルスは密接に関係しています。睡眠時間と抑うつの関連を示した調査研究は多数あり、5時間未満の睡眠しかとっていない者は抑うつ得点が最も高いのに対し、7～8時間の睡眠をとっている者の抑うつ得点が最も低かったとする研究結果や、睡眠時間が6時間以下の者は強い抑うつ状態を示したとする研究結果などが報告されています（三島和夫「労働者のメンタルヘルスと睡眠問題」産業医学ジャーナル46巻6号

(2023）73 頁)。

　また、睡眠時間だけでなく、睡眠の質も重要です。この点に関して、睡眠習慣が悪い人ほど、精神的健康度が良好でないことを示す研究結果があります（堀内雅弘＝小田史郎「大学生の睡眠状況とメンタルヘルスの関連―性差による検討―」北翔大学北方圏生涯スポーツ研究センター年報2号（2011）75-80頁)。寝る前にスマホやパソコンの画面を見ない、夕方以降のカフェイン摂取を控える、寝酒をしない、寝る1時間ほど前に40度前後の入浴をする、朝日を浴びるなど睡眠の質を向上させる方法は複数あります。睡眠の質が低下していることに自覚していない人も一定数いるといわれていますので、自分は大丈夫と思っている人も今一度睡眠の質に目を向けてみてはいかがでしょうか。

　なお、睡眠時間が極めて短くて足りるショートスリーパーという概念があります。しかし、5時間未満の睡眠時間で自覚的に問題なく過ごせていた人の割合は100人当たり0.7人（0.7％）しかいなかったという調査結果があり、より精密な客観的評価を行えばその数はさらに減るとの指摘があります（前掲三島73頁)。つまり、現実的には極めて短時間の睡眠で足りる人はかなり稀といえそうです。

[2] 弁護士の利点を活かした睡眠戦略

　推奨される睡眠時間は26～64歳では7～9時間ですが、少なくとも6時間以上の睡眠時間を維持することで日中の眠気と疲労感が改善し、ストレスを感じにくくなり、うつ状態に至るリスクを減らすことができるといわれています（厚生労働省こころの耳「15分でわかる働く人の睡眠と健康」9頁)。この点に関して、弁護士を対象としたアンケート調査では、睡眠時間は5～6時間と回答した割合が最も多いという結果が出ています（第17回弁護士業務改革シンポジウム第9分科会「今の働き方に不安はありませんか？　弁護士のワークラ

イフバランス〜子育て・リタイアメント／メンタルヘルス〜」(2011))。したがって、多くの弁護士は、厚生労働省の推奨する最低限の睡眠時間さえ確保できていない可能性があるといえます。

　確かに、多忙を極める弁護士にとって十分な睡眠時間の確保は困難な側面があるかもしれません。しかし、自分自身を守り、またクオリティの高い業務を行っていくためには睡眠時間の確保は極めて重要です。弁護士の場合、通常は働き方の自由度が高いはずで、出勤時間や退勤時間が厳密に定められていない事務所も多いと思われるため、どうしても睡眠不足で辛いというときは、早めに退勤するとか遅めに出勤する、あるいは仮眠をとるなどして睡眠時間を確保するというのも一案です。睡眠不足をおして業務を行っても業務効率が下がりますし、ミスも増えるため、悪循環に陥るおそれがあります。そのため、睡眠不足による疲労を感じたときは、思い切って早めに仕事を切り上げてその日は早めに寝てしまって、スッキリした状態で翌日からの業務に取り掛かるという方法をとってみてもいいのではないでしょうか（そのようなことが許容されない事務所環境なのであれば、事務所の移籍等を検討するのも弁護士にとってのコーピング戦略の一つです（197頁参照））。

[3] 不眠の場合の注意点

　睡眠不足の場合は、前記のとおり睡眠時間を確保するための方策をとれば問題を解消することができます。一方で、不眠の場合は、眠りたくても眠ることができないといった状態であるため、問題の性質が異なります。不眠症状には、主に、①入眠障害（寝つきが悪い）、②中途覚醒（眠りが浅く途中で何度も目が覚める）、③早朝覚醒（早朝に目覚めて二度寝ができない）がありますが、複数の症状が合併している場合もあります。そして、このような不眠症状と日中の不調が週に3日以上あり、それが3か月以上続く場合は慢性不眠

症、3か月未満の場合は短期不眠症と診断されることとなります。

　不眠症状に加えて、興味の喪失や意欲減退、食欲低下等がみられる場合には第一にうつ病を疑うべきであるといわれているなど、不眠症状と精神疾患とは密接な関連性があります（前掲三島74-76頁）。不眠が続く場合には、放置することなく、精神科や心療内科などの専門医にかかることが重要といえます。

9　運動習慣とメンタルヘルスの関係

　運動によってストレス発散するというのは一般的によく行われる方法で、これはストレス解消型コーピング（194頁参照）の一種といえます。運動とメンタルヘルスの関係については複数の研究があり、例えば、職業性ストレスが多い状態であっても、余暇に身体活動を行っていれば抑うつが少ないことを示す研究（甲斐裕子ほか「職業性ストレスに着目した余暇身体活動と抑うつの関連性についての検討」体力研究107巻（2009）1-10頁）、週に1～2回程度の有酸素トレーニングの実施が精神的健康度を改善することを示す研究（中原（権藤）雄一ほか「低頻度の有酸素トレーニングが精神的健康度に与える影響」体力研究111巻（2013）1-7頁）、低強度・短時間（10分間）のストレッチ運動の実施がストレス反応軽減や気分の改善をもたらすことを示す研究（永松俊哉ほか「低強度・短時間のストレッチ運動が深部体温、ストレス反応、および気分に及ぼす影響」体力研究110巻（2012）1-7頁）などがあります。これは、運動によってセロトニンやドーパミンなどの神経伝達物質が分泌され、これらがメンタルヘルスに良い影響を与えることによるものと考えられています（198頁参照）。

　運動習慣というと、スポーツや筋トレあるいはジョギングなどを連想しがちですが、前記のとおり、ストレッチ運動のような低強度

かつ短時間の運動であってもメンタルヘルスに良い影響を与えることが示されています。運動習慣がない場合には、軽度の運動からでも日常生活に取り入れてみるとよいのではないでしょうか。

10 食事とメンタルヘルスの関係

[1] メンタルヘルスに良い食事

　家族や友人と楽しく食事をとることは、それだけでストレス解消型コーピング（194頁参照）になります。さらに食事の内容に目を向けると、果物、野菜、全粒穀物（玄米等の精白していない穀物）、魚、オリーブ油、低脂肪乳製品を多く摂取することでうつ病リスクを有意に下げることが明らかになったとする研究結果があります（永岑光恵『はじめてのストレス心理学』岩崎学術出版社（2022）135頁）。

　近年では、生物にとって重要な器官である脳と腸がお互いに密接に影響を及ぼし合うことを示す「脳腸相関」という言葉も注目されています。これは、不安や緊張を感じると、おなかが痛くなりトイレに行きたくなったり、旅行などで環境が変わると便秘になったりする場合があることを考えるとイメージしやすいかもしれません。翻って、腸内環境を整える食事はメンタルヘルスに良い影響を与えると考えられており、発酵食品等によって腸内細菌叢の変化を生じさせることが、うつ病や不安症に対するアプローチになる時代が到来する可能性が示唆されています（松岡豊＝浜崎景「食からメンタルヘルスを考える―栄養精神医学の役割と可能性―」精神神経学雑誌118巻12号（2016）887頁）。

　また、食事の際に咀嚼することもメンタルヘルスに良い影響を与えるといわれています。咀嚼のリズムや、それによって表情筋が緩

むことで、副交感神経の働きが高まり、自律神経が安定するといった効果が期待されています。ガムを嚙むことで、疲れが感じられにくくなり、不安感が低くなるなどの心理的に良い効果がもたらされることを示す研究もあるところです（投石保広ほか「ガム咀嚼が自覚的覚醒度に及ぼす効果」日本咀嚼学会雑誌3巻1号（1993）23-26頁）。

　弁護士の場合、多忙であることや、昼休憩などの時間が明確に定められていないことなどが相まって簡易な食事で済ませてしまいがちかもしれませんが、心身の健康のためには意識的に食事に目を向けて、時にはゆっくりと食事をとることも重要といえます。

[2] メンタルヘルスを悪化させるおそれのある食事

　一方、メンタルヘルスに悪影響を与えると考えられている食品もあります。例えば、加工食品、ファストフード、菓子を多く摂ると、うつ病の危険率が高まる可能性が指摘されています（前掲松岡885-886頁）。

　また、お酒（アルコール）に関しては、かつては、適量飲酒は健康に良いとされていましたが、現在では、健康のためには全く飲まない方がよいといわれています。メンタルヘルスとの関係でいうと、アルコールは、絶望感、孤独感、憂うつ気分を増強し、自身に対する攻撃性を高め、死にたい気持ちを行動に移すのを促進し、自殺以外の対処策を講じられなくなるといった心理的変化をもたらすことが指摘されています（松下幸生＝樋口進「アルコール関連障害と自殺」精神神経学雑誌111巻10号（2009）1194頁）。アルコール・うつ・自殺は「死のトライアングル」と呼ばれるほど密接に関連しています。業務においてストレスフルな出来事が生じた際に、飲酒によって気を紛らわすという行為は手軽なストレス解消型コーピング（194頁）のように思えますが、このような行為にはリスキーな側面があるという点に留意が必要です。

11 考え方・捉え方にアプローチしてストレス軽減～認知行動療法～

[1] 考え方・捉え方の重要性

　前記の職業性ストレスモデル（185頁参照）を見ると分かるように、何らかのストレス要因が生じたとしても、個人の考え方次第で、ストレス反応の現れ方は異なります。ストレスを肯定的に認知する人は、ストレス反応として表出されるうつ気分等が顕著に低いことを示す研究結果もあります（189頁参照）。

　このように、ストレス要因となる出来事が生じた際に、それをどのように捉えるかは、メンタルヘルスと密接に関係します。ストレスへの対処法であるコーピングの分類でいえば、問題に対する考え方や感じ方を良い方向（前向き）にすることで対処しようとする「認知的再評価型コーピング」（193頁参照）がこれに当たります。以下では、物事の考え方・捉え方を適応的な内容とするうえで、一人でもできる方法を2つ紹介したいと思います。なお、精神疾患がある場合には、実施に当たっては医師の判断に従ってください。

[2] コラム法（認知再構成法）

　メンタルに負荷がかかると、自分の感情をうまく整理できなくなることがあります。このような場合に、自分の心を整理するためのセルフワークとして使うことができる「コラム法」という技法があります。これは、認知行動療法の技法の1つで、頭の中に浮かんだ考え（自動思考）を整理し、気分を改善し、バランスの取れた考え方に修正していくものです。考え方を柔軟にするツールと捉えていただいてもよいかもしれません。

　コラム法のやり方やツールは色々ありますが、ここでは、汎用性を考えて、厚生労働省のウェブサイトからダウンロードすることが

可能な以下の7つのコラムを用いることとします。

(参考：https://www.mhlw.go.jp/bunya/shougaihoken/kokoro/dl/03.pdf)

【コラム表（自動思考記録表）】

① 状況	
② 気分（%）	
③ 自動思考	
④ 根拠	
⑤ 反証	
⑥ 適応思考	
⑦ 今の気分（%）	

【コラム表の使用法】

① 状況の欄には、最近、辛い気持ちになったときの具体的な出来事を書きます。
② 気分の欄には、その状況に対して自分が感じた気分を一言で記載します。気分とは、不安、憂うつ、怒り、悲しい、不安など一語で表現できるものです。気分は複数挙げて構いません。また、その気分のレベルを0～100%で記載します（100%は今まで生きてきたなかで最大の気分の数値を示します）。
③ 自動思考の欄には、その状況において頭に浮かんだことを自由に記載します。
④ 根拠の欄には、自動思考を裏付ける根拠を記載します。客観的な事実のみを書き出すようにし、事実の解釈や想像を書くことは避けます。
⑤ 反証の欄には、自動思考に反する事実を挙げていきます。いかに多くの反証を挙げることができるかがポイントになります。自動思考と矛盾することはないか、自動思考以外の考え方ができないかを検討してみましょう。
⑥ 適応思考の欄には、④根拠と⑤反証を踏まえて、自動思考に代わる

視野を広げた考えを記載します（無理に前向きなことを書く必要はなく、自分が楽になる考えを書いてください）。根拠と反証を「しかし」で繋いで考えてみると、見つけやすいかもしれません。また、次のようなポイントに着目しながら、考えてみてもよいでしょう。

【客観的視点】
・仮に家族や友人が、同じようなことで悩みを感じていたら、どのようなアドバイスをしますか？
・自分がその悩みを持っていることを家族・友人が知ったら、どのようなアドバイスをしてくれると思いますか？

【過去の経験】
・過去の経験の中に、いま抱いているその考えが完全に正しいわけではないことを示す出来事はありませんでしたか？
・これまで同じような状況になったとき、どのようなことを考えたら気分が楽になりましたか？
・以前の経験から学んだことで今回役に立ちそうな考えはありませんか？

【冷静な視点】
・悪い事柄ばかりが気になっていませんか？　自分の中に、あるいは状況の中に見逃している事柄（事実）はありませんか？
・自動思考と矛盾する事柄（事実）はありませんか？
・自分ではどうしようもない事柄について自分を責めていませんか？
・数年後、今の自分にどんなメッセージを送りますか？

⑦　今の気分の欄には、⑥まで記載した後、今どのような気分なのかを②と同様に記載してみます。②と同じ数値であっても、逆にひどくなっていても特に問題はありません。偽りのない自分自身の気分を記載してください。

※より簡易に、①②③のみを記載する3コラム法や、①②③⑦を記載する5コラム法という方法もあります。

つづいて、弁護士に起こり得るストレスフルな架空事例を想定して、このコラム法をやってみることとします。当然、様々な事案が

あり、人によって生じる気分も思考も異なりますので、以下で示すものはあくまで一つのサンプルにすぎず、正解があるわけではないという点に留意ください。

【コラム表（自動思考整理表）サンプル】

① 状況	依頼者から「私の思い通りの結果になっていない。支払っている費用に見合う結果を出すのがあなたの仕事だろ。あなたに実力がないことが分かっていれば、そもそも依頼しなかったのに。」と言われた。
② 気分（％）	・落ち込み（80％） ・怒り（70％） ・悲しみ（60％）
③ 自動思考	・自分は弁護士に向いていない。
④ 根拠	・依頼者の望む結果にならなかった。 ・依頼者が怒っている。 ・依頼者から「実力がない」と言われた。
⑤ 反証	・依頼者の望む結果にならなかったのは、○○という動かしがたい事実があったからで、しかもそのことは受任当初に質問したのに隠されていた。 ・この依頼者の評価だけで自分の実力や資質が決まるわけではない。 ・他の多くの依頼者からは結果に満足してもらっており、「先生に依頼してよかった」と言われている。
⑥ 適応思考	一人の依頼者からクレームを入れられたからといって、弁護士としての実力や資質が否定されるわけではない（ただ、クレームを受けたという事実自体は真摯に受け止めて、改善すべき点は今後に活かそう）。このような経験をしたことはとても辛かったが、今後自分が弁護士として成長していくなかでは、糧になる出来事となるだろう。

⑦ 今の気分（％）	・落ち込み（50％） ・怒り（60％） ・悲しみ（40％）

[3] マインドフルネス

　マインドフルネスとは、「今、この瞬間の体験に意図的に意識を向け、評価をせずに、とらわれのない状態で、ただ観ること」をいいます（日本マインドフルネス学会の定義）。有り体にいえば、ただ目の前のことに集中する状態といってもよいでしょう。マインドフルネスを身に付け、ただ目の前のことに集中する状態でいられるようになると、ネガティブな感情にとらわれなくなったり、ストレスを軽減したり、集中力が高まったりするなどの効果が得られるといわれています。また、マインドフルネス瞑想によって、怒りの感情を繰り返し思い出してしまう傾向を低減させる効果が得られるとする実験結果もあります（平野美沙＝湯川進太郎「マインドフルネス瞑想の怒り低減効果に関する実験的検討」心理学研究84巻2号（2013）93-102頁）。

　このようなマインドフルネスの種々の効果についてエビデンスが得られていることもあり（林紀行「マインドフルネスとエビデンス」人間福祉学研究7巻1号（2014）63-79頁）、マインドフルネスに焦点を当てた心理療法は、第三世代の認知行動療法として近年注目されています（世界的な企業でも取り入れられるようになっています）。

　ここではマインドフルネス瞑想のうち呼吸瞑想の簡単な方法を紹介します（マインドフルネス瞑想、呼吸瞑想と一口にいっても様々な方法がありますので、ここで紹介する方法が唯一の方法というわけではありません）。

① 深呼吸する

　姿勢にはこだわらずに、目を閉じて（開眼状態でも可）、鼻から息を吸い、口からゆっくりと息を吐き出します（これを数回繰り返す）。

② 呼吸に意識を向ける

　呼吸に意識を向け、ゆっくりと息を吸い込み、ゆっくりと息を吐き出します。吸う息、吐く息の流れに意識を集中させます。

③ 思考（雑念）が頭に浮かんだら

　呼吸に意識を向けていても、「暑いな」「手がかゆいな」「あの事件の処理をどうしようか」などの色々な思考（雑念）が頭に浮かんでくるかもしれません。このような場合、その思考をいったん離れて、呼吸に意識を戻します。

④ 終わり方

　ゆっくりと目を開けて、通常の状態に戻っていきます。

【ポイント】

・時間は3～5分程度の短時間でも構いません。
・この方法であれば、事務所内でも通勤電車内でも、さらには横たわりながらでも実施可能です。姿勢を整えて実施する手法もありますが、あまり堅苦しく考えすぎずに、まずは実践しやすい方法で取り組んでみるとよいでしょう（深呼吸するだけでも副交感神経が優位になり、リラックス効果が得られます）。
・継続的に実施することが重要です。

12 事務所内でできるリラックス法（漸進的筋弛緩法）

　起案や打合せ等の日常業務を繰り返していると、知らぬ間に心身が緊張状態になっていることがあります。このような場合は、意識的にリラックスすることが重要です。前記の呼吸瞑想もリラクゼー

ション法の一つですが、それとは別のリラクゼーション法として漸進的筋弛緩法という手法があります。これは、筋肉の緊張と弛緩を繰り返し行うことにより身体のリラックスを導く方法で、副交感神経の活動を優位な状態にし、気分を安定させることなどが複数の研究で明らかにされています（近藤由香＝小板橋喜久代「1987～2013年における国内の漸進的筋弛緩法に関する看護文献レビュー―基礎研究と臨床研究の視点より―」日本看護研究学会雑誌37巻5号（2014）65-72頁）。事務所内でも簡単に行うことができる方法ですから、日常業務の合間に取り入れてみてはいかがでしょうか。

基本的な方法は以下のとおりですが、行いやすい部位だけ実施しても構いません。

（基本動作）
① 力を入れて緊張させる：5秒ほど、身体の一部位に力を入れて緊張させる。
② 脱力する：緊張状態を解いて、10秒間ほど脱力する。これを身体の部位ごとに行う。

（各部位の動作）
①手：両腕を伸ばした状態で、手の親指を曲げて握り込み、力を入れ緊張させる。手をゆっくり広げ、膝の上において、脱力する。
②腕：握り拳を肩に近づけ（力こぶのポーズ）、曲がった上腕全体に力を入れ緊張させ、その後脱力・弛緩する。
③背中：②と同じ要領で曲げた上腕を外に広げ、肩甲骨を引き付け緊張させる。その後、腕をもとに戻して脱力する。
④肩：両肩を上げ、首をすくめるように肩に力を入れる。その後、肩を下ろして脱力する。
⑤首：右側に首をひねって、緊張させる。その後、首を中央に戻して脱力する（左側も同様に行う）。

⑥顔：目をギュッとつむり、口をすぼめ、顔全体を顔の中心に集めるように力を入れる。その後、目や口をもとに戻して脱力する（筋肉が弛緩した状態は口がぽかんとした状態）
⑦腹部：腹部をへこませて、力を入れる。その後、腹部の力を緩めて脱力する。
⑧足（下側）：爪先まで足を伸ばし、足の下側の筋肉を緊張させる。その後、力を緩めて脱力する。
⑨足（上側）：足を伸ばし、爪先を上に曲げ、足の上側の筋肉を緊張させる。その後、力を緩めて脱力する。
⑩全身：①～⑧（又は⑨）の全身の筋肉を一度に緊張させる。その後、力をゆっくりと抜き、脱力する。

13 誰もがなり得る精神疾患

[1] 一生涯のうちに精神疾患になる人の割合

　日本において、生涯に一定の精神疾患に一度はかかる人の割合（生涯有病率）は、男性約28％、女性約17～18％とする統計上のデータがあります（川上憲人ほか「精神疾患の有病率等に関する大規模疫学調査研究：世界精神保健日本調査セカンド」(2016) 38・44頁）。この統計を前提とすると、男性では約3.5人に1人、女性では約5.5人に1人の割合で、一生涯のうちに何らかの精神疾患にかかるわけですから、精神疾患は誰もがなり得る決して珍しい病気ではないといえます。弁護士自身が精神疾患になる可能性もありますし、依頼者が精神疾患を抱えている場合もあり、多くの弁護士にとって精神疾患は無関係とはいえないはずです。

[2] 精神疾患の種類と基本症状等

　以下では、いくつかの精神疾患の基本症状等を紹介します。有病率（ある一時点において、その病気にかかっている人の割合）や生涯有病率（一生のうちにその病気にかかる人の割合）については、文献や論文等によって数値に幅がありますが、以下で示す数値は主に尾崎紀夫ほか編『標準精神医学　第9版』医学書院（2024）に依拠しています。また、各疾患の原因についても触れていますが、多くの精神疾患の原因は未解明の部分があるという点に留意ください。

① **うつ病（抑うつ障害）**
- 基本症状：気分が落ち込む、これまで楽しめていたことにも関心がなくなる、不眠、食欲不振、疲労感など。
- 原因：遺伝的要素や最近生じた様々なストレスとなる出来事、被養育体験の問題（母親からのケアの低さ）、発症時点の周囲からの人的支援などの環境的要素が複雑に絡み合って発症すると考えられている。
- 治療：薬物療法（主に抗うつ薬）や精神療法（認知行動療法など）を用いる。
- 有病率：約6%（日本における生涯有病率）
- 注意点等：早期の受診と心身の休養が重要。不用意な励ましは避けるべき。自殺に注意（うつ病外来患者の自殺危険率は一般人口の約5倍）。

② **双極性障害（躁うつ病）**
- 基本症状：気分が落ち込む抑うつ状態と気分が高揚する躁状態を繰り返す。
- 原因：遺伝的要素と環境的要素が発症に関係するが、遺伝的要素の比重が高いといわれている。
- 治療：薬物療法（主に気分安定薬）や精神療法（認知行動療法など）を用いる。
- 有病率：約0.16%（日本における生涯有病率）
- 注意点等：躁状態のときは現実離れした行動をとりがちで、周りの人

を傷つけることがある。再発しやすい病気で、躁状態を繰り返すうちに、家庭崩壊や失業などを引き起こすこともある。うつ状態のときは、躁状態のときの自分に対する自己嫌悪も加わり落ち込みやすい。自殺リスクがうつ病よりも高い。

③ **パニック症（パニック障害）**
- 基本症状：何の前ぶれもなしに突然、激しい動悸や息苦しさなどの様々なパニック発作が起こり、激しい不安と恐怖に襲われる。
- 原因：心配することが多い、悲観的な考え方をするなどの否定的感情を持つ人はパニック発作のリスクが高い。環境要因としては、最初のパニック発作の前の数か月以内に生じたストレス要因や喫煙が挙げられる。また、両親等に不安症群、抑うつ症群、双極性障害群を持つ人がいる場合に発症リスクが高まるという点で遺伝的要因もある。
- 治療：薬物療法（抗うつ薬や抗不安薬など）と精神療法（認知行動療法など）の組み合わせが効果的。補助的治療法として運動（持久走トレーニング）も有効とされる。
- 有病率：約0.8％（日本における生涯有病率）
- 注意点等：身体的な症状があらわれるため、他の病気に間違われることがある。恐怖を感じる場所を避けるようになると、通勤や通学などの日常生活に支障が出ることもある。

④ **強迫症（強迫性障害）**
- 基本症状：頭から離れない考え（強迫観念）がわき上がってきて、強迫観念から生まれた不安にかきたてられて特定の行動を病的に繰り返す（例：汚れや細菌汚染の恐怖から過剰に手洗い、入浴、洗濯を繰り返す）。
- 原因：心配性、悲観的などの性格、生育歴、ストレス、遺伝的要素、感染症など、多様な要因が関係していると考えられているが、原因ははっきりとは分かっていない。
- 治療：薬物療法（主に抗うつ薬）や精神療法（認知行動療法など）を用いる。
- 有病率：約1.2％（12か月有病率（12か月間に診断基準を満たした人の割合））

- ・注意点等：火や戸締まりの確認を家族にも何度も繰り返したり、アルコール消毒を強要したりするなど、周囲の人を強迫観念に巻き込むことがあり、その結果、人間関係がうまくいかなくなる場合がある。

⑤ **適応障害（適応反応症）**
- ・基本症状：ストレスが原因となり、気分が落ち込んだり、引きこもりがちになったりして、仕事や学業、家事育児を行うことなどが困難となる。
- ・原因：ストレスなどの外的な要因と、ストレスに対する対処力や本来の性格などの内因的な要素が組み合わさることで発症すると考えられている。
- ・治療：ストレスの原因を除去・減少するなどのコーピングが重要。精神療法（認知行動療法など）や、場合によっては短期間の薬物療法（抗うつ薬や抗不安薬など）が用いられる。
- ・有病率：約2％
- ・注意点等：ストレスの原因がなくなれば6か月以内に症状が改善する。反対に、6か月以上経っても症状が改善しない場合には診断名が変わることもある。

⑥ **心的外傷後ストレス障害（PTSD）**
- ・基本症状：外傷体験後に、その体験の記憶が自分の意思とは無関係にフラッシュバックのように思い出されたり、悪夢を見たりすることが続き、不安や緊張が高まったり、過度の警戒心を抱いたりする（このような症状が1か月以上続く）。
- ・原因：外傷体験をしたからといって、全員がPTSDになるわけではないが、被害の後の社会的サポートが足りない人、生活のストレスが大きかった人、恐怖反応の引き金となりやすいアドレナリンの分泌が多い人、以前にトラウマ体験や児童期の虐待などの逆境体験が複数ある人はPTSDのリスクが高くなるといわれている。
- ・治療：薬物療法（主に抗うつ薬）や精神療法（認知行動療法など）を用いる。
- ・有病率：1.2％（日本における生涯有病率）
- ・注意点等：恐怖や戦慄を伴う出来事に巻き込まれた場合、その直後は

誰でもPTSDのような症状を呈する可能性がある。そのため、PTSDに特徴的な症状が最低でも1か月以上は持続しないとPTSDと診断できない。

⑦ **統合失調症**
- 基本症状：主に初期に幻覚や妄想などの陽性症状があらわれ、慢性期に感情の平板化や意欲の低下などの陰性症状があらわれる。
- 原因：明確な原因は不明だが、遺伝的な要因と環境要因が重なることで発症するのではないかと考えられている。
- 治療：薬物療法（主に抗精神病薬）が治療の基本となる。回復期には、ロールプレイ等を通じて、社会生活や対人関係のスキルを回復する訓練を行う生活技能訓練（SST）や、園芸、料理、木工などの軽作業を通じて、生活機能の回復を目指す作業療法などのリハビリを用いて、社会復帰を目指す。
- 有病率：約0.1%～1.8%（生涯有病率）
- 注意点等：再発しやすい病気であるため、いったん症状が落ち着いても長期にわたって治療を続ける必要がある。急性期には「電車に飛び込め」「屋上から飛び降りろ」などの幻聴や被害妄想から、発作的に自殺する危険性がある。

⑧ **パーソナリティ障害**
- 基本症状：人格の偏りが大きく、トラブルを繰り返すなどして、本人が苦しんだり、周囲が困ったりする。人格の偏り方に応じて、全部で10のタイプに分けられる。
- 原因：明確な原因は不明だが、遺伝的要因や環境要因（劣悪な養育環境など）が関係していると考えられている。
- 治療：精神療法（認知行動療法など）が効果的といわれているが、薬物療法（障害のタイプ等により薬は異なる）が用いられることもある。
- 有病率：約10～15%
- 注意点等：世間一般にいう「変わった人」や「個性的」と評される人が全てパーソナリティ障害というわけではなく、明確に線引きすることは非常に難しいといわれている。医療機関を受診するのは、他の精

神障害を合併しているケースがほとんどで、パーソナリティ障害のために生きづらさを強く感じ、うつ病や依存症などの合併がみられることがある。

⑨ **依存症（物質関連障害及び嗜癖性障害）**
- 基本症状：アルコールや薬物などへの欲求が非常に強くなり、やめることができなくなる。依存する対象が切れると、不快感、抑うつ、手指のふるえなどの離脱症状があらわれることがある。
- 原因：物質や行為により、神経伝達物質（ドーパミン）の作用で強い快感が得られ、再びその快感を得たいと思い物質の摂取や行為を繰り返すうちに、本人の意思とは関係なくやめることができなくなる。その背景には、精神的不安定や自己評価の低さなどの心理的要因や、生育環境などの環境要因が関係していることもある。
- 治療：個人又は集団の精神療法（認知行動療法など）、自助グループ（アルコール依存症であれば断酒会やAAなど）、薬物療法を用いる。
- 有病率：治療を受けていない場合もあり不明（日本では、アルコール依存症：約10万人、薬物依存症：約1万人、ギャンブル等依存症：約3,000人が病院で治療を受けているといわれている）。
- 注意点等：依存症は健康を害するだけでなく、家庭崩壊や職場でのトラブル、金銭トラブル、犯罪などに繋がることがあり、社会的な影響が大きい。

⑩ **自閉スペクトラム症／自閉症スペクトラム障害（発達障害）**
- 基本症状：能力や特性が人によって大幅に異なるため、特定の症状を示すことは困難であるが、コミュニケーションの場面で、自分の気持ちを伝えたり、相手の気持ちを読み取ったりすることが苦手、こだわりが強い、同じ行動を繰り返す、鋭敏な感覚を持っているなどの傾向がみられる。
- 原因：明確な原因は不明だが、多くの遺伝的な要因が複雑に関与して起こる、生まれつきの脳の機能障害が原因と考えられている（親の育て方や本人の性格の問題ではない）。
- 治療（支援）：生まれつきの障害であるため、完全に治癒することはないといわれている。唯一の治療法があるわけではなく、特性に合わ

> せた物理的な工夫や周囲の協力等による支援を行っていくことになる。薬物療法を併用する場合もある。
> ・有病率：約1～2％
> ・注意点等：以前はアスペルガー症候群、自閉症、広範性発達障害などに細分化されていたが、これらの障害には共通した特性が認められることから、別々の障害として考えるのではなく、一つの連続体（スペクトラム）として捉えて、自閉スペクトラム症と総称することとなった。

14 こんな兆候が見られたときは要注意

　ストレス反応が引き起こされた際に、長期間にわたって適切な対処行動をとらなければ、うつ病や適応障害などの疾病へと繋がるおそれが高まります。そのため、できる限り速やかに危険な兆候に気付いて対処することが重要です。以下では、このような兆候が見られたら要注意というものを、身体反応、心理反応、行動反応に分けて挙げてみることとします（ただし、明確に分類できない場合もあり、それぞれ重なる面や関連する面があります）。

> ① **身体反応**
> ・夜眠れなくなった。寝てもすぐ目が覚めてしまう。
> ・食欲不振が長く続く。
> ・動悸、耳鳴り、めまいがする。
> ・おなかの不調が続く。
> ・元気が出ない。疲労感が強い。
> ・肩こり、腰痛などの身体の痛みがある。
> ② **心理反応**
> ・憂うつな気持ちが続く。
> ・感情の波が激しい。

- 悲しくなったり不安になったりすることが多い。
- 些細なことでイライラしてしまう。怒りを抑えられない。
- この世から消えてしまいたいと思うことがある。
- 自分には価値がないと感じる。
- これまで楽しめていたことが楽しめなくなった。

③ 行動反応
- 今まで当たり前にできていたことができなくなった。
- 事務所に行くことができない（行くのが辛い）。
- 約束の時間に遅刻する。仕事の締め切りを過ぎてしまう。
- 仕事のミスが増える。
- 簡単な作業でも疲れてしまう。
- 依頼者への連絡ができない（連絡が来るのが怖い）。
- 表情が乏しくなり、覇気がなくなる。
- 身だしなみに無頓着になる（服装や髪形が乱れる）。
- 仕事中の独り言が急に増える。
- 突然涙が出てくる。
- 酒量、喫煙頻度、浪費が増える。

　このような兆候が出ているときは、意識的にコーピング（194頁参照）を取り入れてみてください。もっとも、コーピングを取り入れる気力さえない場合やコーピングをしても状態が変わらない、あるいは状態が長期化している場合には、医療機関の受診をお勧めします。また、お酒は、メンタル不調をより悪化させることから、メンタル不調時には摂取を控える（やめる）ことが極めて重要です（214頁参照）。

　同じ事務所の同僚等に前記のような兆候が見られる場合には、業務のサポートをするなどして、仕事上の負担を減らすよう協力していきたいところです。事務所の働き方そのものが根本的な要因と考えられる場合には、働き方の見直しを検討することも必要かもしれません。また、本人との関係性や本人の意向にもよりますが、話を

聴いてあげることで、本人の気持ちが楽になることもあります（情動処理型コーピング（193頁参照））。

15 日常的な対処、早期治療の重要性

　現代人は日々様々なストレスにさらされていますから、日常的にコーピングを取り入れたり（192頁参照）、食事・睡眠・運動を意識したりする（209頁以下参照）などして対処していくことが重要です。ストレスが蓄積してくると、うつ病や適応障害などの精神疾患に繋がることもあるため、できる限り日常的なケアを行っていきたいところです。

　とはいえ、突発的に対処困難な大きなストレス要因が生じることもありますし、精神疾患には遺伝的な要因もあり、どれだけ気を配っていても、精神疾患になる可能性はあります（222頁参照）。この点、精神疾患は、身体の疾患と同じく、軽症のうちに専門的な治療を受けた方が早く良くなるといわれています。重症になると長期間の休業を余儀なくされるなど、自身や家族・職場にも大きな影響を及ぼしかねません。そのため、メンタル不調の状態が続いている場合には、できる限り早期に医療機関を受診することが重要です。受診する医療機関としては心療内科と精神科が想定されます。いずれもメンタルの問題を扱うという点では共通しますが、一般に心療内科は、心理的な要因による「身体」の症状（めまい、動悸、息苦しさ、ふるえ、全身のしびれや痛み、便秘・下痢など）を主に対象とするのに対し、精神科は、うつ病や統合失調症、双極性障害など「心」の症状を主に対象とするといわれています。

第 2 節

実践編

　この節では、前節の内容を踏まえて、弁護士が直面し得る8つのケースを取り上げて具体的な対処法を解説していきます。

1 自分のストレス要因やストレスの程度がよく分からない場合

> **Case 1**
> 　以前と比べて、気分が落ち込むことや、不安な気持ちになることが増え、事務所で仕事をしていてもあまり意欲がわかない状態が続いている。しかし、自分では何がストレスになっているのか、ストレスがどの程度かかっているのかが、いまひとつよく分からない。

[1] ストレスチェックの重要性

　第1節で見てきたとおり、ストレス要因を把握し、それに対して適切な対処（コーピング）をすることが、メンタル不調を引き起こさないためには重要です。このようなメンタルヘルス不調の未然防止のことを「一次予防」といいますが、自分自身でのストレスへの気付きがその出発点となります（ちなみに、メンタルヘルス不調の早期発見と適切な対処のことを「二次予防」、メンタルヘルス不調者の社会復帰支援のことを「三次予防」といいます。）。

　労働者が常時50人以上いる事業場では、毎年1回以上のストレスチェックが義務化されていますが（労働安全衛生法66条の10、労働安全衛生規則52条の9、労働安全衛生法附則4条、労働安全衛生法施行令5条）、この要件を満たさない事務所（弁護士）であっても、自発的にストレスチェックを実施することは重要です。

[2] セルフストレスチェックの方法

　ストレスチェックを行う一つの方法として、厚生労働省が推奨する「職業性ストレス簡易調査票（57項目）」があり、これをセルフチェックに用いることが可能です。調査票への回答結果に基づいて、仕事上のどういった点がストレスとなっているのか（ストレスの原因となり得る因子）、ストレスによる心身反応がどのようなものか（現在のストレス反応）、周囲のサポート等どういった点がストレス反応に影響を与えているか（ストレス反応への影響因子）を分析することができます。

　職業性ストレス簡易調査票（57項目）自体は厚生労働省のウェブサイトからダウンロード可能ですが、最も簡単な利用方法は、同省が開設する「こころの耳」というウェブサイトにある「5分でできる職場のストレスセルフチェック」というページ（https://kokoro.mhlw.go.jp/check/）を用いる方法だと思われます。このページの各質問に回答していくだけで、ストレスチェックに関する分析結果が表示され、またその結果を視覚的に把握することができます。さらに、各項目が要注意ゾーンにあるかどうかも分かります。所要時間は5分ほどですので、ストレスチェックのツールとして活用してみてはいかがでしょうか。

2 業務量が多すぎて辛い場合

> **Case 2**
> 　毎日のように深夜に帰宅し、土日も出勤しないと業務が回らない状況にあり、繁忙期には事務所で寝泊まりすることもある。このような働き方は事務所の風土で、ボスや同僚も同じような働き方をしているが、自分としては心身ともに疲弊しており、とても辛い状態になっている。

[1] 過重労働への対処法

　過重労働の危険性や過重労働が伝染しやすいことなどについては、199頁以下で説明したとおりです。本ケースは、事務所全体が常態的にワーカホリックになっているなかで、心身の不調を自覚するまでに至っていますから、このまま放置しておくのは危険な状況といえます。

　以下では、このような過重労働による心身の不調に対して、コーピング（192頁参照）の考え方に沿った対処法を紹介します（前記ケースから離れて一人事務所の場合も想定して解説しています）。

[2] 業務量・労働時間を減らす工夫

　業務量や労働時間を減らす方向のアプローチは問題焦点型コーピングといえます。例えば、自身で業務量を調整できる立場にあるのであれば、受任件数や相談件数を絞るということが考えられます。受任件数を減らせば売上は減少する可能性がありますが、重大なメンタル不調に陥ると、仕事自体ができなくなるおそれもありますから、仕事量を減らしてでも心身の健康を優先するというのも十分検討の余地があると思われます。

　もっとも、当該弁護士の事務所での立場次第では、受任件数や相談件数を減らすというのは現実的には困難な場合もあると思われます。業務量自体を減らすことができないのであれば、徹底的に業務の効率化を図り、労働時間を減らすことができないかを検討することが有益です。業務効率化の具体的な方法については、紙幅の関係から、ここで触れることはしませんが、書面作成一つとっても、より速く、より効率的に行う方法は意外とあるものです。一度日常業務を振り返ってみて、業務の効率化を図ることができる部分がないか検討してみるとよいでしょう。とはいえ、本ケースのように連日

深夜まで勤務をするような状態にある場合には、どれほど業務の効率化を図ったとしても、焼け石に水となる可能性が高いと考えられます。そのような場合には、後記の根本的な対策が必要だと考えられます。

[3] 事務所を辞める

　最も直接的な問題焦点型コーピングは、過重労働が常態化している事務所を辞めるという選択肢です。前記のとおり、重大なメンタル不調に陥ると、業務自体ができなくなるおそれがありますし、その後のキャリアにも影響を及ぼしかねません。また、最悪の場合は過重労働の末の自死というケースもあり得ない話ではありません。

　197頁で説明しているとおり、弁護士は移籍や独立が比較的容易な側面がありますから、いざとなったら事務所を辞めるという選択肢があることを念頭に置いておくとよいのではないでしょうか。

[4] ボスや同僚に相談し協力を得る

　自分一人では業務量のコントロールができない場合で、なおかつ事務所を辞めるという選択もとらない場合は、ボス（場合によっては同僚）に相談することが考えられます。これは社会的支援探索型コーピング（193頁参照）の一種といえます。

　業務量を減らしてもらうことが最善ですが、本ケースのようにボスも含めて全弁護士が常態的に過重労働をしている事務所の場合だと、現実的には業務を他の弁護士に代わってもらうことが難しい可能性があります。そのため、相談しても改善に至らないようであれば、自身の心身の健康とその事務所で働き続けることを比較衡量したうえで、決断するほかありません。

[5] 定期的に必ず休日をとる（過度な連続勤務を避ける）

　どれだけ仕事が好きな人、体力のある人でも、働き続けると心身に負荷がかかります。そして、負荷がかかった状態が継続すると、心身に不調を来し、場合によっては業務ができなくなるおそれがあります。そのため、ストレス解消型コーピングの一環として、最低でも週に1日は完全な休日を取るなどして、ストレス発散や休養に当てるようにしたいところです。

　しっかりと休むことで、業務の効率やパフォーマンスが上がる側面も多分にありますから、休むことも仕事の一部だという認識を持つことが重要です。

③ 事務所の人間関係が辛い場合

> **Case 3**
> 　特定の先輩との人間関係がうまくいかない状況が続いており、改善する見込みもない。できれば事務所は辞めたくないので、どうすればいいか悩んでいる。

[1] 弁護士にとっての事務所の人間関係

　183頁で触れたとおり、2名以上の弁護士がいる事務所の場合は、良くも悪くも弁護士同士の人間関係が生じます。特に弁護士の人数が多くなると、おのずと性格や考え方が合わない人が生じてもおかしくありません。このことは、弁護士を対象としたアンケート調査において、職場の人間関係にストレス・不安・悩みを感じると回答した弁護士の割合が全体では19.2%であったのに対し、弁護士法人所属の弁護士に限定すると30.0%となっていることが物語っています（日本弁護士連合会「自由と正義」72巻8号（2021）156頁）。

以下では、弁護士が複数名いる事務所内で生じ得るいくつかの人間関係のストレス場面を想定して、対処法等を解説することとします。なお、最も直接的な問題焦点型コーピング（192頁参照）として、事務所を辞めるという選択肢もありますが、ここでは事務所に在籍することを前提とした対応例を紹介しています。

[2] 自信過剰な人への対応

　自分を過大評価していて、やたらと自信過剰な人が事務所にいる場合、その人と接するのはストレスに感じるかもしれません。能力の低い人や経験の浅い人ほど、自分の能力を客観視できず、自己を過大評価する「ダニング・クルーガー効果」という心理現象があります（Kruger J and Dunning D, J. Pers. Soc. Psychol. 77（1999）参照）。経験年数の浅い弁護士が妙に自信過剰な場合にはこの現象が生じている可能性があります。この場合は、一般的にこの効果を説明するものとして紹介されている次図のとおり、経験を重ねるうちに過剰だった自信が一度下がり、その後に本物の自信を身に付けていくという流れを辿るのが通常であるため、時間が解決することが多いと考えられます。次図でいう「馬鹿の山」は多少の知識や能力が身に付き自信に満ち溢れている状態、「絶望の谷」は知識や能力の不足を実感し自信を失う状態、「啓蒙の坂」は成長を実感して自信を持ち始めている状態、「継続の台地」は成熟して正確な自己評価が行えるようになった状態を指します。

　このように、一定の経験を積むと本来は自己の能力を正確に評価できるようになるのが通常です。もっとも、一定の経験を積んだ弁護士であっても、自分の能力を過大評価し、周囲から疎まれている場合もあるかもしれません。これは承認欲求の強さ、裏返すと自分の劣等感を隠そうとする心の防御作用が表れている可能性があります。実は優れていないのに自分は優れていると考え、自分を大きく

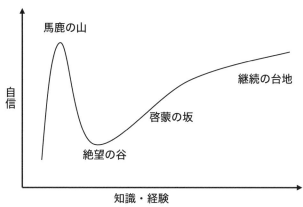

見せようとすることで、劣等感を隠そうすることを「優越コンプレックス」といいますが、このようなタイプの人に対して劣等感をズバリ指摘すると人間関係を悪化させるおそれがあります。このタイプの人に対しては、適度な距離感を取るのが一つの対応策ですが、一緒に働いている場合にはそれが難しいことも多いと思われます。そのような場合は、その人が前記のような心理状態にある（実は劣等感を隠そうとして大きく見せようとしている）ということに意識を向け、「そういう（残念な）人だ」と理解することで、接する側のストレスを緩和させるのも一つの方法です。また、その人をうまく頼り、何かしてもらった際にはお礼を伝えるなどすると、その人の劣等感を埋めることに繋がり、良好な関係を築くことができる場合もあります（ただし、むやみやたらと褒めると自信過剰が暴走する可能性があるので注意が必要です）。

[3] 同僚の成功が妬ましい場合

　同期や先輩・後輩がうまくいっていると妬ましい思いを持ってしまい、それがストレスに感じる場合があるかもしれません。これ

は、無意識に同僚と自分の能力を比較して自己評価を低下させ、嫉妬してしまっている状態です。もっとも、心理学では、自己評価は他者との比較によって生じるとされており、他者と比較すること自体は当たり前で、特段悪いことではないとの考えもあります。とはいえ、過度に嫉妬心にさいなまれるのは辛いのも事実です。

　他者の成功がストレス要因になっている場合、これに対する捉え方を肯定的なものに変える、認知的再評価型コーピング（193頁参照）が有効です。他者の成功を見聞きした際に、足を引っ張ろうとしたり、妬んだりするよりも、自分もより一層頑張ろうという捉え方をして、自己成長につなげていく方がよほど健全です。なかなかそのような適応的な考え方ができず、嫉妬心で頭がいっぱいになってしまうときは、ストレス解消行動（194頁参照）で気分をリフレッシュしたり、マインドフルネス瞑想（219頁参照）でネガティブな感情から距離をとってみたりするのもよいかもしれません。一方で、その人の悪口を陰で言うなどして、ストレスを解消する方法はお勧めできません。脳は主語を理解できない性質を持っているといわれており、他者への悪口は自分自身への悪口と判断しかねないからです。悪口を言うことによりネガティブな感情が自己増幅し、自己嫌悪に陥ってしまいかねないので注意が必要です。

[4] 手抜きをする人がいる場合の対応

　例えば、複数名で一つの事件を扱っている場合、ほとんど事件に関与・寄与していない人が出てくるかもしれません。当該事件に真摯に取り組んでいる人からすると、その人の存在はストレスになるのではないでしょうか。

　共同作業を行う際に個人の仕事量が減り、成果が低下する現象のことを「社会的手抜き」や「リンゲルマン効果」といい、これは実験によって明らかにされています。このような現象が起こるのは、

責任の分散や当事者意識の薄れが原因だと考えられています。そのため、難しい事件だからといって、関与する弁護士の数を増やせば増やすほど良い結果に繋がるとは必ずしもいえません。

複数名でチームを組んで業務を行う場合に、このような社会的手抜きが発生してしまうと、チームの不和に繋がりますし、何よりせっかく複数名で行っても成果が下がるのでは本末転倒です。社会的手抜きを起こさないためには、チーム編成を最少人数にすることが一つの方策として考えられます。また、各人の役割分担を明確化することも重要です。

[5] 事務所内の苦手な人への対応

そのほかにも色々な理由で事務所内の人間関係でストレスを感じることがあるかもしれません。ストレスの元となる人が事務所内にいる場合の一般的な対策は次のようなものが考えられます。

① 適度な距離を置く
　頑張って仲良くなろうとするとストレスが溜まる可能性があるため、あくまで仕事上の付き合いだと割り切って、適度な距離感を保つことでストレスは軽減されます。
② 表面上は丁寧に接する
　苦手な人だからといって、失礼な態度で接すると、より関係性が悪化し、さらにストレスを抱えることになりかねません。表面上は丁寧に接しておけば、少なくともマイナスになることはないと考えられます。
③ その人の良い点を探してみる
　とにかく嫌いという気持ちが先行して、その人のやることなすことが気に障るかもしれませんが、一度フラットな目線でその人の良い点を探してみてもよいでしょう。少しでも良い点が見つかれば、苦手意識や嫌いという気持ちが薄れるかもしれません。

④　モチベーションの材料にする

　良い結果を出してその人を見返してやろうとか、その人より高い能力を身に付けてやろうという発想で、モチベーションアップに繋げるという方法です。これは認知的再評価型コーピング（193頁参照）の一種ですが、「この嫌な人がいるからこそ、もっと頑張れる」という形でプラスの力に変えるのも一つの対応策といえます。

④ 新人弁護士が心身に不調を感じる場合

Case 4

　弁護士になって3か月が経とうとしており、自分が関わる事件の数の増加に伴い、業務量も増えてきた。やらなければならないことが山積みで、事務所の営業日の業務だけではとても仕事が回らない状態になっている。そのため、営業日は深夜まで働き、休日も出勤して仕事をしているが、憂うつな気分になることが多く、体調も思わしくない状態が続いている。

[1] 新人弁護士は心身が不調になりやすい状況にある

　新人のうちは、司法修習を経たとはいえ、知識も経験も不十分であるため、事件処理には不安が付きまといます。しかし、弁護士登録をしたその瞬間から、法律の専門家たる弁護士として周囲からは見られる以上、相談者や依頼者、あるいは事件の相手方との関係では、新人弁護士であるから大目に見てほしいなどということは許されません。そのため、知識や経験が乏しいなかで、重い職責を担うことには相応のプレッシャーが付いて回ります。それに加えて、事務所内外での新たな人間関係、慣れない環境、初めての社会人経験などが相まって、精神的な負担は少なからず発生するはずです。

また、一定の経験を積んだ弁護士であれば、数十分でできる簡単な起案でも新人のうちは数時間かかることもあります。また、事件を処理するうえで必要な知識を身に付けるための勉強の時間も当然必要になります。そのため、仕事に向き合う時間がおのずと長くなりがちで、時には睡眠時間が短くなることもあるかもしれません。

　このように、一般的に、新人弁護士は、一定の経験を積んだ弁護士以上に心身不調に陥りやすい状況にあるといえます。およそ全ての弁護士に新人時代があるわけで、誰しもが通る道ではありますが、キャリアの序盤で心身に不調を来すことは、やはり避けたいところです。

[2] 新人弁護士が心身を壊さないためにできること

　新人弁護士が辛い状況にあっても、レジリエンス（精神的な回復力や心のしなやかさを指す概念。190頁参照）が高ければ、その辛い状況を乗り越えやすくなります。この点に関して弁護士にも参考になると思われる研究として、新卒看護師のレジリエンスに関する研究があります（福澤知美＝冨田幸江「新卒看護師のレジリエンスに関連する要因」日本健康医学会雑誌29巻1号（2020）71-83頁）。

　この研究では、①看護学生の時に困難を乗り越えた経験がある、②仕事に対するストレスを発散し、健康に自信があると感じている、③自尊感情が高い、④患者にとって最善のケアになるような看護を実践し、患者とコミュニケーションをとることが好きであると感じている、⑤キャリアコミットメント（勤務先が変わっても、一生を通じて追求する専門分野への志向性）が高い等の傾向のある新卒看護師はレジリエンスが高い一方で、⑥職場での存在を認めてもらえていないと感じる新卒看護師はレジリエンスが低かった、という結果が示されています。

　これを新人弁護士に置き換えて考えてみると、①司法修習では、

依頼者対応や相手方対応を実際に行うわけではないため、実務についた後と同等あるいはそれ以上の困難を乗り越える体験をする場面は通常はないはずです。ただし、司法修習に限らず、当該新人弁護士が過去に困難を乗り越える体験をしている場合には、レジリエンスを高くする要因になると考えられます。

　次に、②仕事上で生じたストレスの発散は新人弁護士にも重要といえます。新人のうちは休日返上で働かないと仕事が回らないこともありますが、意識的かつ定期的に仕事をしない日を設けたいところです。ストレス解消型コーピング（194頁参照）はおよそ全ての人に有用と考えられるため、余暇時間の乏しい新人弁護士であっても、積極的に休養やストレス発散の時間を取ることは重要です。また、適度な休息や余暇時間は結果的に仕事のパフォーマンスを向上させることに繋がると意識する必要があります。そして、このことは、ボスや先輩弁護士も意識しておきたい点です。新人弁護士が休日も働いている場合、ボスや先輩弁護士からすると頑張っていることを嬉しく思う面もあるかもしれませんが、結果的に心身に不調が出てしまえば本末転倒です。働きすぎ、頑張りすぎの様子が見られるときには業務量の調整や、時には休むことも必要である旨の声掛けをするなどしてあげることが重要だと思われます。

　③⑥ボスや先輩弁護士が、新人弁護士の存在を肯定的に承認し、支援していくことがレジリエンスの向上に役立つといえます。新人弁護士の起案や依頼者対応には不十分な点が多々あるかもしれませんが、指導していくなかで良い点や役に立った点があればそのことを伝えてあげることが重要だといえます。

　④依頼者のためにより良い活動を行うことができるように努力することや依頼者とのコミュニケーションを積極的に取ろうとすることもレジリエンスの向上に繋がると考えられます。新人弁護士のうちは学ばなければならないことが多く、大変な面がありますが、意

欲的に業務に取り組むことが結果的にメンタルの安定に繋がると考えられます。

最後に、⑤いま現在勤務する事務所でどの程度の年数働くかは措くとして、長い目で見て弁護士としての専門性を高めようという意識を持つことはレジリエンスを高める効果があるといえます。また、少々辛いことがあったとしても、将来に目を向けて、いま現在の苦しい状況を乗り越えれば精神的な成長に繋がるという希望を抱くことは、レジリエンスを高める効果があると考えられます。

column

身近にある依頼者対応のお手本

新人のうちは依頼者や相談者にどのように接すればいいのか悩みを持つことがあるかもしれません。横柄な態度ではいけませんが、その一方で妙にペコペコしすぎてもかえって不安感を持たれるおそれがあります。身近にお手本となる先輩弁護士がいればその対応を真似るのが一番ですが、適切な人がいない場合には、自分がこれまで接した医師や歯科医などのいわゆる「先生」と呼ばれる職種のなかで、感じがいいと思った人の対応を参考にするのも一つの方法です。

また、それ以外にも各種の接客業のプロと接するなかで、依頼者対応の参考になるような態度や話し方を学べることもあるかもしれません。日常生活のなかで、同業者以外の人から依頼者対応の術を学ぶ機会もあると意識してみると、思わぬところで得られるものがあるのではないでしょうか。

5 新規の相談に対する不安感・緊張感が強い場合

Case 5

知人からの紹介で新規の相談予約が入った。あまり取り扱ったことのない分野の相談だったが、「何とか助けてやってほしい」と言われ、相談を受けることにした。十分に予習をして相談に臨もうとは思うが、う

> まく回答できるか不安がある。しかも、知人によると、相談者はやや気難しい人とのことで、相談を前にして緊張感が高まってきた。
> 　こんなことでいちいち緊張している自分は弁護士失格なのではないだろうか…。

[1] 初対面の人に緊張するのは必ずしもおかしなことではない

　弁護士業務のスタートラインは法律相談ですが、初回の法律相談を前にして、どのような人が来るのだろうか、うまく回答することができるだろうかといった不安を抱くことはないでしょうか。特に法律相談の経験が少ないうちはこのような不安感・緊張感が強いと思われます。また、ある程度経験を積んだ弁護士であっても、慣れない分野の相談を受ける場合や自治体等での相談のように事前に相談の概要を知らされていない場合には不安に思うこともあるかもしれません。

　しかし、初めて会う人に対して不安感や緊張感を抱くことは、人間の防衛本能として何らおかしなことではありません。したがって、法律相談を前にして不安な気持ちになったとしても、弁護士としての能力とは関係がありませんし、過度に落ち込む必要もないと思われます。

[2] 弁護士の不安・緊張は相談者に伝染する

　法律相談を前にして不安感や緊張感を抱くことはおかしなことではないと説明しましたが、それを態度や表情に出すことはプロとしてできる限り避けたいところです。相談者からすれば料金を支払って、法律相談を受けに来ているわけですから、「新人なので緊張しても許してください」とか「慣れない分野なのでうまく答えられるかドキドキしています」などと言うわけにはいきません。

　人は、他者の感情を自分の感情のように知覚することがあり、こ

れを「情動伝染」といいます。弁護士が初対面の相談者を前に、緊張した様子や不安な様子を見せてしまうと、その感情が相談者に伝染し得るということです。相談者はただでさえ法律事務所での相談に不安感を覚えているなかで、目の前の弁護士に緊張した様子を見せられては、より一層不安になってしまいます。これでは、相談者からの信頼を得ることはできませんし、受任することはおよそ不可能になると考えられます。

[3] 不安感・緊張感を減らすためにできること

　不安や緊張を減らすために簡単にできる方法は、深呼吸です。人は緊張状態になると無意識に呼吸が浅くなり、交感神経が優位になります。このような場合に、深呼吸をすることで副交感神経が優位になり、緊張が和らぐ効果が期待できます。また、漸進的筋弛緩法（220頁参照）も相談前に簡単にできる緊張を緩和する手法といえます。さらに、相談前に意識的に口角を挙げて笑顔を作ってみるのも有効です。緊張すると顔がこわばってきますが、この際に笑顔になると、たとえそれが意図的に作ったものであったとしても、脳は笑っていると勘違いして、精神を安定させる働きをするセロトニン（198頁参照）という神経伝達物質が分泌されるといわれています。

　また、たとえ相談時に問題が生じたとしても、一定の対処法（56〜84頁参照）があると意識しておくことも重要です。いざとなれば、次の相談や受任を断ることも可能（84頁参照）なのであり、何とかなるという意識を持っておくことで、少し安心できるのではないでしょうか。

　なお、経験の浅い弁護士が法律相談に不安を覚える場合には、端的に経験不足が原因であると考えられるため、ロールプレイングを行うなどして疑似体験を積むことが有効です。所属する事務所にロールプレイング等の教育体制がなかったとしても、自分なりに、話

の進め方を想定して、口に出して練習してみるだけでも効果があります。

6 依頼者に対してイライラしてしまう場合

> **Case 6**
> 依頼者に対して「なぜこんなわがままなことを言うのだろう」とか「こんな性格だからトラブルになったのではないか」などと思ってしまい、どうにもイライラしてしまう。依頼者に対する嫌悪感が態度に出てしまうのか、依頼者との関係が悪化して、事件の途中で辞任や解任となることも一定の割合で発生してしまっている。

[1] 弁護士が依頼者にイライラしてしまう理由と対策

依頼者が弁護士に対して苛立ちを見せることがありますが（139頁参照）、その一方で、弁護士が依頼者に対して苛立ってしまうこともあるかもしれません。弁護士が依頼者に対して苛立ちや嫌悪感を抱く理由には、以下のような、いくつかのパターンがあると考えられます。

ア●弁護士自身に心の余裕がない場合

弁護士自身に精神的な余裕がなくなってくると、依頼者のちょっとした言動や要求に対しても、苛立ちやすくなります。本ケースのように多くの依頼者と関係が悪化してしまっている原因には、弁護士側のメンタル面の問題が態度や行動に表れてしまっている可能性があります。依頼者との関係性に問題が生じるのは弁護士にとっても依頼者にとっても不幸なことです。

心の余裕がない場合や精神的な疲れを感じた場合には、各種のコーピング（192頁参照）を取り入れるなどして意識的にメンタルケ

アに努めることが重要です（できれば、心の余裕がないときに限らず日常的にメンタルケアを行いたいところです）。

イ●依頼者と性格や考え方が合わない場合

　弁護士とて人間ですから、性格や考え方が合わない依頼者がいてもおかしくありません。考え方が合わない人に対しては、どうしても好感情を抱きにくいものです。しかし、依頼者の立場で物事を考えてみることで、寛容な気持ちになれることもあるので、依頼者に対して腹が立ったときには一度その依頼者の立場に立ってみるのも一つの方法です（22頁以下参照）。

　また、弁護士と依頼者とは友人や家族ではなく、あくまで委任契約に基づく専門家と委任者の関係にすぎません。したがって、考え方が合わないと感じたとしても、ドライに仕事上の関係と割り切って付き合えばよく、無理に仲良くなろうとしたり、距離を詰めようとしたりする必要はないとの考え方もあります。翻って、仕事上の関係であるからこそ、好き嫌いで過剰に態度を変えるのは適切ではないともいえます。第1章・第2章で紹介した依頼者対応の方法の一つである枠組みを意識して、依頼者との適切な距離を保つことが重要だといえます。

　ここで、医師・國松淳和氏の著書で紹介されている、研修医に対して患者との距離感の重要性を指導する際の言葉を引用します。弁護士にも参考になるところがあるのではないでしょうか。

> 冷たくしすぎないでね
> 　お仕事なんだから
> 優しくしすぎなくていいよ
> 　お仕事なんだから

（國松淳和『また来たくなる外来』金原出版（2020）41頁）

ウ ●弁護士が依頼者と似たような経験をしたことがある場合

　例えば、弁護士自身が離婚した経験がある、いま現在夫婦関係がうまくいっていない、弁護士の幼少期に親が離婚した経験があるといった場合、離婚事件の依頼者に対して特別な感情を抱いてしまう可能性があります。そのほかの例としては、弁護士やその家族が精神疾患になった経験がある場合に、いま現在精神疾患で苦しんでいる依頼者に対して特別な思いを持つということもあるかもしれません。

　心理臨床においては、カウンセラーがクライエントに対して、自分の過去の体験等を重ね合わせて、無意識に個人的な感情を抱くことを「逆転移」といいます。この逆転移という概念は、カウンセラーとクライエントの関係のみならず、医師と患者、看護師と患者、介護職と利用者などの関係においても問題とされることがあることから、弁護士と依頼者との関係においても、逆転移（的）な現象が生じる可能性はあると考えられます。そして、逆転移が生じた場合に、援助者側（弁護士）が被援助者（依頼者）に抱く感情は、肯定的なもの（陽性逆転移）もあれば、否定的なもの（陰性逆転移）もあります。弁護士の場合であれば、特定の依頼者に対して「私しかこの人を助けてあげられる人はいない」などと考えて営業時間外や事務所外で面談を重ねたり、反対に個人的な過去の体験等から生じる嫌悪感情から特定の依頼者に冷たい態度をとってしまったりすることが考えられます。

　しかし、弁護士個人の問題と依頼者の問題は分けて考える必要があり、たとえ陽性逆転移であったとしても、距離感を詰めすぎるとかえって依頼者との関係性を損なわせるおそれがあります。そこで、弁護士側が「これは、私個人の問題を依頼者に投影してしまっている（逆転移が生じている）のではないか」と気付けることが重要です。その一つの手段として、依頼者に対する自分の感情はどう

いうものか、何がこの依頼者を好きにさせたり、嫌いにさせたりしているのかと自問してみるという方法があります（例えば「コラム法」（215頁参照）を用いて、「○○さん（依頼者）に冷たい態度をとってしまった」といった状況について分析してみてもよいでしょう）。その結果、自分の過去の経験や境遇に基づく感情を依頼者に投影してしまっているようであれば、前記イと同様、弁護士と依頼者との関係は仕事上の関係であることに思いを致し、適切な距離を保つよう心掛けることが重要です。

[2] 依頼者軽視の態度は心理的疲弊やバーンアウトの兆候かもしれない

　依頼者の悪口を言ったり、依頼者のことを馬鹿にしたような態度をとったりしていないでしょうか。弁護士も人間ですから、嫌いな依頼者・苦手な依頼者がいても何らおかしくはなく、そのような場合にはネガティブな感情を吐き出したくなることもあるかもしれません。

　しかし、依頼者を軽視するような傾向がみられる場合には要注意です。相手（依頼者）に無情で非人間的な対応をすることを「脱人格化」といいます。脱人格化の例としては、依頼者の悪口を言う、依頼者を個人名で呼ばなくなる、依頼者が理解できないような難解な専門用語を振りかざすなどがあります。このような脱人格化が生じる原因は、援助者自身に情緒的なエネルギーがなくなっていることにあり、さらなるエネルギーの消耗を防ぐための防衛反応として、相手に思いやりのない対応をとると考えられています。したがって、弁護士が過度に依頼者の悪口を言うなどの状態に陥っている場合には、弁護士自身の心が疲弊していることのシグナルの可能性があります。

　さらに、情緒的なエネルギーの消耗及び脱人格化に加えて、個人的な達成感の低下が見られると、これはバーンアウト（燃え尽き症

候群）の症状に該当します。バーンアウトが生じると、何事にもやる気が起きなくなる、朝起きられなくなる、職場に行きたくなくなるなどの状態が引き起こされ、弁護士業務に支障が生じる可能性が多分にあります。

　したがって、バーンアウトを未然に防ぐためにも、自分自身が依頼者を軽視するような発言や態度を頻繁にとっていると気付いたときには、心を休める時間を十分にとるなど、メンタルケアを意識してもらいたいと思います。また、依頼者との関係においては、「共感しながら一定の距離を取る、一見正反対に思える2つの姿勢を個人のなかで矛盾なく両立させるという高度な技能が、ヒューマンサービス従事者として高いレベルの仕事を維持しながら、心身的な消耗を回避する、最も効果的な対処法」だとの意見もあります（久保真人「バーンアウト（燃え尽き症候群）―ヒューマンサービス職のストレス」日本労働研究雑誌49巻1号（2007）61頁）。本書で繰り返し述べているとおり、依頼者との適切な距離は非常に重要であり、これは弁護士自身のメンタルを守るためにも常に意識しておきたいところです。

　また、同僚に脱人格化の傾向がみられたときには、心が疲弊している可能性があることから、業務量を減らすなどのサポートを意識してもよいと思われます。

column

弁護士を守る防犯カメラ

　事務所内の会議室（相談・面談スペース）に防犯カメラを設置している事務所もあれば、設置していない事務所もあると思います。防犯カメラの必要性・相当性については、色々な考えがありますが、時として弁護士と依頼者は緊張関係に立つことがあることからすると、防犯カメラの存在が弁護士の身を守ることもあると考えられます。

この点に関して、弁護士が事務所の会議室内でわいせつ行為に及んだとして、元依頼者から損害賠償請求を受けたという事例があります（東京地判平成 23 年 11 月 8 日公刊物未登載（平成 22 年（ワ）40927 号））。この事例では、裁判所はわいせつ行為を認定せず、原告（元依頼者）の請求を棄却していますが、会議室内に防犯カメラさえあれば、このような訴訟に発展せず、仮に訴訟に発展したとしても弁護士側の立証は容易だったのではないかと思われます。弁護士であれば客観的な証拠が何よりも重要であることは身に沁みて感じているはずですから、自らの身を守るためにも、会議室への防犯カメラの設置は一考の余地があるのではないでしょうか。

7 事件の相手方とのやり取りが心理的な負担となっている場合

Case 7

相手方に対して、受任通知を送ったところ、連日のように事務所に電話がかかってくるようになった。私（弁護士）が事務所を不在にしているときには、事務スタッフに対して「すぐに折り返しさせろ」などと高圧的な物言いをし、業務に支障が出ている。このような状態が続いていることから、相手方対応が精神的な負担となっている。

[1]「枠組み」を事件の相手方にも適用する

ア●時間・場所の限定

弁護士業務においては、依頼者対応のみならず、相手方対応も避けては通れません。相手方に代理人が就任すれば、弁護士同士でのやり取りになりますが、代理人が就任せずに相手方本人と直接やり取りすることもあります。この場合、本ケースのように、相手方から連日のように連絡があるなど、対応に苦慮することがあるかもしれません。

そこで、依頼者対応の方法の一つとして紹介した極意①「枠組

み」（2頁参照）を相手方対応において適用するのも一案です。具体的には、相手方と電話でやり取りする場合には営業時間内に限定する（営業時間外の電話は取らない、折り返ししない）ことで、時間の枠を守ることが考えられます。無制限の対応をすると、相手方は、いつでも弁護士と話ができる、いつでも折り返しをしてくれると認識し、要求がエスカレートするおそれがあります。また、相手方が事務所にいきなり押しかけてきても面会はしないというのも枠組みを意識した対応といえます。

イ●連絡手段の限定

　事案によっては、受任通知の段階で「ご主張やご質問等がおありの場合は、認識の齟齬を避けるために、書面にてご連絡いただきますようお願いいたします。」などの一文を添える例が見受けられます。また、相手方に回答を求めるような事案では、こちらで用意した回答書面を添付することで、相手方が回答しやすいようにするという方法もあります（長瀬佑志『明日、相談を受けても大丈夫！　慰謝料請求事件の基本と実務　事件類型別主張・立証の留意点、書式と裁判例』日本加除出版（2022）248-250頁、253-254頁）。このように、相手方の連絡手段をあらかじめ限定してしまうのも枠組みを利用した対応の一つといえます。

　一方で、「電話交渉の方が相手方の言い分の聴取もしやすく交渉が円滑に進む場合もありますので、電話という伝達手段は適切な範囲で用いるべきであり、最初から電話を拒否して書面交渉しかしないやり方は適当とはいえません。」との意見もあるところです（東京弁護士会法友会『弁護士業務における関係者の問題行動　対人トラブル対応の手引き』新日本法規（2024）136頁）。書面でのやり取りと電話でのやり取りにはそれぞれ一長一短あるため、事案の性質等に応じて、受任通知段階で連絡手段を限定するか否かを使い分けるのも

一案です。

　なお、受任通知の段階では連絡手段の限定をしない場合でも、相手方に粗暴な言動や頻繁な架電行為などの行為が見られるときは、これ以上の電話交渉は行えない旨及び以後の要望等は書面で連絡するよう通知するという方法があります（前掲東京弁護士会法友会136-137頁）。

　また、相手方がDV加害者の事案では、攻撃的又は執拗な内容のメールや長文のメールが頻繁に送付されると、代理人にとっては大きな負担となることから、メールは使用しない方が無難であるとの意見もあります（磯谷文明ほか『DV・児童虐待事件処理マニュアル』新日本法規（2023）27頁）。事件の相手方とのメールでのやり取りについては、DV加害者にかかわらず、慎重になった方がよいとの考え方もあると思われます。

ウ●法的手続の利用

　法的手続に委ねることも、当該手続におけるルールに則ったやり取りに限定するという意味で、「枠組み」の適用といえます。こちらが請求する側の場合、相手方とまともな交渉ができないようであれば、任意の交渉は打ち切って、訴訟等の法的手続に移行することが考えられます。相手方に何か言い分があるのであれば、法的手続の枠内で主張反論等を行ってもらうことになります。

　こちらが被請求側であれば、相手方に対して、あなた（相手方）の要求には応じられずこれ以上は任意の交渉は行わないこと、今後も要求を行うのであればしかるべき法的手続をとるように申し入れることが考えられます（こちらから債務不存在確認訴訟を行うという選択肢もあります）。

　なお、法的手続をとるとしても調停しか想定できない事案の場合、調停が不成立となる場合には何らの結論も出ず、問題は解決し

ません。しかし、依頼者からは引き続き相手方との交渉を期待され、相手方からも調停が不成立になった以上は任意で交渉せよと求められる可能性があります。したがって、仮に訴訟手続になじまない事案を受任するのであれば、事前に調停が不成立になった場合（審判手続に移行する事件類型は除く）にはどのように対応するのかを想定しておき、依頼者に説明しておいた方がよいと考えられます（88頁、102頁参照）。

[2] 業務妨害の場合は自分一人で対応しない

　相手方が、事務所に押しかける、事務所に居座る、暴言や脅迫的な言動をとる、面会を強要する、待ち伏せや付きまといをするなど業務妨害的な行為に及ぶ場合には、一人で抱え込んで対応するのではなく、警察や所属弁護士会に相談するなどの対応が必要です。

8 相手方代理人の言動や態度に腹が立つ場合

> **Case 8**
> 相手方代理人とやり取りをしていると、こちらを馬鹿にしたような物言いや、不誠実な態度が目立ち、腹が立ってしまった。何とか自分の怒りをコントロールしているが、このままでは自分の私情を事件にぶつけてしまいそうだ。

[1] 同業者ほど腹が立つ理由

　相手方代理人とのやり取りのなかで、事件の内容そのものではなく、相手方代理人の態度や言動に腹が立ったという経験はないでしょうか。およそ対人関係では、気の合う人もいれば、合わない人もいるのが常ですが、これが同業者（弁護士同士）ましてや相手方代理人となると、ことに嫌悪感を抱きやすい傾向がみられます。自分

が相手方代理人の立場だったらこのようなことは言わない、このような行動はとらない、こんなことも知らないのか、弁護士業界の常識に合致しない行動だなどと感じ、同業者であるからこそ、より一層腹が立つことがあります。これは「同族嫌悪」という感情ですが、相手に対して、無意識のうちに自分と同じ考え方や行動を期待してしまっていることや、同業者ゆえの嫉妬心やライバル心が背景にあると考えられます。

[2] 相手方代理人に腹が立った場合の対処法

第1章・第2章では、他者（依頼者）の立場で物事を考えることで寛容になれることがあると説明しましたが、その対象が弁護士となると、同業の立場で考えるがゆえに余計に理解できないという思いを強めかねません。そのため、相手の立場で考えるという手法は、この場面ではうまくいかない可能性があります。

そもそも、他者の考え方や行動を変容させることは極めて困難です。また、変わることを期待してもそれが叶わなければ余計に腹が立つだけで、このような状態はメンタルヘルスの観点からも好ましいとはいえません。

腹の立つ相手とはできれば距離を取りたいところですが、相手方代理人とは業務上のやり取りをしなければなりません。とはいえ、毎日のようにやり取りすることは通常はありませんし、その事件が終われば関わる理由も必要性もなくなるはずです。したがって、「今だけ」「いつか終わる」と考えて淡々と業務に取り組むほかありません。あるいは、「この嫌な代理人の事件を乗り越えれば自分の力になるはず」などと前向きに捉えるのも一つの方法です（認知的再評価型コーピング（193頁参照））。また、意識的にストレス解消型コーピング（194頁参照）を取り入れて、ストレス発散をすることも有用です（怒りの感情にとらわれているときは、マインドフルネス

瞑想が効果的だといわれています（219 頁以下参照））。

なお、相手方代理人の行動が、腹が立つなどというレベルを超えて、明らかに問題があると考えられる場合には、抗議等の対応を検討する必要が出てきます（前掲東京弁護士会法友会 89-120 頁）。

[3] 弁護士が当事者化するリスク

相手方代理人に対する怒りの感情から、弁護士が当事者化すると、冷静な視点や大局的な視点が失われ、当事者間の対立を先鋭化するのを和らげたり、客観的に情報提供したりすることが難しくなります。それどころか、むしろ対立を煽ることになるなど、事件の解決から遠ざかる結果となってしまいかねません。

弁護士が当事者化することについては、「訴訟代理人が当事者化してしまっていて、当事者本人の方が冷静に事態をとらえているのではないかと感じられることもないではありません。」との指摘もあります（田中豊『和解交渉と条項作成の実務』学陽書房（2014）121 頁）。相手方代理人への怒りのあまりに過激な表現を使うなどすれば、名誉棄損等の問題に発展しかねないため、弁護士自身が当事者化しないように自制したいところです。

【参考文献】

- 磯谷文明ほか『DV・児童虐待事件処理マニュアル』新日本法規（2023）
- 今井芳枝ほか「納得の概念分析－国内文献レビュー－」日本看護師研究会雑誌39巻2号73.-85頁（2016）
- 岩崎健二「長時間労働と健康問題－研究の到達点と今後の課題－」日本労働研究雑誌50巻6号39-48頁（2008）
- 岩間伸之『対人援助のための相談面接技術　逐語で学ぶ21の技法』中央法規（2008）
- 上野雄己ほか「日本人のレジリエンスにおける年齢変化の再検討－10代から90代を対象とした大規模横断調査－」パーソナリティ研究28巻91-94頁（2019）
- 榎本修『ローヤリングの考え方－法律相談・受任から交渉・ADRまで－』名古屋大学出版会（2022）
- 大渕憲一『紛争と葛藤の心理学　人はなぜ争い、どう和解するのか』サイエンス社（2015）
- 岡口基一＝中村真『裁判官！　当職そこが知りたかったのです。－民事訴訟がはかどる本－』学陽書房（2017）
- 岡浩一朗「座り過ぎを減らす－健康教育の新しい視座－」日本健康教育学会誌23巻2号69-70頁（2015）
- 岡田裕子編『難しい依頼者と出会った法律家へ－パーソナリティ障害の理解と支援－』日本加除出版（2018）
- 尾崎紀夫ほか編『標準精神医学　第9版』医学書院（2024）
- 小塩真司ほか『レジリエンスの心理学－社会をよりよく生きるために－』金子書房（2021）
- 甲斐裕子ほか「職業性ストレスに着目した余暇身体活動と抑うつの関連性についての検討」体力研究107号1-10頁（2009）
- 甲斐裕子ほか「日本人勤労者における座位行動とメンタルヘルスの関連」体力研究114号1-10頁（2016）
- 葛西真記子＝徳永啓牟「カウンセラーの『適切な自己開示』に関する研究－

試行カウンセリングを通して―」鳴門教育大学研究紀要 18 巻 67-75 頁（2003）
- 加藤司『対人ストレスコーピングハンドブック　人間関係のストレスにどう立ち向かうか』ナカニシヤ出版（2008）
- 加藤由樹＝赤堀侃司「電子メール内容の分かり易さが感情面に及ぼす影響―受信から返信への過程における感情変化の検討―」教育情報研究 20 巻 4 号 3-12 頁（2005）
- 川合伸幸『科学の知恵　怒りを鎮める　うまく謝る』講談社現代新書（2017）
- 河合隼雄『河合隼雄のカウンセリング教室』創元社（2009）
- 河合隼雄『カウンセリングの実際問題』誠信書房（1970）
- 川上憲人ほか「精神疾患の有病率等に関する大規模疫学調査研究：世界精神保健日本調査セカンド」厚生労働省厚生労働科学研究費補助金障害者対策総合研究事業（2016）
- 京角幸祐＝石川健介「問題焦点型、情動焦点型、回避・逃避型コーピングによるストレスへの影響」日本心理学会大会発表抄録集 84 巻 82 頁（2020）
- 京野哲也ほか『こんなときどうする　法律家の依頼者対応』学陽書房（2023）
- 國松淳和『また来たくなる外来』金原出版（2020）
- 久保真人「バーンアウト（燃え尽き症候群）―ヒューマンサービス職のストレス」日本労働研究雑誌 49 巻 1 号 54-64 頁（2007）
- Kruger J, Dunning D. Unskilled and unaware of it: How difficulties in recognizing one's own incompetence lead to inflated self-assessments. J. Pers Soc Psychol. 1999; 77(6): pp. 1121-1134.
- 厚生労働省「令和元年版　労働経済の分析―人手不足の下での『働き方』をめぐる課題について―」（2019）
- 厚生労働省「Selfcare こころの健康気づきのヒント集」（2019）
- 厚生労働省「令和 4 年度　我が国における過労死等の概要及び政府が過労死等の防止のために講じた施策の状況」（令和 5 年版過労死等防止対策白書）（2023）

- 厚生労働省 こころの耳「15 分でわかる働く人の睡眠と健康」
- 小島令嗣「身体活動とレジリエンスの関連―自衛隊員における検討―」厚生の指標 65 巻 2 号 15-21 頁（2018）
- 古宮昇『プロが教える共感的カウンセリングの面接術』誠信書房（2019）
- 近藤由香＝小板橋喜久代「1987～2013 年における国内の漸進的筋弛緩法に関する看護文献レビュー―基礎研究と臨床研究の視点より―」日本看護研究学会雑誌 37 巻 5 号 65-72 頁（2014）
- 崔京姫＝新井邦二郎「ネガティブな感情表出の制御と友人関係の満足感および精神的健康との関係」教育心理学研究 46 巻 4 号 432-441 頁（1998）
- 齊藤勇『見た目でわかる外見心理学』ナツメ社（2008）
- ジェニファー・ハイズ『神経科学が解き明かした「心の不調」のリセット法 うつは運動で消える』ダイヤモンド社（2022）
- 塩見邦雄「ストレス反応に及ぼす予期と防衛機制の役割」京都大学教育学部紀要 17 巻 96-112 頁（1971）
- 島悟「過重労働とメンタルヘルス―特に長時間労働とメンタルヘルス」産業医学レビュー 20 巻 4 号 161-173 頁（2008）
- 島津明人『新版 ワーク・エンゲイジメント ポジティブ・メンタルヘルスで活力ある毎日を』労働調査会（2022）
- 第 17 回弁護士業務改革シンポジウム第 9 分科会「今の働き方に不安はありませんか？ 弁護士のワークライフバランス～子育て・リタイアメント／メンタルヘルス～」（2011）
- 髙中正彦ほか『弁護士倫理のチェックポイント』弘文堂（2023）
- 宅香菜子『悲しみから人が成長するとき―PTG』風間書房（2014）
- 鑪幹八郎＝名島潤慈編『心理臨床家の手引［第 4 版］』誠信書房（2018）
- 橘玲『無理ゲー社会』小学館新書（2021）
- 田中豊『和解交渉と条項作成の実務―問題の考え方と実務対応の心構え・技術・留意点』学陽書房（2014）
- デビッド・バインダーほか『カウンセラーとしての弁護士 依頼者中心の面接技法』法律文化社（2023）
- 土居健郎『新訂 方法としての面接 臨床家のために』医学書院（1992）

- 土井浩之＝大久保さやか編『法律家必携！　イライラ多めの依頼者・相談者とのコミュニケーション術』遠見書房（2021）
- 東京弁護士会「転ばぬ先の杖〜弁護士の円熟期を迎えた皆さんへ〜」（2018）
- 東京弁護士会 春秋会編『実践 訴訟戦術［ヒヤリハット編］―弁護士も悩んでいる 事例に学ぶ実務感覚―』民事法研究会（2022）
- 東京弁護士会 法友会編『弁護士業務における関係者の問題行動　対人トラブル対応の手引』新日本法規（2024）
- 中原（権藤）雄一ほか「低頻度の有酸素トレーニングが精神的健康度に与える影響」体力研究 111 号 1-7 頁（2013）
- 中村真『新版 若手法律家のための法律相談入門』学陽書房（2022）
- 中村芳彦ほか『リーガル・カウンセリングの理論と臨床技法』北大路書房（2022）
- 長瀬佑志『明日、相談を受けても大丈夫！　慰謝料請求事件の基本と実務―事件類型別主張・立証の留意点、書式と裁判例―』日本加除出版（2022）
- 長瀬佑志『若手弁護士のための相談・受任・解決トラブル回避術』学陽書房（2024）
- 中野敬子ほか「完璧主義の適応的構成要素と精神的健康の関係―日本語版 Dyadic APS-R 完璧主義質問表による検討―」跡見学園女子大学文学部紀要 45 号 75-89 頁（2010）
- 永松俊哉ほか「低強度・短時間のストレッチ運動が深部体温、ストレス反応、および気分に及ぼす影響」体力研究 110 号 1-7 頁（2012）
- 永岑光恵『はじめてのストレス心理学』岩崎学術出版社（2022）
- 投石保広ほか「ガム咀嚼が自覚的覚醒度に及ぼす効果」日本咀嚼学会雑誌 3 巻 1 号 23-26 頁（1993）
- 夏目誠＝村田弘「ライフイベント法とストレス度測定」公衆衛生研究 42 巻 3 号 402-412 頁（1993）
- 仁科弘重「グリーンアメニティの心理的効果に関する最近の研究」植物環境工学 20 巻 4 号 236-241 頁（2008）
- 日本弁護士連合会「弁護士白書 2023 年版」（2024）
- 日本弁護士連合会「自由と正義」75 巻 5 号（2024）

- 日本弁護士連合会弁護士倫理委員会『解説 弁護士職務基本規程 第3版』（2017）
- 温井由美ほか「看護師における共感疲労の概念分析」日本看護科学会誌43巻919-929頁（2023）
- 浜内彩乃『ステップアップカウンセリングスキル集 今さら聞けない12の基礎技法』誠信書房（2024）
- 林紀行「マインドフルネスとエビデンス」人間福祉学研究7巻1号63-79頁（2014）
- 樋山雅美ほか「大学生におけるストレスの肯定的認知と精神的健康の関連」関西大学臨床心理専門職大学院紀要8巻11-19頁（2018）
- 平野美沙＝湯川進太郎「マインドフルネス瞑想の怒り低減効果に関する実験的検討」心理学研究84巻2号93-102頁（2013）
- 深澤諭史『弁護士の護身術〜人的トラブルに巻き込まれないための心得〜』第一法規（2023）
- 福澤知美＝冨田幸江「新卒看護師のレジリエンスに関連する要因」日本健康医学会雑誌29巻1号71-83頁（2020）
- 米国精神医学会『精神疾患・メンタルヘルスガイドブック DSM-5から生活指針まで』医学書院（2016）
- 堀内雅弘＝小田史郎「大学生の睡眠状況とメンタルヘルスの関連―性差による検討―」北翔大学北方圏生涯スポーツ研究センター年報2号75-80頁（2011）
- 本元小百合＝菅村玄二「触覚の違いが人物評価と認知的柔軟性に及ぼす影響―『かたい』『やわらかい』というメタファーの視点から―」日本心理学会第76回大会発表論文集（2012）
- 牧田謙太郎＝柴﨑哲夫『弁護士はこう表現する 裁判官はここを見る 起案添削教室』学陽書房（2020）
- 松岡豊＝浜崎景「食からメンタルヘルスを考える―栄養精神医学の役割と可能性―」精神神経学雑誌118巻12号880-894頁（2016）
- 松下幸生＝樋口進「アルコール関連障害と自殺」精神神経学雑誌111巻10号1191-1202頁（2009）

- 松山一紀＝櫻井映海「上司の働きぶりが部下に対して与える影響―上司の仕事中毒は部下に感染するのか―」評論・社会科学 145 巻 1-17 頁（2023）
- 圓道至剛『若手弁護士のための民事裁判実務の留意点』新日本法規（2013）
- 三島和夫「労働者のメンタルヘルスと睡眠問題」産業医学ジャーナル 46 巻 6 号 72-78 頁（2023）
- 宮川裕基＝谷口淳一「セルフコンパッション研究のこれまでの知見と今後の課題―困難な事態における苦痛の緩和と自己向上志向性に注目して―」帝塚山大学心理学部紀要第 5 号 79-88 頁（2016）
- 民事弁護実務研究会編『民事弁護の起案技術　7 の鉄則と 77 のオキテによる紛争類型別主張書面』創耕社（2021）
- 村上晴香「運動行動・運動能力の遺伝率」体力科学 65 巻 1 号 89 頁（2016）
- 諸富祥彦『新しいカウンセリングの技法　カウンセリングのプロセスと具体的な進め方』誠信書房（2014）
- 労働政策研究・研修機構「日本の長時間労働・不払い労働時間の実態と実証分析」労働政策研究報告書 22 巻（2005）

事項索引 (五十音順)

■ あ行
アウェアネス効果……………………13
依存症（物質関連障害及び嗜癖性障害）………………………227
依存性パーソナリティ障害 ………143
一次予防 ……………………………231
委任契約書…………………………98
うつ病（抑うつ障害）………………223
演技性パーソナリティ障害 ………152
オキシトシン ………………………198

■ か行
確証バイアス…………………86,135
過重労働 ……………………………199
カスタマーハラスメント …………167
カタルシス効果………………13,139
カラセックのストレスモデル ……181
感情労働 ……………………………182
逆転移 ………………………………248
逆ハロー効果…………………………52
境界性パーソナリティー障害……82
共感疲労………………………24,182
強迫症（強迫性障害）………………224
傾聴……………………………………12
限界設定 ………………………………8
公正世界仮説………………126,155
公正世界誤謬………………126,155
コーピング …………………………192
呼吸瞑想 ……………………………219
コラム法 ……………………………215

■ さ行
ザイアンス効果（単純接触効果）…35
三次予防 ……………………………231

幸せホルモン ………………………198
色彩心理学 …………………………142
自己開示 ……………………………161
死のトライアングル ………………214
自閉スペクトラム症／自閉症スペクトラム障害（発達障害）………227
社会的支援探索型コーピング ……193
社会的手抜き ………………………238
重要事項説明書……………………110
情動処理型コーピング ……………193
情動伝染 ……………………………245
ショートスリーパー ………………210
職業性ストレス簡易調査票 ………232
職業性ストレスモデル ……………185
初頭効果………………………………52
心的外傷後ストレス障害（PTSD）
 ………………………………………225
心的外傷後成長 ……………………188
心理的リアクタンス ………………123
スクリーニング………………43,168
ストレス解消型コーピング ………194
ストレッサー ………………………180
セルフコンパッション ……………196
セロトニン …………………………198
漸進的筋弛緩法 ……………………220
双極性障害（躁うつ病）……………223
躁的防衛………………………………71
損失回避バイアス …………………124

■ た行
多重関係の禁止 ……………………3,133
脱人格化 ……………………………249
ダニング・クルーガー効果 ………236
着手金不返還条項 …………………109

適応障害（適応反応症）……………225
凍結反応………………………………37
統合失調症 …………………………226
闘争・逃走反応………………………37
同族嫌悪……………………………255
ドーパミン…………………………198
努力―報酬不均衡モデル …………203

■ な行
二次予防……………………………231
認知再構成法………………………215
認知的再評価型コーピング ………193
脳腸相関……………………………213
ノーマライズ…………………………72

■ は行
パーソナリティ障害 …………………226
バーンアウト症候群（燃え尽き症
　候群）……………………………25,249
ハインリッヒの法則…………………27
バディ効果……………………………13
パニック症（パニック障害）………224
ハロー効果……………………………60
反社会性パーソナリティ障害 ……152
非定型うつ病 ………………………130
否定も肯定もしない…………………66
不眠…………………………………211
βエンドルフィン …………………198
ホーン効果……………………………52
ポリヴェーガル理論…………………37

■ ま行
マインドフルネス …………………219
見捨てられ不安 ……………………129
メラビアンの法則……………………52
問題焦点型コーピング ……………192

■ や行・ら行・わ行
ヤーキーズ・ドットソンの法則 …187
優越コンプレックス ………………236
リカバリー経験 ……………………206
リンゲルマン効果 …………………238
レジリエンス ………………………190
ワーカホリック ……………………201
ワーク・エンゲイジメント ………202

判 例 索 引 (年月日順)

※判例情報データベース「D1-Law.com 判例体系」の判例 ID を〔 〕で記載

東京高判平成 7 年 11 月 29 日判タ 904 号 134 頁〔28010522〕 ……………106
東京地判平成 14 年 3 月 29 日判時 1795 号 119 頁〔28072702〕……………172
東京地判平成 17 年 3 月 23 日判時 1912 号 30 頁〔28110199〕………………171
大阪地判平成 20 年 4 月 21 日判タ 1286 号 163 頁〔28150224〕……………174
横浜地判平成 21 年 7 月 10 日判時 2074 号 97 頁〔28161670〕………………109
東京地判平成 23 年 11 月 8 日公刊物未登載（平 22（ワ）40927 号）………173, 251
東京地判平成 24 年 8 月 9 日判タ 1393 号 194 頁〔28213942〕……………169, 170
東京地判令和 4 年 1 月 12 日公刊物未登載（令 2（ワ）10809 号）〔29068573〕
　…………………………………………………………………………………116
東京地判令和 4 年 9 月 13 日公刊物未登載（令 2（ワ）31858 号）〔29074243〕
　…………………………………………………………………………………173
東京地判令和 4 年 10 月 25 日公刊物未登載（令 3（ワ）23134 号）〔29076369〕
　…………………………………………………………………………………116
東京地判令和 5 年 8 月 25 日公刊物未登載（令 4（ワ）32708 号〔29081787〕
　…………………………………………………………………………………116

著者紹介

小林　哲平（こばやし　てっぺい）

〔所属〕
　大阪弁護士会　所属
　大阪府臨床心理士会　所属

　弁護士法人千里みなみ法律事務所（パートナー）
　　大阪府吹田市千里山西6丁目63番27号
　　千里オークステイツ200号室（本店）
　　https://senriminami-lawoffice.com/

〔資格〕
　弁護士・臨床心理士

〔略歴〕
　京都大学総合人間学部　卒業
　大阪市立大学大学院法学研究科法曹養成専攻　修了
　佛教大学大学院教育学研究科臨床心理学専攻　修了

〔著書〕
　『弁護士・臨床心理士の両視点にみる　面会交流－当事者心理と実務のポイント－』新日本法規（2023）
　『婚姻契約・離婚協議　条項例集』新日本法規（加除式、共著）（2023）

サービス・インフォメーション
───────── 通話無料 ─────────
①商品に関するご照会・お申込みのご依頼
　　　TEL 0120 (203) 694／FAX 0120 (302) 640
②ご住所・ご名義等各種変更のご連絡
　　　TEL 0120 (203) 696／FAX 0120 (202) 974
③請求・お支払いに関するご照会・ご要望
　　　TEL 0120 (203) 695／FAX 0120 (202) 973

●フリーダイヤル（TEL）の受付時間は、土・日・祝日を除く
　9:00～17:30です。
●FAXは24時間受け付けておりますので、あわせてご利用ください。

心理学的アプローチでうまくいく！
依頼者対応７つの極意
～弁護士業務でストレスを溜めこまないために～

2025年5月5日　初版発行

著　者　　小　林　哲　平

発行者　　田　中　英　弥

装　丁　　宮澤来美（合同会社睦実舎）

発行所　　第一法規株式会社
　　　　　〒107-8560　東京都港区南青山2-11-17
　　　　　ホームページ　https://www.daiichihoki.co.jp/

弁心理学極意　ISBN 978-4-474-04966-6　C2032　(8)